프랑스 현대사 연구

프랑스 현대사 연구

저자 殷銀基

한국학술정보㈜

책머리에

  본서의 제1편에서는 먼저 알제리인 이민노동자의 동일체 의식을 검토하였다. 그리고 2차대전 이후 사회당과 공산당의 제휴 관계를 검토하였다. 이어서 제2편에서는 꼬뮌의 자율성 제약요인을 살펴보고 나아가 가용예산의 범위 내에서 꼬뮌이 재정지출의 우선순위를 결정하는 데 어느 정도의 자율성을 누렸음을 밝히고 있다. 나아가 르노자동차가 위치한 불로뉴시를 대상으로 임의지출 복지비와 의무지출 복지비로 나누어 시행정부의 복지비 지출을 분석하였다. 아울러 꼬뮌의 수입의 크기와 구조를 고찰함으로써 르노자동차공장이 위치한 불로뉴시의 사회주의 시행정부의 조세수입정책의 한계를 규명하였다.

  제3편에서는 유럽연합의 주요 정책에 대한 프랑스의 역할과 태도를 다루고 있다. 먼저 유럽연합의 공동농업정책에 대해 프랑스가 어떠한 입장과 태도를 취하였는지를 분석하고 있다. 이미 1970년대 이후 대농이 농업을 주도하고 있는 상황에서 프랑스가 유럽연합으로부터 가장 많은 농업조보조금을 수령하고 있는 것이 정당한지를 밝히고 있다. 마지막으로 2005년 5월 9일 프랑스에서 유럽연합 헌법안 비준이 부결된 원인을 분석하고 있다. 이를 위해 유럽헌법에 대한 정치권의 인식과 유럽헌법을 부결시킨 프랑스의 일반 국민들의 여론을 분석하고 있다. 이러한 분석은 국가이익을 지키려는 프랑스의 입장과 유럽통합 주도국으로서의 프랑스의 책임을 동시에 밝혀줄 것이다.

　　이처럼 필자는 이민노동자, 지방자치단체의 자율성 문제, 그리고 지방 재정 문제를 다룸은 물론 나아가 오늘날 유럽의 최대 현안인 유럽통합의 심화에 대한 프랑스의 역할과 입장을 동시에 고찰하고 있다. 프랑스는 유럽통합을 주도해 나가는 과정에서 국익과 공동체의 이익 사이에서 선택을 해야 하는 문제에 직면하곤 하였는데, 이 경우 프랑스 국가의 입장과 국민들의 태도가 마찬가지로 고려되어야 할 것이다. 특히 오늘날 유럽의 주요 국가들 특히 프랑스는 저성장과 고실업에 직면해 있다. 유럽공동체의 확대를 통한 규모의 경제 달성이 기대와는 달리 경제문제 해결에 별다른 도움이 되지 못하고 있는 것이다. 이러한 상황 가운데서 프랑스와 프랑스 국민들의 선택의 폭은 매우 제한적일 수밖에 없다. 그런데도 오랜 사회주의적 투쟁 전통 속에서 자신들의 권익을 쟁취해온 프랑스 국민들은 커다란 양보를 할 의향을 보이지 않고 있다. 이로 인해 프랑스는 유럽통합주도국으로서의 체면을 제대로 살리지 못하고 있는 형편이다. 끝으로 본서는 인접학문의 연구 성과 및 연구 방법론을 상당히 활용하였음을 미리 언급하고자 한다.

차 례

제 1 편
알제리인 이민노동자와 공산당 및 사회당의 제휴 모색

제1장 알제리인 이민노동자의 동일체 의식

-알제리 전쟁(1954-1962) 시기를 중심으로 -

제1절 서 론

오늘날 프랑스 사회가 직면하고 있는 가장 큰 문제의 하나는 이민노동자 문제이다. 프랑스 사회는 특히 알제리 이민에 의해 야기되는 테러를 비롯한 각종 사회 문제에 직면하여 효과적으로 대응하지 못하고 있다. 따라서 알제리 이민노동자에 대한 올바른 이해가 없다면 프랑스 현대사를 파악하는 데는 한계가 있다. 무엇보다 알제리 출신 이민들은 프랑스에 거주하는 외국인 이민들 중에서 수적으로 가장 큰 비중을 차지하였음은 물론 이들이 다른 국가 출신 이민들과 이민 목적이나 이민 생활에서 상당한 차이를 보였다는 점에서 더욱 그러하다.

1958년의 인구조사에 따르면, 프랑스 전체 인구 중에서 알제리 이민이 차지하는 비율은 0.6%에 달하였다. 특히 프랑스에서 알제리인 이민노동자가 전체 외국인 노동자 중에서 가장 높은 비율(1/7)을 차지하였다.[1] 이에 더해, 이들은 1960년대 초반까지만 해도 주로 독신이거나 본국에 가족을 남겨주고 왔기 때문에 가족을 동반하고 이민 온 이탈리아인들이나 스페인인들에 비해 활동 인구의 비율이 훨씬 높았다. 따라서 이들이 노동 시장에 미치는 영향력은 여타 외국인에 비해 더욱 컸던 것이다. 더욱이 알제리는 정치적으로 1962년에 독립했다 할지라도 경제적으로 사실상 여전히 예속되어 있었던 것이다.

알제리 이민의 파리 지역 정착은 19세기 말로 거슬러 올라간다. 그렇지만 알제리인 이민은, 프랑스가 재건과 경제 발전이라는 이중의 목적을 가지고 이민 노동력을 대거 이용하였던 2차대전 이후의 시기에 수적으로 크게 증가하였다. 특히 표준화와 대중 생산이 가장 두드러지게 나타났던 자동차 산업과 같은 대규모 산업에서 알제리인 이민노동자의 역할은 매우 컸다.

알제리인 이민노동자는 노동자이면서도 알제리 민족이라는 이중적 성격을 지니고 있었다. 이점을 염두에 두면서 알제리 이민노동자들의 '동일체의식(identité)'이 형성되었는지 나아가 이들과 프랑스인 노동자들 사이에 계급의식이 형성되었는지를 살펴보고자 한다.

이를 위해 2차 세계대전 이후 '알제리 전쟁(1954-1962)' 시기를 중심으로 프랑스에서의 알제리인 이민노동자들과 이들의 공동체에 대해 연구의 초점을 맞추기로 한다. 연구 대상 시기를 알제리 전쟁을 전후한 시기로 설정한 것은 이 시기에 알제리인 이민노동자의 민족주의적 의식이 가장 뚜렷이 드러나서 이들의 동일체 의식의 형성 그리고 이들과 프랑스인 노동자들과의 관계를 잘 파악할 수 있기 때문이다.

---

1) *Recensement, l'INSEE, 1958.*

이민노동자들의 동일체 의식의 형성을 파악하려면 프랑스 사회에서 그들이 차지하는 위치와 그들의 삶의 양식이 어떠했는가를 규명해야 한다. 이민자의 삶의 양식에 대한 종합적이고 전체적인 접근을 위해 '이민노동자의 삶의 양식을 어떻게 분석할 것인가'라는 문제가 제기된다. 노동자의 삶은 두 가지 측면 즉 세속적인 삶과 종교(이슬람교)적인 삶으로 구분된다. 이민노동자의 삶의 양식을 보다 더 잘 이해하기 위하여 세속적인 삶을 작업장에서의 삶과 작업장 밖의 삶으로 세분해 볼 수 있다. 분석 범주를 한정하기 위해 종교적인 삶은 제외하고 세속적인 삶만을 살펴보고자 한다. 물론 종교적인 삶도 중요하지만 세속적인 삶에 대한 분석만으로도 이민노동자들의 동일체 의식의 형성과 그 강도를 가늠할 수 있을 것이기 때문이다.

이를 위해 먼저 프랑스에 있는 알제리 이민의 역사에 대해 개관할 것이다. 이어서 프랑스에서 알제리인 이민노동자의 공장에서의 삶과 작업장 밖의 삶을 분석할 것이다. 끝으로 연구의 심화 분석을 위해 파리 남서부 교외의 불로뉴-비앙꾸르(Boulogne-Billancourt) 시에 위치한 르노 자동차 공장에 소속된 알제리인 이민노동자의 공동체 의식의 형성 과정을 구체적으로 살펴 볼 것이다. 그리하여 알제리 이민노동자들에게서 '동일체 의식'이 생겨났는지 아니면 더 나아가 '노동계급의식'이 형성되기에 이르렀는지를 살펴 볼 것이다.

그렇지만 알제리인 노동자들과 노조 조직 및 정당들과의 관계, 이슬람교의 영향, 제2세대의 문제, 출신국인 알제리 사회, 이민노동자들의 정치 활동 그리고 다른 국가 출신 이민노동자들에 대해서는 자세히 검토하지 못하였는바, 차후에 심층 분석할 수 있는 기회가 주어지리라 믿는다.

제2절 알제리인 이민의 역사

프랑스를 향한 알제리 이민은 19세기 초로 거슬러 올라간다.[2] 알제리 이민은 식민지인 알제리 사회의 실업자 해소와 이민 수용국인 프랑스의 노동력부족 해소라는 두 가지 문제에 대한 해결책이었다. 그렇지만 우리는 이민의 원인이 주로 프랑스에서의 노동력 부족 해소를 목적으로 이루어졌음을 알제리 이민의 역사를 통해 살펴보고자 한다.

프랑스를 향한 알제리 이민은 프랑스의 경제상황에 긴밀히 연계되어 있었다. 즉 호경기나 전후 재건 시에 노동력이 부족하였을 때 알제리 이민노동자에 대한 프랑스 정부의 규제가 완화되었으나 불경기나 노동력에 대한 수요가 감소할 경우에는 규제가 강화되곤 하였다. 이러한 사실은 프랑스 정부의 알제리 이민노동자에 관한 각종 법률과 포고령에 반영되어 있다.

1887년에 미쉘렝(Michelin)과 굴리에(Goulier)는 이민노동자에 관한 한 법률안을 의회에 제출하였다. 이 법안의 목적은 알제리에 있는 모든 회교도에게 프랑스 시민의 지위를 부여하려는 것이 목적이었다. 이와 같은 법안에 대해 프랑스 정부는 참사원 위원인 플롱뎅(Flondin)의 발언을 통한 답변에서 "프랑스 시민권의 완전한 행사는 회교도의 지위 유지와는 양립할 수가 없다."[3]고 하면서 이민노동자에 대한 시민권 요구를 일축하였다.

---

[2] Jean-Jacques Rager, *Les musulmans algériens en France et dans les pays islamiques*, thèse de doctorat(Université d'Alger, janvier 1950), p.7.
[3] Octave Dupont, *L'Algérie du centenaire* (Paris: Libraire du Recueil Sirey, 1929), p.169.

1913년까지 프랑스에서 이동하려는 모든 알제리인은 1874년 5월 16일자 프랑스 정부의 포고령에 따라 '여행허가증(permis de voyage)'을 갖추어야 했다. 그러다가 1913년 6월 18일의 새로운 포고령 덕분에 양 국가 사이의 자유로운 이동이 가능하게 되었다. 그 결과 프랑스에서 알제리인 수는 급증하게 되었는데, 1912년에 2,000명이었다가 1914년에는 30,000명에 달하였다. 프랑스 정부는 일차 세계대전으로 야기된 혼란을 극복하기 위해 1916년 9월 14일 새로운 포고령을 발표하여 식민지 노동자들의 프랑스 공장으로의 유입을 통제하는 제도를 마련하였다.[4]

1918년에 프랑스에는 알제리인이 80,000명에 달하게 되었다. 전쟁 직후인 1919년에 그 수는 약 만 여명 정도로 줄어들었다. 이는 프랑스 경제의 쇠퇴에 상응하는 것이다. 곧 이어 전쟁 이후의 재건에 필요한 육체노동자의 수요가 크게 증가한 1920년과 1924년 사이에 알제리인의 수는 100,000명에 달하게 되었다.[5]

이와 같은 알제리인의 수의 증가는 프랑스 정부의 우려를 자아내었다. 1924년 8월 8일과 9월 12일에 발표된 프랑스 정부의 명령과 1924년 9월 10월 그리고 12월의 정부 회람들은 알제리 이민의 유입을 차후로 효율적으로 통제하려는 것이 그 주요 목적이었다. 정부의 각종 명령 및 회람에 따라 '노동 계약', '신분증', '작업 적합 판정 의료 진단서', '전염병미감염 입증 진단서'의 취득을 기본 조건[6]으로 하는 사실상의 이민 통제 제도가 마련되었다.

이 조처들은 결정 권한의 남용이라는 이유로 1926년 6월 15일 '참사원(Conseil d'Etat)'의 포고령에 의해 취소되었다. 그럼에도 불구하고 두

---

4) *Hommes et Migrations : Documents*, no. 770(juillet 1969), p.10.
5) *Ibid.*, no. 852(1/11/1973), p.36.
6) *Ibid.* p.39.

달 후인 1926년 8월 4일의 새로운 포고령으로 말미암아 알제리 이민에 대한 통제는 더욱 강화되었다. 알제리인 이민은 '무범죄 입증 증명서', '출국 시 의료 검진 증명서', '최종적인 본국 송환 비용의 자부담을 목적으로 하는 보증금의 불입 영수증', '통행증' 그리고 석방 시에 되찾는 '150프랑의 저축 증명서'를 신분증을 발급받기 위해 사전에 제출해야 했다. 또한 통행 시에 사진이 부착된 신분증을 제시할 의무를 지게 되었다.[7]

이에 더해 1930년에 경제대공황이 시작되자 주로 육체노동자였던 알제리인들이 커다란 타격을 받았다. 1932년에 프랑스에 잔류하고 있던 알제리인의 수는 65,000명이었다. 경제 상황이 더욱 악화되자 그 수치는 1933년에 56,000명, 1935년에 50,000명 그리고 1936년에 32,000명으로 점차 줄어들었다.[8] 경제 위기가 끝나자 통제는 다시 완화되었다. 1936년 7월 17일의 포고령에 따라 신분증 지참은 여전히 의무 사항이었지만 1926년 포고령은 폐지되어 두 나라 사이에서 자유로운 통행이 가능하게 되었다.

알제리 출신 회교도 이민들은 2차대전까지 비록 법적으로는 프랑스인이었지만 프랑스 시민권의 혜택을 자동적으로 누리지는 못하였다. 이에 비해 이탈리아인과 포르투갈인은 법적으로 외국인이었을지라도 그들의 동료를 충원할 때 알제리인에 비해 유리한 처우를 받았다. 이것은 알제리인 노동자의 조건이 상대적으로 불리했음을 말해주는 것이다. 더욱이 1940년에 프랑스가 독일에 항복하자 이민은 전적으로 금지되었고 알제리인들은 본국 귀환을 강요당하기까지 하였다.

2차 세계대전 이후 프랑스는 경제 재건을 위해 수많은 노동력을 필요로

---

7) *Ibid.*, no. 860(15/3/1974), p.52.
8) *Ibid.* p.17.

하였다. 북아프리카 출신 노동자들을 불러들여 이탈리아 출신 이민자와
폴란드 출신 이민자와 마찬가지로 자동차, 광산 그리고 농업부문에서 일
하게 만들었다. 재건기인 1946년에서 1955년까지 알제리인 이민자 수는
전체적으로 증가하였다. 알제리인 이민자의 수는 전쟁 직전에 12,000명
이었던 데 비해 1946년에 200,000명이 되었고, 1950년에는 300,000
명에 이르렀다.[9] 그 수는 1958년에 800,000명에 달하기까지 하였다.[10]
이러한 수치는 프랑스 고용주들이 재건과 경제 발전이라는 이중의 목표를
달성하는데 필요한 육체노동자에 대한 수요에 따라 알제리인 노동자를 프
랑스에 끌어들였음을 말해주는 것이다.

이와 같은 이민자의 수적인 증가에 병행하여 1947년 9월 22일에는 "모
든 프랑스 시민은 실질적으로 평등하다."[11]라는 법이 선포되었다. 이 법은
모든 알제리인 회교도에게 프랑스 시민권을 부여하는 것을 의미하였다.

그럼에도 불구하고, 프랑스 정부는 이민자들이 프랑스 사회에서 차지하는
비중이 이미 상당히 커졌기 때문에 프랑스 경제의 변동에 따른 새로운 이주
자의 유입을 차단하기 위하여 행정 절차를 번거롭게 하거나 각종 포고령 또
는 법령을 발표하였다.[12] 그 일환으로 1945년에 이민 통제를 위한 '전국이
민사무소(l'Office National d'Immigration)'를 설치하기도 하였다.

사실 이민은 고용주들에게는 커다란 경제적 이득이 되고 있었다. 이민은

---

9) "L'Algérie après cent ans", *Actualité de l'émigration*, no. 97(1958),
p.178.

10) "Politiques françaises d'immigration", *Hommes et Migrations : Documents*,
no. 770(1/7/1969), p.5 : 알제리에서 프랑스 군대에 의해 추적당한 상당수의 알제리
인들이 프랑스로 도피하였다.

11) *Ibid*. p.22.

12) Bruno Courault, *Le role économique de l'emploi des travailleurs
étrangers en France*, Colloque sur les travailleurs étrangers en
Europe occidentale(Paris, juin 1959), p.59.

고용주에게 저렴한 비용으로 노동자를 고용하는 것을 가능하게 하였다. 더욱이 고용된 이민노동자들이 대체로 노조에 가입하지 않고 있었기 때문에 고용주는 저렴한 노동력을 마음대로 착취하면서도 노조로부터의 직접적인 공격을 피할 수 있었다. 그 결과 이민노동자의 고용은 고용주에 대항하는 노조의 힘을 크게 약화시키기도 하였던 것이다.[13] 이러한 사실을 고려한다면 프랑스 정부나 고용주에게 있어서 알제리인 이민은 처음부터 프랑스 사회의 문제점에 대한 하나의 해결책 특히 경제 문제에 대한 해결책으로 구상되었음을 알 수 있다. 이점을 뒷받침하는 것은 '이민노동자의 충원에 관한 1932년의 9월 10일의 법'이 1960년대까지도 여전히 유효하였다는 점이다. 프랑스 노동자의 보호를 목표로 하는 이 법은 "기업주는 프랑스인 노동자를 구하지 못할 경우에만 외국인 노동력을 이용할 수 있다."고 규정하고 있다. 이 법으로 인해 기업별 이민자의 수는 전체 고용 인력의 5-10%를 넘어서지 않았다.[14] 이러한 사실이 의미하는 것은 알제리인의 이민이 프랑스 정부나 고용주들의 통제 하에 놓여 있었음을 말해주는 것이다. 이는, 알제리인 이민의 수가 1962년까지 프랑스에서의 경기 변동에 따라 증감을 거듭했음을 말해주는 하나의 요소가 된다.

　프랑스에서 알제리인의 수는 1962년에 350,184명이었다가 1968년에 471,020명으로 크게 증가하였다.[15] 그 수는 1968년 12월 프랑스와 알제리 사이에 체결된 이민규제협약에도 불구하고 1970년 7월 1일 658,063명에 달하였다.[16] 이중 노동자 수는 1970년에 376,582명에 달하기까지 하였

---

13) "Divers aspects d'une politique d'immigration", *Hommes et Migrations : Documents*, no. 825(15/4/1972), p.9.
14) *Ibid.*, p.14.
15) *Statistiques*, l'INSEE(1962 et 1968).
16) "Politiques françaises d'immigration", *Hommes et Migrations : Documents*, no. 770(1/7/1969), p.15.

다.[17) 그렇다면 이와 같은 지속적인 증가를 어떻게 설명할 것인가 ?

먼저 지적할 수 있는 것은 위험하거나 천시되는 직종에 대한 프랑스 노동자들의 기피로 상당수의 일자리가 존재하였기 때문이다. 이로 인해 알제리인 노동자들은 다음 〈표 1〉에서 알 수 잇듯이 주로 비숙련노동자이거나 반숙련노동자였다. 외국인 노동 인구와 프랑스 노동 인구 사이에 직업 부문별로 그리고 직종의 지적인 수준에 따른 비교는 외국인 노동자가 점차 프랑스인 노동자를 대체하였음을 보여준다. 이러한 대체는 프랑스 노동자들의 승진을 유리하게 만들었다. 사실 알제리인 노동자들이 프랑스 노동자를 대체한 것은 프랑스의 느린 발전에 기인하는 저급 수준의 작업이 상당수 있었던 데 힘입은 바도 크다.

<표 1> 알제리인 노동자의 숙련 정도[18)

숙련 정도	노동자 수
비숙련노동자	179 632
반숙련노동자	131 421
숙련노동자	39 314
기타	26 205

알제리인들이 주로 저급 수준의 일을 떠맡았음은 이들의 문맹률이 매우 높았다는 사실에서도 알 수 있다. 일간지 '엘-무지아히드(El- Mousiahid)'는 1968년 4월 4일 10년 이상 동안 알제리인 이민노동자들의 문자 해독에 관한 1966년 4월의 인구 조사 결과[19)를 다음 〈표 2〉와 같이 보도하고 있다.

---

17) A. Cordeiro, *Eléments de la condition des travailleurs immigrés algériens d'après une enquete réalisée* à *Grenoble(mai-juin)*(Grenoble : Université de Grenoble, 1970), p.43.
18) Comité d'Etablissement de Billancourt, *Procès-Verbal de la commission de la formation professionnelle*(9 octobre 1970), Archives de Renault.

<표 2> 알제리인 이민노동자의 문자해독률

해독언어	문자해독률
문맹	74.6%
아랍어	5.5%
불어	8.9%
아랍어＋불어	10.6%

알제리인 노동자들은 대부분이 문맹 계층 출신이다. 이들은 대체로 전문 직업적인 자질을 결여한 농촌 출신이었던 것이다.

또 다른 요인으로 들 수 있는 것은 알제리 독립 이전까지는 알제리 이민이 주로 일정 기간 노동으로 돈을 번 후 본국에 귀환하려는 '노동 이민(l'immigration du travail)'이었으나 점차 가족을 데리고 와서 정착하려는 '정착 이민(l'immigration du peuplement)'으로 바뀌었다는 점을 지적할 수 있다. 따라서 후술하는 바와 같이, 알제리 이민의 수적인 증가에는 가족을 동반한 채 본국에 돌아가지 않고 정착하는 자들이 크게 늘어났던 데에 기인하는 바가 크다.

제3절 알제리인 이민의 근로 조건과 주거 조건

프랑스 고용주들은 알제리인 이민노동자의 교육 수준이나 기술 수준

---

19) "Points de repère pour une alphabétisation fonctionnelle des travailleurs étrangers", *Hommes et migrations : Etudes*, no. 114(1969), p.25.

을 대부분 무시하였다. 알제리인 노동자가 이민 수용국인 프랑스에서 정식 교육을 받은 후 전문 기술 자격증을 취득했다 할지라도 고용주들은 그들의 직업적 자질을 제재로 인정하지 않았다.[20] 게다가 알제리인 노동자들은 전문 직업 교육을 받을 수 있는 기회가 크게 부족하였다. 대부분의 알제리인 노동자에게 있어서 프랑스에서의 체류가 실무적인 지식을 습득하는데 별다른 도움이 되지 않았다. 그 이유는 간단하다. 프랑스 노동자들은 저급 수준의 일자리를 알제리인들에게 넘겨주면서 숙련 작업을 떠맡게 되었기 때문이다. 이와 같은 직종 이동의 결과 알제리인 노동자의 작업 안전사고율이 높아졌고 직업적 불안정성이 심화되었던 것이다. 우리는 〈표 3〉에서 작업장 안전사고 건수[21]를 알 수 있다.

<표 3> 작업 중단 없는 안전사고 건수

	총 사고건수	금속산업 사고건수	건축산업 사고건수
프랑스인	779 546	237 292	195 054
북아프리카인	113 458	27 404	52 324
기타외국인	148 067	33 757	72 464

이 도표에서 알제리인 노동자의 작업 안전사고 발생률이 프랑스인 노동자에 비해 훨씬 높았음을 알 수 있다. 이것은 사고 당사자가 공장에서의 작업에 익숙하지 못한 농촌 출신이었고 언어의 차이로 인해 작업 하달 신호를 제대로 파악하지 못한데 기인한다. 또한 이민노동자들이 광산, 중공업, 체인작업, 건축업, 공공 작업장 등 힘들거나 위험한 직종에

---

20) "La migration algérienne", *Hommes et migrations : Etudes*, no. 116(1970), p.145.
21) Statistiques du ministre du Travail(1967).

주로 고용되었던 데에 기인하는 것이다. 그들이 당면한 가장 힘들거나 위험한 것은 소음, 온도변화, 먼지, 악천후, 야간작업 등이었다.[22] 이와 같은 고통스런 작업 조건에 더해 영양 부족과 불결한 숙소를 들 수 있는데, 이 두 요인은 작업 신호에 대한 무지보다도 노동자들의 사고 위험성을 훨씬 더 증가시켰다.

또한 사고는 노동자 자신들의 실수에 기인한다기보다는 고용주에 의한 안전조치의 미준수는 물론 기업과 작업장에서의 노동의 조직 유형에 달려있는 것이다.[23] 물론 알제리인만이 이 작업 조건의 예속을 받아야만 한 것은 아니었다. 프랑스 노동자들과 다른 외국인 노동자들도 마찬가지로 그와 같은 제약을 받아야만 하였다. 그럼에도 불구하고 알제리 이민노동자들의 안전사고율은 훨씬 더 높았음이 고려되어야 한다. 이처럼 알제리인 노동자는 자신에게 어떠한 만족도 주지 못하고 자신의 처지 개선을 저해하는 이러한 작업 유형에 프랑스에 도착하자마자 얽매였던 것이다.

몇몇 설문 조사를 통해 우리는 알제리인 이민에게서 직업적인 불안정성이 매우 컸음을 알 수 있다. 직업 불안정성은 '단순 육체노동자'와 '단순 전문 노동자(ouvriers spécialisés)'들이 떠맡았던 작업에 알제리인들이 집중되었던 것에서 비롯되었다.[24] 이와 같은 높은 비율의 작업안전사고율과 직업 불안정성 이외에도 노동자들을 보다 더 압박한 것은 주거 조건이었다.

주거는 모든 개인의 삶의 전체에 긍정적이거나 부정적인 영향을 초래

---

22) A. Cordeiro, *op. cit.*, p.65.
23) *Ibid.*, p.76.
24) André Michel, *Les travailleurs algériens en France*(Paris : CNRS, 1956), p.142.

할 수 있다. 주거는 이민자들의 특수한 상황을 말해주는 요소가 된다. 우리는 이민자의 주거를 특별히 중시하자는 것이 아니라 노동자들의 '동일체 의식'의 형성에 주거가 어떠한 역할을 했는가를 살펴보려는 것이다.

제6차 경제개발계획에 의거 설립된 '주거위원회' 소속 '불량 주거 거주자' 담당 기관에 의해 1970년에 제출된 공식 자료[25]를 토대로 작성된 〈표 4〉를 통해 알제리인의 주거 분포를 알 수 있다.

<표 4> 알제리인의 주거 분포

주거분류	영속거주 주거 수	입주자 수
일반 주택	62 400	299 260
삭월세방	4 660	9 340
여인숙의 가구딸린 방	36 280	72 500
주거 용도의 임시건물	3 240	15 940
임시주거	1 300	4 000
합계	113 160	427 320

전체 외국인의 5,5%가 빈민굴에 살았던 데 비하여 알제리인의 9,5%가 빈민굴에 거주하였다. 외국인의 20%를 상회하는 650 000명이 불결하기 그지없었던 사실상의 빈민굴이나 다름없었던 가구가 갖추어진 방에 거주하였다. 결국 알제리인의 45% 정도가 극도로 열악한 주거환경에 처해 있었다.

---

25) "Les mal-logés", *Hommes et Migrations : Etudes*, no. 117(1971), pp.45-49.

<표 5> 빈민굴 주민수[26]

국적	파리 지역	프랑스의 나머지 지역
프랑스	116	5 791
북아프리카인	20 436	11 355
스페인인	1 364	2 783
포르투갈인	15 311	234
합계	37 227	20 163

그렇다면 이런 열악한 주거 여건을 개선하기 위한 공공 기관의 개입은 어떠하였는가? '사회구호기금(FAS : Fonds d'Action sociale)'이 창설된 1959년 이전에는 '가족 수당 기금', '노동부', '도경찰청'이 주로 주거개선을 담당하였다. 이들 기관들은 한정된 수의 가정에 보조금을 지급하는데 그쳤을 정도로 그 역할이 미미하였다.

이에 비해 사회구호기금은 그 창설 이래로 이민자의 주거 개선을 위하여 국가의 모든 개입을 중앙집권화시켰다. 그 기금은 이민자의 주택 건립에 보조금을 지급하였다. 사회구호기금은 그 재원이 '영세민 대상 공영 임대 주택(HLM : Habitation à loyer modéré)'의 대부금 또는 프랑스 토지 은행의 대부금이어서 한정적이었기 때문에 이민자의 주택 건립에 보충적인 지원을 하는데 그쳤다.

1969년에 재정 지원을 받은 주택의 총 침대 수가 130,000대에 달했다. 이 침대들 중에서 사회구호기금에 의해 주로 또는 부분적으로 재정 지원을 받았던 침대 수는 70,000대에 달하였으며, 이중 신규 침대 수는 65,000대에 이르렀다.[27] 이들 신규 침대의 절반은 심지어 불편하기

---

26) *Recensement du ministère de l'Intérieur*(juin-septembre 1966).
27) "Dix ans de FAS. Le fond d'Action Sociale de 1959 à 1969", *Hommes et Migrations : Documents*, no. 787(1/7/1970), p.6.

그지없었다.

이 당시 신규 독신 이민자의 수는 연간 5-6만 명에 달하였다. 이들 신규 도래자의 85%가 어떠한 정당한 처우도 받지 못하였다. 그런데도 기존 이민자들의 주거가 신규 도래자의 그것보다 결코 나은 바가 없었다. 그렇다면 신규 도래자의 증가에 따른 초과 인원을 어디에다 거주시킬 수가 있었는가?

우선 신규 도래자를 위하여 임시 수용 주택이 건립되었음을 지적할 수 있다. 그렇지만 1967년까지 이 임시 수용 주택들은 사회구호기금으로로부터 종신 부금을 납부하는 조건으로 보조금을 지급받았다. 임시 수용 주택들은 또한 국가(시설부)로부터도 재정 지원을 받았다. 그러다가 1969년에 시설부로부터 100% 재정 지원을 받게 되어 마침내 일반 주택으로 대체되었다. 이 주택 건립비용의 55%는 국고에서, 나머지 45%는 신용 대출금에서 각기 충당되었다. 결과적으로 사회구호기금은 23,000세대의 주택에 재정 지원을 하였던 것이다.[28]

그렇지만 사회구호기금은 외국인 가정들에 대한 주택 제공을 주 임무로 하는 몇몇 '영세민 대상 공영 주택' 기구들의 저항에 직면하기도 하였다. 그리하여 사회구호기금은 주거비용의 25%를 재정 지원하면서 건축이 유보된 주택을 떠맡아 건축을 강행치 않을 수가 없었다. 이 유보된 주택 비율은 총 건축 주택의 15%를 넘어서지는 않았다. 끝으로 사회구호기금은 종종 용도 변경이 된 구건물을 수리하는 데 개입하였다. 그리하여 사회구호기금은 1969년 12월 13일에는 임시 주택을 제외한 총8 000채에 달하는 모든 유형의 주거에 재정 지원을 하였다.[29]

---

28) *Ibid.* p.9.
29) *Ibid.* p.11.

이처럼 사회구호기금이 임시 주택 건립, 신규 건축, 구건물 수리 등을 통해 개입하기도 하였지만, 이민노동자의 주거 문제를 해결하기에는 역부족이었다. 이러한 한계는 '불량 주택 거주자' 담당 기구가 "240,000명의 독신 이민노동자와 100,000 세대의 가정에 대해 주거 위생 개선을 위한 대책을 강구해야 하며 그리고 45,000명의 독신 이민노동자나 100,500 세대의 가정을 위해 매년 재정 지원을 하는 것이 필요하다."[30]고 주장한 사실에서도 잘 알 수 있다.

제4절 르노자동차 공장 소속 노동자 주거유형

이제 심화 분석을 위해 알제리인 노동자가 집중한 불로뉴-비앙꾸르 시에 위치한 르노 자동차 공장 소속 알제리인 노동자들[31]에 초점을 맞추고자 한다. 우리가 작업장 밖의 삶을 고찰하는 주된 이유는 그것이 노동자의 동일체 의식 형성에 중요하기 때문이다.

알제리인 이민이 주거 공간이란 측면에서 프랑스 사회와 어떤 거리를 유지하였는지 살펴보기 위하여 우선 비앙꾸르의 르노 자동차 공장 소속 노동자 대표들의 선출 시에 작성된 유권자 명부[32]를 통해 비앙꾸르의

---

30) *Ibid.* p.17.
31) 불로뉴-비앙꾸르 지역에서 3 792명의 알제리 이민자가 르노 공장에서 일하였으나, 그 중 1 445명만이 그 꼬뮌에 거주하였다.
32) *Les candidats des ouvriers*(décembre 1956), Archives du syndicat

르노 공장에 소속된 알제리인 노동자의 거주지에 관한 몇몇 귀중한 정보를 얻어낼 수 있다. 즉 관련 노동자의 성명과 출생 연월일 및 출생 장소, 공장에 들어온 날짜, 개인별 주소 등을 알 수 있다. 알제리인 노동자들의 대부분은 파리에 거주하였다. 1956년의 노조 대표 선거 시에 알제리인 후보 중에서 7명이 파리에 살았고, 1명은 비앙꾸르에, 1명은 아니에르(Asnière)에 각기 살았다.

1957년 선거 시에도 입후보자 거주지는 이러한 경향을 보여주고 있다. 또한 우리는 1960년 10월에 노동총동맹 지부에 의해 작성된 '해고 노조원 명부33)'를 통해 노동자 거주지의 지역적 분포를 파악할 수 있다. 즉 알제리인 노동자들의 제1의 대규모 거주지는 파리 13구와 15구에 위치하였다. 마찬가지로 보다 적은 수의 알제리인 노동자들이 4구와 5구에서 그리고 18구와 19구를 중심으로 한 파리에서 거주하고 있었다. 이와 같은 파리의 몇몇 지역들에서는 가족 중심의 공동체가 형성되었다. 이에 비해 제2의 대규모 거주지가 위치한 불로뉴-비앙꾸르 시에서는 알제리인 독신 노동자들이 주로 공장에 소속된 건물들과 숙박 시설들을 주로 이용하였다.

이것이 알제리인 노동자의 지역별 분포의 주요 특징이다. 그렇지만 우리가 연구하는 시기에 나타난 새로운 양상을 주목할 필요가 있다. 1961년과 1962년의 노조 대표 선거 시에 작성된 유권자 명부를 검토한다면, 주거 지역이 생-끌루(Saint-Cloud), 므동(Meudon) 또는 끌라마르(Clamart)와 같은 파리의 남서부 교외 지역의 꼬뮌들에 알제리인 노동자의 주거 지역이 상대적으로 확대되었음을 알 수 있다.34) 이러

CGT de Renault-Billancourt.

33) *Ibid.*, décembre 1960,

34) A. Belkhodja, *Les Africains du Nord* à *Gennevilliers*(Paris: Editions

한 변화는 알제리인의 가족 이민이 본격화된 시기인 1960년대에 파리 지역 전체에 걸쳐 국지화된 가족 중심 거주지의 점진적인 분산을 말해 준다.

1954년과 1962년 사이에 비앙꾸르에 있는 르노 자동차 공장 소속 알제리인 노동자의 거주지 국지화의 주요 특징은 파리의 몇몇 구(區)에서의 공동체적인 집단 거주와 수도에서 점점 더 멀리 떨어져 있는 지역들을 향한 분산이다. 이 두 경향은 상호 관련되어 있는 것처럼 보인다. 이 시기에 파리에서는 주거 공동체들이 상호 분리된 양상을 띠었고, 불로뉴-비앙꾸르에서는 주거지가 아닌 작업장에 나타났던 두 가지 주거 유형(공장 소유 주거와 공장에서 분리된 주거)이 인접하였다.

센느 도의 북아프리카 출신 인구의 절반이나 낭떼르(Nanterre), 생-드니(Saint-Denis), 불로뉴-비앙꾸르 그리고 끌리쉬(Clichy)를 포함하는 6개 꼬뮌에 거주하고 있었다.[35] 그러나 북부 교외와 북서부 교외 지역에는 르노 공장 소속 노동자의 수가 크게 적었다.

르노 공장 소속 일제리인 노동자의 거주지의 국지화의 두 가지 중요한 특징은 '공장에 소속된 주거'와 파리의 몇몇 구에 기본적으로 집중된 '공장에서 분리된 주거'였다. 즉 공장에 소속된 주거로는 공장 소유 기숙사 또는 공장에 속한 건물 내부의 '임대아파트'를 들 수 있으며, 공장에서 분리된 주거로는 빈민굴이나 '카페를 겸한 싸구려 호텔(café-hotel-garnis : 이하 카페-호텔로 약칭함)' 그리고 '가구가 딸린 셋방'을 들 수 있다.

먼저 르노 공장은 공장 내부에 위치하지 않고 공장 밖에 있는 비앙꾸르 시의 주거 지역에 위치한 두 개의 '공장 소유 기숙사(foyer patronal)'[36]

---

ouvrières, 1965), p.25.

35) *Ibid.*, p.29.

36) 물론 노동부나 도청 소유의 숙소도 있지만 그러나 그것들은 르노 공장의 노동자들에

즉 '돔 거리(rue du Dome)'의 기숙사와 '생-제르맹 섬에 자리 잡은 기숙사를 보유하고 있었다. 이 두 기숙사는 약 150여명을 수용하였다.[37] 이러한 기숙사는, 비록 그 수가 3,800 여명에 달했던 알제리인 노동자의 주요 주거 형태가 아니었다 할지라도 여전히 '공장 소유 주거'로서 여전히 커다란 의미를 지니고 있었다.

특히 '돔 거리'의 기숙사는 전적으로 북 아프리카 출신 노동자들을 숙박시키기 위하여 르노 공단에 의해 설립되었다. 르노 공단과 적십자사에 사이에 체결된 계약서에 따라 기숙사의 관리는 적십자사에 맡겨졌다. 그 계약서에는 "기숙사의 관리인은 건물 및 동산의 효율적인 사용과 기숙사의 내부에서 청결 및 규율의 유지에 관심을 기울여야 한다"[38]는 점이 명시되어 있다. "청결 및 규율"의 유지에 대해 언급하고 있는 이 계약서의 제목이 암시하듯이 그 관리인은 기본적으로 적십자사의 감독을 받았던 것이다.

더욱이 그 계약에 따라 모든 정치적, 노조적인 또는 종교적인 회합이 이 건물들에서 금지되었다.[39] 기숙사의 관리인은 이 원칙의 이행에 전념하라는 지시를 받았다. 이런 유형의 주거는 거의 경찰식의 통제의 틀을 뚜렷이 드러내 보였다. 게다가 기숙사 관리자가 알제리에 근무한 적이 있는 프랑스인 지도자나 옛 식민지에 주둔했던 프랑스 군대의 장교 출신이었다는 사실은 이 기숙사가 하나의 감옥이나 다름없는 엄격한 감시 체제 하에 놓여 있었음을 말해주는 것이다. 르노 공장의 '노동총동맹의 북아프리카 위원회'에서 간행된 한 팸플릿은 '돔 거리'의 숙박 시설에서 엄격한

의해 거의 이용되지 않고 있었다.

37) *Le Métalo de chez Renault*, organe de la CGT, no. spécial(1/4/1955), p.5.
38) *Contrat du logement des Nord-Africains de la Régie Renault*, Archives du syndicat CGT de Renault-Billancourt, p.36.
39) *Ibid.*, p.42.

감시체제의 존재를 확증하고 있다.[40] 1956년 현재 그 기숙사는 옛 병영 체제의 회복을 꿈꾸는 해군제독 출신 바르브루스(Barberousse)라는 자에 의해 관리되고 있었다는[41] 사실이 그러한 점을 잘 말해주고 있다.

주거 부족이라는 상황 하에서 하나의 숙소를 갖는 것은 중요하였지만 감시 체계를 감안한다면 이 유형의 기숙사는 알제리인 노동자에게는 일시적으로 체류할 수 있는 임시 숙소에 불과하였다. 한 알제리인 노동자가 "인종차별주의적인 규율 때문에 우리 동료 알제리인 노동자들이 기숙사를 떠나지 않을 수 없었다. 알제리인들은 식민지 시대적인 모욕을 감내하기보다는 오히려 빈민굴이나 다른 싸구려 호텔에 거주하기를 더 좋아하였다."[42]라고 언급한데서도 알 수 있듯이 알제리인들은 이 공장 소유 기숙사를 장기적인 거주지로 보지 않았던 것이다. 이 기숙사는 제한된 공간에서 식민지적 지배 관계를 재생산해내기 때문에 노동자들의 동일체 의식의 형성에 커다란 도움이 되지 않았다. 그 숙소는 오히려 그곳에 기거하는 알제리인 노동자들을 분열시키는 역할을 하는 것으로 보이기도 하였다.

르노 공장이 소유하고 있는 또 다른 형태의 주거인 '임대아파트'는 사실 가족을 동반한 이민노동자들을 수용하였다. 이 때문에 임대아파트를 이용한 알제리인 노동자 수는 1950년대에 비해 매우 적었다. 왜냐하면 알제리인 가족 동반 노동자의 수가 그때까지도 적었기 때문이다. 그러다가 알제리인 이민이 1960년대에 걸쳐 점차 노동 이민에서 가족을 동반

---

40) Tayeb Belloula, *Les Algériens en France, leur passé, leur participation à la lutte de libération nationale, leurs perspectives*(Alger : Editions nationales algériennes), 1965, p.65.

41) *Frères algériens de chez Renault, Comission nord-africaine du syndicat CGT*(24/5/1956), p.13.

42) Tayeb Belloula, *op. cit.*, pp.65-66.

한 거주 이민으로 그 성격이 변하면서 가족 이민이 수적으로 크게 증가하였다. 그리하여 임대아파트를 이용하는 자가 늘어났던 것이다.

르노 공장은 북아프리카 출신 2가정을 포함한 4가정을 수용한 비앙꾸르에 있는 '나시오날 가(rue de Nationale)'의 18번지에 있는 한 건물과 비앙꾸르에 위치한 '이브 께르망 가(rue Yves Kermen)'의 한 건물에 있는 임대아파트를 소유하고 있었다. 이 임대아파트들은 알제리인 노동자들이 프랑스 노동자와 동시에 거주한 공장에 소속된 하나의 주거였다. 이 임대아파트들은 본국 귀환을 꿈꾸는 독신자를 위한 것이 아니라 가족을 동반한 노동자들을 입주 대상으로 삼고 있었다. 이들 노동자들은 르노 공단의 후생 복지국에 자신들의 요구 사항을 제출하였다. 이 요구 사항들은 프랑스에 단기간 일하러 온 자들에 의해서가 아니라 가족을 동반하고 정착하러 이민 온 알제리 출신 노동자들에 의해 제기되었다. 그들은 송금을 통해 본국에 남아 있는 가족을 부양하는 방식을 포기하고 가족을 동반한 채 프랑스에 건너와서 일하면서 각종 요구 사항을 내세웠던 것이다. 50년대에는 가족 이민이 극히 적었기 때문에 이러한 요구 사항을 내세운 자들이 소수였다. 그렇지만 60년대에는 거주 지역의 지리적 분산이 이루어지고 가족 동반 이민이 본격화되었기 때문에 그와 같은 요구사항을 내세운 자들이 증가함은 물론 공장 소유 건물 내부의 임대아파트에 대한 수요가 증가하였던 것이다.

전체적으로 공장에 소속된 주거는 1955년 현재 알제리인 노동자의 32%만을 수용하였다.[43] 따라서 공장에 소속된 주거는 르노 자동차 공장의 알제리인 노동자를 위한 주된 주거 유형이었다고는 볼 수 없다.

---

43) André Michel, *Les travailleurs algériens en France*(Paris : Editions du CNRS), 1956, p.79.

이에 비해 독신 알제리인의 40%가 1965년에 빈민굴이나 이와 다름 없었던 '싸구려 카페-호텔'에 거주하고 있었다. 이러한 주거 유형은 사실 주요한 '공장으로부터 독립된 주거 유형'이었다.[44] 1950년대 동안 파리 교외지역에서 빈민굴이 번성했음은 이 시기에 주거 문제가 크게 악화되었음을 의미하는 것이다. 두 주요 빈민굴은 쌍삐니(Champigny)와 낭떼르(Nanterre)에 위치하고 있었다. 빈민굴은 거의 전기 시설이 되어 있지 않았고, 천장이 베니어판으로 된 임시변통의 주거였다. 게다가 식수를 얻기 위해서는 수백 미터를 가야 했다.[45] 이처럼 빈민굴에서의 삶의 조건은 열악했다. 이러한 조건은 공동체적인 상호 부조를 통해 이민 노동자의 공동체 의식을 강화시키는 요인이 되기도 하였다.[46]

이민자의 사회생활에서 카페-호텔도 또한 중요한 역할을 하였다. 이 카페-호텔에서는 주거, 식당 그리고 여가선용(만남, 교환 등등)의 기능이 기본적으로 이루어졌다. 카페-호텔은 이민자의 자율적인 사회적 실천의 정착에 큰 역할을 하였다. 그것은 기본적으로 공장에서 분리된 한 주거지에서 나타나는 공동체 의식의 형성과 그 힘을 보여준다. 카페-호텔에서의 생활은 공장에서 자신들이 프랑스 노동자와 차별 대우를 받고 있음을 자각한 알제리 이민노동자들을 급진화시키는데 기여하였다. 사실 알제리인 빈민굴과 '싸구려 카페-호텔'들이 1954년의 폭동이 발발하기 바로 이전은 물론이고 그 이후에도 활발한 정치적 활동의 장소였다.[47]

끝으로 '가구가 딸린 셋방'이 알제리인 노동자들에 의해 가장 널리 이

---

44) Tayeb Belloula, *op. cit.*, p.64.
45) *Ibid.*, p.67.
46) Bernard Granotier, *Les travailleurs immigrés en France*(Paris : Editions maspéro, 1970), p.97.
47) Anne Tristan, *Le silence du Fleuve*(Bezons : Editions au nom de la mémoire, 1991), p.18.

용되었다. 우리는 교외 지역에서 보다는 파리에서 특히 그것을 발견한다. 비앙꾸르의 르노 공장 알제리인 노동자들은 상당수가 15구, 13구, 5구 그리고 6구에서 가구가 딸린 셋방을 이용하였다.[48] 파리나 센느 도에서 가구가 딸린 셋방 입주자의 20%는, 1955년의 앙드레 미쉘의 설문 조사에 따르면,[49] 북아프리카 출신들이었다. 더욱이 르노 공장의 알제리인 노동자의 경우 38%에 해당하는 '단순 노동자'와 '단순 전문 노동자(OS : ouvriers spécialisés)'가 싸구려 방에서 홀로 기거하였던 데 비해 31%의 육체노동자들이 가구가 딸린 셋방에서 몇몇 가족과 함께 살았다.[50] 이와 같은 가구가 딸린 셋방은 작업장 밖에서 알제리인 이민노동자들끼리의 공동체 의식의 발전과 이민자들의 자율적인 사회적 삶의 정착을 위한 하나의 매개체가 되었다. 이점은 이민 수용 국가인 프랑스 사회와 이민 공동체 사이에 단절의 원인으로 간주되기도 하였다.

제5절 공동체 의식의 강화

이민노동자 '구역(quartier)'의 형성은 공동체 의식의 형성에 필요한 주요 요소였다. 이 구역들은 이민노동자들의 기존 사회에 대한 반감 때

---

48) Bernard Granotier, *op. cit.*, p.112
49) André Michel, *op. cit.*
50) *Le Monde*(6/11/1954), p.2.

문에 폐쇄적이었고 출신국의 사회적 실천을 재생산하는 하나의 "고립된 집단이면서 그들 알제리인 노동자들의 봉토였다."[51] 이 현상은 공동체의식을 강화시키는 카페-호텔에서의 노동자들의 생활을 살펴봐도 알 수 있다. 이 당시 이민노동자의 행동반경은 매우 제한되어 있었다. 카페-호텔에 거주하는 노동자들은 그들 시간의 대부분을 외부로부터 떨어져서 자기들끼리만의 시간을 보내었다. 그들은 몇몇 물품 구매와 장보기 이외에는 카페-호텔을 거의 떠나지 않았던 것이다.[52] 이처럼 알제리인 노동자들의 공장 밖의 생활은 지리적으로 또한 사회적으로 국한되어 있음을 알 수 있다.

그리하여 그들은 긴밀한 하나의 공동체를 구축하게 되었다. 사실 카페-호텔을 이용하는 알제리인들은 매우 빈번히 본국인 알제리의 같은 고향 출신 심지어 같은 마을 출신을 자신의 숙소에 받아들였다. 파리의 13구에서는 알제(Alger)도, 수맘(Soummam)도, 콘스탄틴(Constantine)도 출신 알제리인 노동자들이 중심이 된 공동체가 강화되었다.[53] 이들 이민노동자들은 작업 도중에 프랑스 노동자들과 어울리기 보다는 오히려 종종 그들로부터 따돌림을 받았다. 공장에서 퇴근한 이후 그들은 같은 구역에 있었고, 자신들만이 이용하는 레스토랑과 술집에 드나들었으며 그리고 같은 호텔에서 종종 같은 방에 여러 명이 같이 살고 있었다.[54] 이처럼 그들은 프랑스인들의 삶과는 분리된 삶을 살았던 것이다. 이 모든 요소들이

---

51) Kamal Bouguessa, "Mode de vie et reproduction : la communauté algérienne en France pendant la colonisation", *Maghrebins en France*, no. 97(1959), p.52.
52) *Ibid.*, p 63.
53) "Les Africains du nord dans la Seine, enquete hospitalière et sociale", *Cahiers nord-africains*(février-mars, 1957), p.57.
54) Daniel Mothé, "Les ouvriers français et les Nord-africains", *Socialisme ou Barbarie*, no. 21(mars-mai 1957), p.157.

이민노동자의 공동체를 결집시키고 프랑스 노동자와 이민노동자들 사이의 간극을 넓히는데 기여하였던 것이다.

이들이 프랑스 사회에 적응하는데 커다란 어려움을 겪었음은 이들이 본국 지향적인 속성을 여전히 포기하지 않고 있었다는 사실에서도 잘 알 수 있다. 이민노동자들이 본국 지향적임은 규칙적인 본국 귀국 운동과 자금 송금을 살펴봐도 알 수 있다. 먼저 귀국은 유급 휴가일을 맞이하여 매년 혹은 매 2년마다 일반적으로 이루어졌다. 르노 공장에 속한 알제리인 노동자들은 공장의 휴업 시에 년 2회에 달할 정도로 본국을 왕래하였다. 공장 지도부도 공장 휴업 시에 매년 취해진 휴가 이외에도 2년 이상 근무한 사람의 경우 매 2년마다 2개월에 걸친 본국으로의 휴가를 허용하였다.[55] 또한 자금 송금도 알제리 독립 전쟁 동안 본국에 대한 집착도를 증대시키고 민족 해방 투쟁을 멀리서 간접적으로 지지하는 역할을 하였다. 즉 이것들은 알제리인 이민의 동일체 의식을 강화시키는 한 중요한 요소였다.

이에 더해, 알제리인들이 본국인 알제리와 이민 수용국인 프랑스를 대치시킨 전시 상황 하에서 잠재적인 적으로 지목당한 사실은 또한 이들의 동일체 의식을 강화시키는 요인이 되었다. 대도시에서 탄압 장치의 점진적인 정착에 따른 간접적인 전쟁 체험은 공동체 의식을 강화시켰던 것이다.

프랑스 정부로부터의 탄압이 본격화되자, 사실 르노 공단의 노동총동맹 제5차 대회 대표들은 1954년 11월 6일부터 알제리의 독립과 자유를 위해서 파리와 알제리에서 투쟁했던 알제리인 노동자에 대한 자의적

---

55) *Le problème nord-africaine* à *la RNUR*, document interne à la RNUR(1960), p.8.

인 체포, 가택 수색, 알제리 신문 압수 등의 가혹한 탄압 조처에 대하여
적극적으로 저항하였다.[56]

탄압에 반발한 파리 지역의 알제리인 공동체의 전체가 1961년 10월
17일 파리에서 평화적인 가두시위를 전개하였다. 이에 대한 프랑스 정
부의 탄압은 야만적이었다. 비록 공식적으로는 3명의 사망자 밖에 발표
되지 않았지만 실제로는 200명 이상의 사망자가 발생하였다.[57] 그러나
그 탄압은 수도인 파리의 중심부에서 알제리인 공동체가 대두한 사실을
숨길 수가 없었다. 탄압 시에 프랑스에 있는 알제리인들은 거리상으로는
조국과 떨어져 있었지만 조국 독립 투쟁을 공개적으로 지지함으로써 공
동체적인 유대를 강화하였던 것이다. 알제리인 이민자들은 강요된 소외
내지 고립을 거부하고 알제리인으로서의 자신들의 자율성을 요구하였다.
그러면서 반 프랑스 사회적인 성격을 띠면서 공동체적 재결집을 강화하
였던 것이다.

독립 전쟁 및 투쟁을 위한 비밀 조직은 이민 공동체가 하나의 체제 저
항 세력으로 전환되는데 필요한 핵심 요소로 보였다. 알제리인 공동체가
체제에 대한 저항 운동을 모색하게 된 것은 하나의 공동체가 이미 존재하
였기 때문에 가능했던 것이다.[58] 이처럼 알제리인 이민은 공동체를 통하
여 사회학적, 이데올로기적, 정치적 그리고 문화적인 특성의 공동체적 메
커니즘의 점진적인 형성을 추구하였다. 즉 알제리인 이민 공동체는 출신

---

56) *Le 5e Congrès du Syndicat CGT Renault à Monsieur le Ministre de
l'Intérieur*, Archives du syndicat CGT de Renault-Billancourt(6/11/1954),
p.36.
57) *Régir contre les méthodes de terreur avant qu'il ne soit trop tard*,
tract du syndicat CGT de la Régie Renault(6/10/1961), p.13.
58) Benjamin Stora, *Histoire politique de l'immigration algérienne en
France*, thèse de doctorat de l'université de Paris XII, tome II(1991),
p.651.

사회 문화의 단순한 재생산이 아니라 이것에 토대를 둔 자율적인 공동체를 형성하게 되었던 것이다.[59]

이민노동자로서 알제리인 노동자들이 상황은 매우 독특하였다. 대산업에 편입된 노동자로서 그들은 노력이나 자질에 상응하는 처우를 받지 못하였고 이점을 뼈저리게 자각하였던 것이다. 이로 인해 그들이 프랑스 노동자와 동일한 하나의 계급의식을 갖지 못하였으며 오히려 자신들의 공동체에로의 복귀를 통해 노동자 문화와 일정한 거리를 유지하였다. 노동자 문화는 사실 알제리 이민노동자들의 입장을 대변해 주기에는 한계가 있었다.

종종 동일한 지역 출신으로서 같은 운명에 직면하여 박해당하고 북아프리카 원주민이라는 이유로 다른 어떤 외국인보다도 더 차별 대우를 받았다. 이러한 차별 대우는 그들을 결속을 강화시키는 요인으로 작용하였던 것이다.[60] 그 결속은 적극적인 민족 해방 투쟁의 밑거름이 되었던 것이다.[61]

제6절 결 론

우리는 1962년 알제리의 독립 이전에 프랑스를 향한 알제리 이민이 프랑스의 경제 상황에 긴밀히 연계되어 있음을 알 수 있다. 즉 호경기나

---

59) Kamal Bouguessa, *op. cit.*, p.51.
60) CNRS/RNUR, *Les OS dans l'industrie automobile*(janvier 1986), p.124.
61) 각종 저항 단체 중 '알제리 民族解放聯盟(AFLN)'의 프랑스 支部의 저항 활동이 가장 활발하였다 : Benjamin Stora, *op. cit.*, p.347.

전후 재건 시에 노동력이 부족하였을 때 알제리 이민노동자에 대한 규제가 다소 완화되었으나 불경기나 또는 노동력에 대한 수요가 크지 않을 경우에는 규제가 강화되었음을 알 수 있다. 이러한 규제의 강도에 따라 이민자의 수가 변동하였던 것이다. 이러한 사실은 프랑스 정부의 알제리 이민노동자에 대한 법률과 포고령들에 반영되어 있다. 이처럼 프랑스 정부나 고용주의 일방적 필요에 따라 노동자들을 불러들였다가 필요가 없을 경우에 규제를 강화한 사실은 알제리 이민노동자들의 프랑스 사회에 대한 반감을 불러일으켰다.

그렇지만 1962년 독립 이후부터는 알제리 이민의 성격이 크게 달라졌다. 즉 이때부터 이민자의 수가 지속적으로 증가하였던 것이다. 그 주된 이유로는, 먼저 위험하거나 천시되는 직종에 대한 프랑스 노동자들의 기피로 상당수의 일자리가 존재하였기 때문이다. 또 다른 요인으로는 노동이민이 정착 이민으로 바뀌었다는 점을 지적할 수 있다. 이와 같은 알제리 이민의 성격 변화는 알제리 이민노동자들이 프랑스 사회에 대한 반감을 초래함은 물론 프랑스 노동자들에 대한 심한 이질감을 느끼게 만들었다. 이와 같은 이질감은 작업장 밖의 생활에서 더욱 심화되었음을 노동자들의 주거 환경에 대한 고찰을 통해서 알 수 있다.

알제리 이민노동자들의 주거 환경은 대체로 열악하였다. 열악한 주거 환경은 노동자들의 동일체 의식의 형성에 크게 기여하였다. 동일체 의식의 형성 정도를 구체적으로 파악하기 위하여 우리는 르노 자동차 공장 소속 노동자들의 주거를 살펴보았다.

르노 자동차 공장 소속 알제리인 이민노동자들의 거주지는 파리와 몇몇 교외 역에 국지화되어 있었다. 이들의 주거는 공장 소유 주거 시설과 공장 소유와 무관한 주거 시설로 대별할 수 있다. 공장 소유 주거 시설로는 기숙사와 임대아파트를 들 수 있으며 공장 소유와는 무관한 주거 시설로는 빈민굴, 카페-호텔 그리고 가구가 딸린 셋방을 들 수 있다.

먼저 공장 소유 주거시설인 임대아파트는 고용주에 의해 제공되는 숙박 시설로서 가족을 동반한 이민노동자들이 이용하였다. 1950년대에는 가족을 동반한 알제리인 이민노동자의 수가 적었기 때문에 이용자가 거의 없었으며 가족이민이 본격화된 1960년대에 들어와서야 그 이용자 수가 증가하였다. 또한 공장 소속 주거 시설인 기숙사도 감시 제도가 확립되어 있었기 때문에 알제리인 이민노동자들이 주로 단기간에 걸쳐 이용하였고 또한 이용자 수도 그렇게 많지 않았다. 이 두 유형의 주거 시설의 이용자 수(30%)가 상대적으로 적었고 노동자들의 동일체 의식의 형성에 별다른 도움이 되지 않았다.

이에 비해 대부분의 알제리인 노동자들은 공장 소속 숙소에 거주하면서 감시와 모욕을 받기보다는 오히려 공장에서 독립된 빈민굴, 가구 딸린 셋방 그리고 싸구려 호텔에 거주하였다. 먼저 빈민굴은 전기나 수도 등 기본 주거 시설이 미비하였을 정도로 주거 조건이 매우 열악하였다. 그렇지만 내부의 조직 유형과 상호부조망 때문에 빈민굴의 이민노동자들의 공동체 의식이 강화되었다. 가구가 딸린 셋방과 카페-호텔은 작업장 밖에서의 이민자들의 공동체 의식의 발전과 자율적인 사회적 삶의 정착을 위한 하나의 매개체가 되었다. 이곳에서의 생활은 공장에서 자신들이 프랑스 노동자와 차별 대우를 받고 있음을 자각한 알제리 이민노동자들을 급진화시키는데 기여하였다.

결국 알제리인은 프랑스 사회에 동화 내지 통합되기는커녕 프랑스 노동자들과의 계급의식을 형성해 나가지도 못하였다. 이민노동자로서 알제리인 노동자들이 상황은 매우 독특하였다. 대산업에 편입된 노동자로서 알제리인 이민자들은 노력이나 자질에 상응하는 처우를 받지 못하였고 이점을 뼈저리게 자각하였던 것이다. 이로 인해 그들이 프랑스 노동자와 동일한 하나의 계급의식을 갖지 못하였으며 오히려 자신들의 공동체로의 복귀를 통해 노동자 문화와 거리를 유지하였던 것이다. 노동자문화는 알제리 이민노동자들의 입장을 대변해 주기에는 한계가 있었다. 오히려 그들은 프랑스 사회에서 사실상 소외되었는데, 이는 그들의 공동체 의식을 강화시키는 요인이 되었다. 그리하여 이들은 프랑스 사회에 대해 더욱 강한 반감을 품게 되었고 나아가 정치적으로 급진화되었던 것이다.

　물론 그들이 가담한 각종 노조 및 정치 조직의 저항 운동을 구체적으로 살펴봐야만 그들이 프랑스 현대사에서 차지하는 비중을 제대로 파악할 수 있으리라 생각된다. 그렇지만 이에 대한 연구는 차후로 미루기도 한다.

제2장 프랑스공산당과 사회당의
제휴 모색
—1972년 공동통치강령의 형성 배경을 중심으로—

제1절 서 론

1972년 프랑스공산당과 사회당은 공동으로 정권을 장악하여 공동으로 통치하는 것을 목표로 하는 '공동통치강령(programme commun de gouvernement)'에 합의하였다. 이와 같은 합의가 성립하려면 공산당과 사회당 양 당사자의 양보가 전제가 되어야 했다. 특히 혁명 정당임을 표방하는 프랑스공산당의 노선에서의 커다란 변화가 선행되어야 했다.

프랑스공산당의 노선 변화는 소련과의 관계에 따라 그 강도가 달라질 수밖에 없었다. 비록 코민포름(Cominform)이 1956년에 해체되었다 할지라도, 소련은 여전히 공산주의 종주국(宗主國)을 자처함은 물론 서유럽 공산당들에 어느 정도의 영향력을 행사하고 있었다. 그렇지만 소련은 동유럽에서의 공산주의 체제를 유지하기 위하여 '유일당 개념'이나 제한주권론' 등을 내세우면서 억압 체제를 정당화시키지 않을 수 없었다.

이에 비해 프랑스공산당은 나머지 좌익 세력들과 제휴하기 위해서는 자신이 신뢰할 만한 정치적 파트너라는 점을 그들에게 확신시켜야 했다. 이로 인해 공산당은 소련공산당과 새로운 관계를 정립하게 되었다. 그리하여 당의 교리(敎理)를 상당한 정도로 수정하였는바, 사실상 독자 노선에 가까운 길을 걷게 되었다.

따라서 소련공산당과의 관계를 염두에 두면서 프랑스공산당이 프랑스 내의 여타 세력 특히 사회주의자들과의 관계를 어떻게 설정해 나갔으며 이를 위해 노선 및 정책에서 어떠한 변화를 모색해 나갔는지를 살펴보고자 한다. 이를 위해 공동통치강령 그 자체에 초점을 맞추기 보다는 그 성립 배경에 주된 관심을 기울이고자 한다. 공동강령의 성립을 위한 공산당의 노력이 2차대전 이후 이미 시작되었다는 점에서 2차대전 이후부터 공동강령이 성립하기까지 주요 시기별로 고찰하고자 한다.

제2절 제4공화정 하에서 공산당의 좌익과 제휴 모색

프랑스공산당은 1942년에 독일군이 소련을 침공하자 격렬한 저항 운동을 전개하였다. 그리하여 그 이전에 결코 보여주지 못했던 강렬한 애국심을 입증하였다. 이것은 사회당과의 제휴에 하나의 유리한 조건으로 작용하였다. 게다가 공산당은 전후 프랑스에서 주도권을 장악하려는 드골주의자에 대한 커다란 두려움 때문에 사회당과의 관계를 긴밀히 하려는 노력을 기울였다.62) 또한 공산당은 전후 프랑스의 정치 질서 속에서 살아남기 위하여 사회주의자들과의 제휴를 모색해야 했다. 그리하여 자신의 기존 입장을 조율(調律)해 나가지 않을 수가 없었다.

1944년 12월 4일 양 정당 사이에 새로운 "협조위원회(comité d'entente)"가 조직 통합과 공동 행동에 관한 논의를 위하여 설치되었다. 양자간의 논의가 간헐적으로 전개되는 가운데 공산당 당수인 모리스 토레즈(Maurice Thorez)는 전쟁 동안 모스크바에 머물러 있다가 1945년 초 프랑스에 귀국하자 말자 당중앙위원회에서 상황이 새롭기 때문에 공산주의자의 투쟁 방법도 달라져야 한다고 주장하였다.63) 그는 디미트로프(Georgi Mikhailovich Dimitrov)의 주장에 따라 "인민민주주의의 이점(利點)은 그것이 프롤레타리아 독재를 거치지 않고 사회주의의 실현을 가능하게 하는데 있다"64) 라고 하면서 기존의 혁명 사상에서 약간 후퇴하고 있다.

그럼에도 불구하고 사회주의자들과의 대화는 1946년 여름에 교착 상태에 빠졌다. 사회당 지도부는 '협조위원회'의 활동을 종식시키려는 제38차 사회당 전당대회의 결의를 만장일치로 지지하였다. 그 결의는 조직 통합에 대한 논의를 종식시켰을 뿐만 아니라 두 정당 사이의 행동 통일을 구체적이고 제한된 목적을 가진 예외적인 상황 하에서만 가능하도록 국한시켰다.65) 이로 인해 새로운 헌법에 따라 최초의 하원의원선거

---

62) Henri Michel et Boris Mirkine-Guetzevitch, *Les idées politiques et sociales de la résistance*(Paris: Presses universitaires de France, 1954), p.59.

63) Maurice Thorez, "Rapport au comité central à Puteaux", *L'Humanité*(28 novembre 1946), p.2.

64) *Ibid.*, p.3.

65) *Le Populaire*(3 septembre 1946), p.3.

가 1946년 11월 10일 개최되었을 때 양 정당 사이의 관계는 상당히 냉각되었다.

이러한 상황 가운데서, 1947년 6월 제11차 당 대회에서 토레즈는 "우리는 노동계급과 그 조직이 주도적인 역할을 하는 새로운 인민민주주의에 대해 얘기한다. 그러나 프랑스의 재건은 한 정당의 과제가 아니라 '광범한 민주적인 국민 연합'의 과업이어야 한다."[66]라고 주장하였다. 이 주장은 범좌익 세력의 공동 통치를 내세운 것으로 볼 수 있다. 이와 같은 주장에도 불구하고 공산당의 사회당과의 관계는 별다른 진전이 없었다.

프랑스공산당 중앙위원회는 1947년 코민포름(Cominform)이 형성되고 나서 공산주의자와 사회주의자의 협력의 실패 이유를 미국의 반동(反動)에 충돌질받은 사회당 지도부의 음모 탓으로 돌렸다. 이처럼 제휴 실패의 원인을 사회당에 전가하고 있던 공산당은 수상 조르쥬 비도(Geroges Bidault)의 대외 정책으로 말미암아 1947년에 난처한 입장에 빠졌다. 비도 정부는 식민지에 대한 지배 체제를 강화하기 위하여 1947년 3월 마다가스카르섬의 소요(騷擾)를 가차 없이 분쇄하였고 심지어 그 해 11월에는 월남의 독립 운동을 진압하기 위해 하이퐁 항(港)을 폭격하였던 것이다. 공산당 지도부는 비도가 소속된 '인민공화파운동(M.R.P.: Mouvement Républicain Populaire)'와의 즉각적인 단절을 천명하지 않을 수가 없었다. 또한 공산당 지도부는 사회당에 대해 비도의 내각 주도권을 거부하고 더욱 일관된 마르크스주의적인 행동 노선을 취해주기를 요망하였다.

프랑스공산당은 정부에 대해 이와 같은 태도를 취하면서도 어떤 유형의 정치적 변형이 프롤레타리아 독재의 요구를 충족시키기 위하여 필요

---

66) Maurice Thorez, ˝Rapport au XIe Congrès(Strasbourg, 25-28 juin 1947)˝, *L'Humanité*(26 juin 1947), p.5.

한지에 관해 주다노프(Andrei Zhdanov)와 디미트로프 등 소련 지도부의 주장을 상당히 수용하였다. 주다노프는 1947년 코민포름 개막 연설에서 "소련에 의해 주도되는 평화 및 사회주의의 진영(陣營)과 미국에 의해 주도되는 제국주의 진영 사이에 근본적인 적대감(敵對感)이 자리하고 있다."[67]라고 천명하면서 경직된 입장을 취했던 것이다. 같은 맥락에서 디미트로프도 1948년 12월에 인민민주주의와 소련 체제를 프롤레타리아 독재의 양면으로 간주하면서 양자를 동일시하였다. 그러면서 그는 인민민주주의의 기본 원리를 다음과 같이 설명하였다: "만일 인민민주주의가 착취 계급에 대항하는 투쟁을 중단하거나 자본주의적인 요소들을 말살하고 없애기를 중단한다면, 그때에는 자본주의적 요소들이 불가피하게 주도권을 잡아 인민민주주의의 토대를 해칠 뿐만 아니라 그것을 파멸시킬 것이다."[68] 즉 인민민주주의의 임무는 자본주의적 착취 계급에 대항하여 끊임없는 투쟁 전개라는 것이다. 이러한 소련의 주장은 서유럽 공산주의자들이 보기에는 본래 '계급 대 계급'이라는 인민전선 이전의 전술로의 회귀 즉 사회당 지도부와 급진파 지도부를 모두 비난하는 "밑으로부터의 통일전선"에로의 회귀(回歸)를 의미하는 것이었다.

소련 지도부의 영향을 받은 토레즈는 1947년 10월에 프랑스 공산주의자들이 특히 '기업위원회(comité d'entreprise)'의 차원에서 '밑으로부터의 통일전선'으로 전환함으로써 새로운 정부 수립을 준비해야 한다고 주장하였다. 그리하여 공산당은 코민포름과 더불어 사회당 지도부에 대해 격렬히 비난하였다. 양 정당의 대립의 여파로 노조에서도 즉각적인 분열이 발생하였다. 1947년 12월에 사회주의자의 영향 하에 있던 '노동자의

---

67) A. Zhdanov, "Sur la situation internationale", *Pour une paix durable: pour une démocratie populaire*, no. 1(10 novembre 1947), pp.2-3.
68) *Ibid.*

힘(F.O.: Force ouvrière)'은 당시에 공산주의자의 통제 하에 놓여 있었던 '노동총동맹(C.G.T.: Confédération générale du Travail)'과 관계를 단절하였다. 왜냐하면 노동총동맹이 미국의 경제 지원을 핵심 내용으로 하는 '마샬 플랜(Marchall Plan)'의 승인을 거부하였기 때문이다.[69] 이에 위기감을 느끼기도 하였으나 프랑스 공산주의자들은 자신들의 기존의 이데올로기적 입장에서 별다른 변화를 보이지 않았다.

특히 토레즈는, 프랑스공산당이 소련을 결코 침략자로 보지 않는다는 주장을 한 직후인 1949년 2월 22일 하원에서 그에게 제기된 "적군(赤軍)이 파리를 점령한다면 당신은 어떻게 할 것인가?"라는 질문에 다음과 같이 답변하였다.

> 만일 자유와 평화를 위한 모든 프랑스 인의 공동된 노력이 우리나라를 민주주의와 평화의 진영에 끌어오는데 성공하지 못한다면, 만일 우리 민족이 자신의 의지에 반하여 결과적으로 반(反) 소련 전쟁에 이끌려 들어간다면 그리고 이러한 조건 하에서 소련군이 인민의 대의(大義) 즉 사회주의의 대의를 수호하면서 침략자를 추적하기 위해서 우리나라에 진입해 들어온다면, 프랑스의 노동자·인민은 폴란드, 루마니아, 유고슬라비아 인민들과 달리 어떻게 소련군에 저항할 수 있겠는가?[70]

소련군의 프랑스 진주 시 프랑스 인민은 저항하지 않으리라는 토레즈의 답변은 여타의 모든 정치 세력들로부터의 엄청난 반발을 초래하였다. 특히 사회당 전국위원회는 1950년 다른 정당 특히 공산당과 어떠한 형태의 접촉도 금지하는 당헌 수정안을 통과시켰다.[71] 이 수정안의 목적은 인민전

---

69) Georges Lefranc, *Le Mouvement syndical*, vol Ⅱ(Paris: Payot, 1969), p.83.

70) *L'Humanité*(25 février 1949), p.3.

선에 가담할 예정이었던 공산주의자의 후원을 받는 '평화위원회(comité de paix)'에 사회당 당원들이 참가하는 것을 금지하는 것이었다. 이에 더해 사회주의 의원들은 1951년 수정된 선거법안에 찬성 투표하였다. 수정된 선거법은 이른바 '제3의 세력(troisième force)'에 의해 계획되고 승인되었다. 주로 사회주의자, 급진파, 독립공화파(Républicains Indépendants), 인민 공화파로 구성된 제3세력의 정당들은 실제로 단지 하나의 공통된 목적만을 갖고 있었다. 그 목적은 의회에서 공산주의자와 드골파의 세력을 제거하고 그리고 어떠한 대가를 치르더라도 그들을 정부로부터 몰아내는 것이다.

이와 같은 도전에 직면한 프랑스공산당은 1951년 하원의원 선거에서 의석수의 격감을 맛보았다. 이 선거에서 제 3세력의 정당들은 총투표수의 단지 51%만을 얻고서도 전체 의석의 64%나 차지할 수 있었다. 이 수치는 의석수가 실제 득표율에 비해 97석이나 더 많았음을 말해준다. 특히 사회주의자들은 107석을 얻었는데, 이는 1946년에 비해 의석수가 두 배나 증가한 것이다. 이와 같은 증가는 제3세력과의 제휴 덕분이었다. 이에 비해 공산주의자들은 가장 커다란 희생자들이었다. 그들은 82석을 상실하였다. 공산당의 의석수는, 비록 공산주의자의 득표율이 26,4%로서 이전보다 증가했다 할지라도 1946년에 비해 44%나 감소하였던 것이다. 이것은 공산당이 수정된 선거법안의 주요 희생자가 되었음을 말해주는 것이다.

이처럼 프랑스 내의 거의 모든 사회 세력들로부터의 반발에 직면한 프랑스공산당은 자신들의 기존의 입장을 완화시키지 않을 수가 없었다. 특히 공산당은 1954년 6월에 제13차 전당대회에서 여타 좌익 세력 특히

---

71) *Bulletin Intérieur*, no. 47(mars 1950), p.6.

사회주의자들에 대한 태도의 현저한 변화를 보여주었다. 토레즈는 그 대회에서 공산당이 독일의 재무장 승인을 거부하고, 베트남 사태의 즉각적인 해결을 촉구하고 그리고 국제화해의 정신을 옹호하는 어떠한 정부도 지지할 것이라고 주장하였다.[72] 1954년 6월 8일에 공산주의자 의원들은 사회주의자인 삐에르 망데스-프랑스(Pierre Mendès-France)의 훈장 수여에 찬성 투표하였다. 다음 18개월 동안 공산당 언론은 점차 사회당 지도부에 대한 비판을 자제했으며 심지어 나토(NATO)조차도 행동통일에 극복할 수 없는 장애물로 간주하지 않았다. 1955년 12월 5일 공산당중앙위원회는 "차후의 의회에서 좌익 다수파의 승리를 보장하기 위해서는 사회주의자들 및 급진파와 선거 동맹을 맺어야 한다"[73]고 촉구하기까지 하였다.

공산당이 이와 같은 입장 변화를 보이고 있는 가운데, 1955년 하원의원 선거에서 비록 사회당 전국위원회가 공산당의 호소를 거절하였을지라도 공산당 의석은 150석으로 증가하였다. 이는 1951년에 비해 49석이 증가한 것이다. 공산당의 득표율이 다소 하락하였을 지라도 의석수는 오히려 증가하였던 것이다. 이에 비해 사회당은 득표율이 다소 증가하였을 지라도 그 의석수는 12석이 감소하였다. 이 결과는 선거에 앞서 공산당이 체결한 사회당 및 급진파와의 부분적인 선거상의 제휴가 1951년에 그러했던 것보다 훨씬 덜 효율적이었다는 사실에 주로 기인한다.[74]

공산당은 새로운 의회에서 급진파와 사회주의자들과 함께 하는 삼자

---

72) Maurice Thorez, "Discours de cloture au XIIIe congrès du parti communiste français(Ivry, 3-7 juin 1954)", *L'Humanité*(8 juin 1954), p.3.
73) "Lettre du comité central du parti communiste français au comité directeur du parti socialiste", *L'Humanité*(5 décembre 1955), p.1.
74) François Goguel, "Les élections françaises du 2 janvier 1956", *Revue Française de Science Politique*, VI, no. 1(janvier-mars 1956), p.17.

연립(三子聯立)적인 토대 위에서 정부를 재조직하려는 목적으로 공개적인 청원을 하였다.[75] 이 청원의 내용은 알제리 문제의 협상을 통한 해결, 국제화해의 증진과 무장 해제, 드골파와 공화파 등의 공화국을 위협하는 선동적인 요소들에 대항하여 무자비한 투쟁 전개, 세속주의의 원칙 적용 그리고 노동자의 즉각적인 요구 사항에 대한 지원이 그것이다.[76] 공산당은 이 강령이 엄격히 민주주의적인 강령이지 사회주의적인 강령은 아니라고 주장하였다.

이와 같은 공산당의 접근에 대해 사회당은 1956년 1월 14일과 15일 특별 대회에서 삼자연립 정부에 관해 공산주의자들과의 어떠한 토론도 거부하기로 결정하였다.[77] 급진파는 분열되어 있었고 사회주의자들은 광범한 중도 다수파의 연합에 가담하려는 의사가 없었다. 이로 인해 당총서기인 기 몰레(Guy Mollet)는 아이러니컬하게도 '공화 전선(共和前線: Front Républicain)' 그 자체라 불렸던 중도 좌파의 소수파를 중심으로 제4공화국에서 가장 오래 존속하게 될 하나의 내각을 형성하였다.[78]

이처럼 사회당이 공산당의 접근을 피하고 있는 상황에서 프랑스공산당은 생존을 위해 태도의 변화를 필요로 하고 있었다. 이를 위해서는 소련공산당의 변화가 선행되어야 했다. 1956년 2월 소련공산당 제20차 전당대회가 개최되었다. 이 대회에서 흐루시초프는 보고서를 통해 인민전선의 재개를 원하는 프랑스공산당의 호소에 상당히 호의적인 반응을 보였다. 특히 세계의 세력 균형에서 전략적 변화를 지적한 후 흐루시초

---

75) "Lettre du comité central du parti communiste français au parti socialiste", *L'Humanité*(7 janvier 1956), p.1.

76) *Ibid.*, p.1.

77) *Bulletin Intérieur*, no. 83(février 1956), p.8.

78) '공화전선'이란 '사회주의자', '급진 망데스주의자', '민주 및 사회주의 저항동맹' 그리고 '사회적 공화파'의 연합인데 596석의 하원 의석 중 단지 182석을 차지하고 있었다.

프(Khrushchov)는 "노동계급은 그 주위에 모든 농민, 지식인 그리고 모든 애국적 세력을 결집시킴으로서 반동적인 반애국적(反愛國的)인 세력을 패배시키고, 의회에서 안정 의석을 얻고 그리고 의회를 부르주아 민주주의의 한 기구로부터 인민 의지(人民意志)의 효과적인 달성 수단으로 변형시킬 가능성을 가졌다."라고 선언하면서 '의회를 통한 사회주의로의 평화로운 이행'이 가능함을 천명하였다.[79]

이처럼 흐루시초프의 선언이 몇몇 부르주아 의회와 정부 연합들을 포함시킴으로써 인민민주주의의 개념을 넓혔다. 이것은 인민민주주의가 더 이상 '프롤레타리아 독재'나 '사회주의 건설'과 동의어로 간주되지 않음을 의미하였다.

이와 같은 소련의 태도 변화에 힘입은 프랑스공산당은 1956년 3월에 생뚜앙(Saint-Ouen)에서 개최된 공산당 중앙위원회 회의를 통해 "의회를 통한 사회주의로의 평화적인 이행"이 진정으로 가능하다는 가설을 확인하였다.[80] 토레즈는 '런던 타임즈지(誌)'와의 인터뷰에서 그 새로운 가설을 기꺼이 재천명하였다. 그렇지만 그 가설은 몰레가 지속적으로 부인한 "사회주의자들과의 노동계급의 통합"을 전제로 하였기 때문에 토레즈는 그 가설의 실현 가능성이 프랑스에서는 다소 시기상조임을 자신의 논평 속에 덧붙였다.[81] 이에 더해 토레즈는 "경제 개혁을 통한 사회주의로의 점진적인 이행"이라는 잘못된 생각에 물들지 않도록 당원들에게 경고하였다.[82] 그러나 토레즈의 중앙위원회 보고서는 부르주아 의회가 단

---

79) Francis J. Kase, *People's Democracy: A Contribution to the Study of the Communist Theory of State and Revolution*(Leyden: A.W.Sijthoff, 1968), p.68.
80) *L'Humanité*(23 mars 1956), p.5.
81) Maurice Thorez, "Quelques questions capitales posées au XXe congrès du P.C.U.S.", *L'Humanité*(27 mars 1956), pp.4-5.

순히 '사회주의로의 이행 도구'가 아니라 이른바 '프롤레타리아 통치'의 역할을 담당할 수 있음을 명확히 밝혔다는 점에서 약간의 변화를 보여주기도 하였다.

그렇지만 프랑스공산당은 폴란드와 헝가리에서 소련군에 대한 저항 운동이 절정에 이르렀을 때인 1956년 10월 "우리는 소련 군대의 개입을 요청한 헝가리 노동자 정부의 행동을 전적으로 승인한다. 소련의 노동자·농민의 군대가 노동자 정부의 호소에 응하지 않는 것은 생각할 수 없는 일이다."[83]라고 논평하면서 소련군의 헝가리 침략을 정당화시켰다. 더욱이 프랑스 공산주의자들은 헝가리 자유화 운동 진압을 서구에서의 그들 자신의 승리로 간주하였다. 공산당 정치국원인 자크 뒤클로(Jacques Duclos)는 의기양양하게도 "프롤레타리아 독재의 개념이 민주주의의 개념과 분리될 수 없다"[84]고 주장하면서 자유화운동의 탄압을 옹호하였다. 이러한 사실은 1958년 봄까지 프랑스공산당의 정통 교리가 코민포름의 해체에 의해 영향을 거의 받지 않았음을 말해주는 것이다.

사회당은 본질적인 변화가 없다고 보았던 공산당에 대해 의구심을 버리지 않고 있었다. 사회당 간부위원회(comité directeur)는 1958년 5월 27일 드골이 각료 회의의 의장이 되는 것을 반대하였다.[85] 그러나 6월 1일 41명의 사회당 의원들은 몰레의 주도 하에 갑자기 행동노선을 바꾸어 드골의 각료 회의의장 임명에 찬성 투표하였던 것이다. 몰레의 방향전환은 주로 공산주의자들이 인민민주주의라는 이름으로 권력을 장악하

---

82) *Ibid.*, p.4.
83) *L'Humanité*(5 novembre 1956), p.1.
84) Jacques Duclos, "Problèmes du passage du capitalisme au socialisme", *Cahiers du communisme*, no. 1(janvier 1958), p.17.
85) *Le Populaire*(28 mai 1958), p.1.

기 위하여 정치적 혼란을 이용할 수 있을 것이라는 커다란 두려움에 주로
기인하였다.

몰레의 태도 변화는 공산당의 반발은 물론 사회당 내에서조차 반발을
불러 일으켰다. 몰레의 배반에 분개한 토레즈는 사회당의 일반 당원들에
게 당 지도부에 저항하도록 촉구하고 9월로 예정된 국민 투표에서 드골
이 요청한 헌법안을 부결시키려는 공동 노력에 가담하도록 촉구하였다.

그럼에도 불구하고 사회당 내에서 드골주의 헌법을 승인하도록 요청
하는 기몰레의 동의안(同義案)은 가스똥 드페르(Gaston Defferre)와
그가 주도하는 강력한 부쉬-뒤-론느(Bouche-du-Rhone) 연맹의 결
정적인 지원에 힘입어 2 786표 대 1 176표로 통과되었다. 이러한 사
실은 공산주의자들과의 제휴를 더욱 어렵게 만들었다.

게다가 공산주의 유권자들 가운데서도 다수가 이전과는 상이한 투표
양상을 드러내 보였다. 즉 공산당 유권자들의 1/4 이상이 드골주의 헌
법에 찬성 투표하였다.[86] 국민투표 이후 이틀 만에 몰레는 "스탈린주의에
의해 마취당한 프랑스 노동자의 회복이 잘 진행되고 있다."[87]라고 주장하
면서 공산주의 세력의 이탈을 반겼을 정도였다. 더욱이 사회당의 전국위
원회는 11월로 개원 예정된 의회의 제 2차 투표에서 공산주의자들과의
어떠한 제휴도 금지하였다.[88] 공산주의자들이 이탈은 하원의원선거에서도
나타났다. 놀랍게도 그것은 제1차 투표에서 나타났다. 드골주의 정당인
'신공화국연합(U.N.R.: Union pour la Nouvelle République)'은
선거에서 사회주의자들보다도 더 큰 혜택을 입었다. 신공화국 연합은 아
마도 공산주의자를 이탈한 1 670 000 표 중에서 900 000표를 잠식하

---

86) *Le Populaire*(30 septembre 1958), p.2.
87) *Le Monde*(30 septembre 1958), p.3.
88) *Ibid.*(28 octobre 1958), p.4.

였다.[89) 그 나머지 이탈 표는 다른 몇몇 정당들에 의해 잠식되었다. 사회당의 의석수는 95석에서 47석으로 감소하였다. 공산당의 의석 손실은 거의 파국적이었다. 의석수가 150석에서 10석으로 감소하였던 것이다. 여기다가 드골이 제5공화국의 첫 대통령으로 선출되었다. 드골파인 '신공화국 연합'과 독립 공화파는 안정의석을 확보하였다.

위기에 처한 공산당과 사회당은 의석수 격감과 드골파의 압승에 직면하여 상호간의 제휴를 외면할 수만은 없었다.

제3절 제5공화국 초기(1958-1964)
정치적 제휴

사회당과 공산당이 각종 선거에서 드골주의자들에게 패배했음에도 불구하고, 프랑스공산당과 좌익의 여러 집단들 사이에 활발한 정치적 협조 체제의 재확립에는 상당한 시일이 소요되었다. 1962년의 의회선거 이후 점차적으로 정치적 협조 체제가 확립되어 나갔던 것이다. 즉 1962년에 알제리 독립 전쟁이 일단 막을 내리자 좌파 세력들이 드골주의에 대항하여 자연히 정치적으로 결집하게 된 것이다.

더욱이 국제 공산주의 운동과 프랑스공산당 내에서 변화를 요구하는

---

89) René Rémond, "Le nouveau régime et les forces politiques", *Revue Française de Science Politique*, IX, no. 1(mars 1959), p.177.

세력들이 커지고 있었다. 공산당은 1959년 이브리(Ivry)에서 제15차 전당대회가 열렸을 때 개인적 독재와 파시즘을 향해 나아가고 있는 드골주의 체제에 대항하여 좌익의 결집을 내세웠다. 이것은 '프랑스공산당의 중대한 이데올로기적 방향 전환'을 만들어내는데 기여하였다. 공산당 내에서 변화를 옹호하는 세력들이 자리를 잡아가고 있는 가운데 사회당 내에서의 상황의 변화는 양 정당의 정치적 제휴에 유리하게 전개되었다.

사회당은 1962년 5월에 당의 새로운 헌장으로서의 역할을 하게 될 '기본강령(programme fondamental)'을 채택하였다. 이 강령의 제2부에서 정치적 민주주의 제도는 "경제적·사회적 민주주의의 확립"에 의해서만 그 충분한 효과를 거둘 수가 있음을 확인하였다.[90] 그래서 사회당은 일반의지(一般意志: 민주주의를 의미하였음)의 개념이 자본주의 체제의 지속(持續)이나 또는 회복을 명령한다 할지라도 그것은 당의 주도 원칙이라고 선언하였다. 즉 일반의지 하에서는 자본주의 체제도 가능하다는 것이다. 이처럼 근본 강령은 사회당의 몇몇 당원들이 생각했던 것보다도 더욱 수정주의적이었다. 그리하여 1962년 초까지도 공산주의자와 사회주의자들 사이의 이데올로기적 간극은 여전히 넓었다. 이러한 상황 하에서 양 정당은 실제적인 정치적 고려에서 전술의 변화를 모색하게 되었다.

공산주의자들은 1962년 11월 18일의 하원의원 선거의 1차 투표에서 참패를 당하고 나서 좌익과의 더욱 긴밀한 정치적 관계를 확립하기 위한 본격적인 노력을 기울이기 시작하였다. 그렇지만 사회당의 입장은 여전히 소극적이었다. 몰레는 1962년 11월 12일 사회주의자들이 단지 10개 내

---

90) "Programme fonamental du Parti socialiste(S.F.I.O.)", *Bulletin Intérieur*, no. 125(juin 1962), p.14.

지 12개의 선거구에서 공산주의자들과 선거 시의 협정을 추구할 것을 제의하였다.[91] 몰레는 1차 투표 이전에 드골주의 헌법에 반대하는 '거부자연합(Cartel des Nons)'[92]이 공산당을 전국적 차원에서 선거 파트너로 채택하리라고는 생각하지 않았다. 공산당과 협조하는 것은 단지 거부자연합의 결합된 세력이 2차 투표에서 드골주의자와 공산주의자들을 패배시킬 수 없는 선거구에 한정되었다. 몰레가 선호하던 전략은 따라서 기본적으로 인민전선의 그것이라기보다는 50년대의 '제3의 세력 운동'의 전략이었다. 그 전략은 하원의원 선거 시에 제2차 투표의 행태가 50년대의 제3의 세력을 전적으로 따를 것이라는 기대에 근거하고 있었다. 제1차 투표 결과 드골주의의 신공화국연합과 민주노동동맹(U.D.T.: Union démocratique républicain)이 31.9%에 달하는 높은 득표율을 달성하자 몰레의 기대는 무산되었다. 독립파는 이러한 드골주의자의 진전의 주된 희생자였다. 그들은 1958년의 절반에도 못미치는 지지표를 얻었는데, 그 손실은 250만표에 달하였다. 그러나 인민공화파와 사회주의자들의 손실합계는 150만표 이상이었다. 결국 '거부자연합'은 제 1 차 투표에서 단지 38,6%의 득표율을 가까스로 얻는 데 그쳤다. 더욱이 제2차 투표에서 연합 세력으로서 완전히 붕괴하였다. 이에 비해 공산주의자들은 1958년의 그들의 손실의 상당한 부분을 회복하였는데 총투표수의 21.7%를 차지하였다.

거부자연합에 소속된 각 정당들은 자신들의 정치적 생존을 위해 공산당과의 제휴에 관심을 기울이게 되었다. 먼저, 사회당과 급진당은 몰레의 주장에 따라 드골주의자들을 지지하지 않기고 결정하였다. 더욱이 그들은 제2차 투표를 필요로 하는 369개의 선거구 중 180개의 선거구에

---

91) *Le Populaire*(14 novembre 1962), p.2.
92) 拒否者聯合은 드골주의 憲法을 거부하는데 동참한 사회주의자, 급진파, 인민공화파 그리고 독립파로 급히 구성된 의회의 일시적인 聯合세력이다.

서 공산당과 선거 협정을 체결하였다.[93]

공산당은 제2차 투표에서 기본적인 선거파트너로 공산주의자들을 받아들이려는 몰레의 결정에 대해 크게 반기면서 공동통치강령의 확립을 제기하였다. 이 강령의 출발점은 드골주의자들에 대한 공동 투쟁이었다.[94] 그렇지만 몰레는 공산주의자들과 효과적인 정치적 협력 전망에 관하여 자신의 의구심을 숨기지 않았다. 이처럼 사회당이 공산당을 불신하였기 때문에 양당의 정치적 제휴에는 한계가 있었다.

이에 토레즈는 1963년 5월 사회당의 54차 전당대회가 소집되기 직전에 공산당에 대한 사회당의 우려를 불식시키기 위하여 "유일당 이론은 스탈린의 오류이며 프랑스공산당은 유일당 이론에서 완전히 탈피하였다"[95]고 주장하였다.

그럼에도 불구하고 사회당은 제54차 전당대회에서 전술 문제와 관련하여 급진파 및 인민공화파 좌익과의 대화 재개를 촉구하였다.[96] 이 대회는 '유일당(parti unique)'에 대한 스탈린주의적 개념을 비롯하여 공산당과의 근본적인 이데올로기적 차이를 다시 한 번 구체적으로 명시하였다. 그래서 그 대회는 "프랑스공산당과 정치적 합의와 공동 행동을 위한 조건이 여전히 충족되지 않았다"[97]고 선언하였다. 그러면서도 프랑스

---

93) François Goguel, "Le référendum du 28 octobre et les élections du 18-25 novembre 1962", *Revue Française de Science Politique*, XIII, no. 2(juin 1963), p.317.
94) *L'Humanité*(6 décembre 1962), p.1.
95) Maurice Thorez, "Discours de cloture au comité central(Ivry, 8-10 mai 1963)", *L'Humanité*(14 mai 1963), p.5.
96) "Tactique du LIVe congrès(30 mai-1er juin 1963)", *Bulletin Intérieur*, no. 129(juin 1963), p.6: 사회당은 또한 商業銀行의 國有化와 投資銀行의 設置, 필요시 集團所有權의 擴大 그리고 國有化된 기업에서의 민주적 운영 등을 촉구하였다.
97) *Ibid.*, p.10.

민주 제도를 위협하는 드골주의자들에 대해 공산주의자들과 함께 공동 대응하는 전술을 고려해야 한다고 결론지었다.

이와 같은 사회당의 양면적인 태도에 직면한 공산당은 몇 달 후에 중앙위원회의 이름으로 공동통치강령을 다시 추구할 것을 사회당에 촉구하였다.98) 프랑스공산당은 1963년에 '인민민주주의 이론'에서 '독재의 개념'을 떼어버릴 준비가 되어 있지 않았다. 이것을 알아챈 프랑스 사회당은 프랑스공산당의 민주적 투쟁이나 유일당 개념에 대해 소련공산당 서기장인 흐루시초프로부터 직접 알아보기 위하여 모스크바에 대표단을 파견하였다.99)

흐루시초프는 프랑스 사회당 대표단에게 "프롤레타리아 독재는 소수에 대한 다수의 독재이다. 그것은 필연적으로 혁명에 의해 전복(顚覆)당한 특권계급의 격렬한 저항에 대해 필연적으로 폭력으로 대처하는 것이다. 그것은 단지 '정해진 기간(la période déterminée)' 동안만 지속될 것이다."100)라고 답변하면서 유일당 개념이나 소수파의 권리에 대해서는 사실상 침묵을 지켰다.

프랑스공산당 지도부는 1964년 파리에서 개최된 제17차 전당대회에서 유일당에 관한 중요한 문제들을 진지하게 재고하기 시작하였다. 공산당은 사회 진보의 선행 조건으로 제5공화국 헌법의 청산을 요구하면서 '드골주의적 지배에 대한 민주주의적이지만 비(非)사회주의적인 대안'을 내세웠다. 즉 드골주의를 타도하고 나서 비사회주의 체제가 그것을 대신할 수도 있음을 인정한 것이다.

---

98) *L'Humanité*(7 octobre 1963), p.1.
99) Michel Simon, "Michel Simon à Roger Quillot", *La nouvelle Critique*, no. 136(avril-mai 1962), p.37.
100) *Ibid.*, p.6.

공산당은 전당대회에서 "비사회주의 체제란 '진정한 민주주의(démocratie véritable)'를 뜻한다. 진정한 민주주의 정부는 자본주의와 사회주의 사이의 가교(架橋)서의 역할을 한다. 이 이행기는 경제적이며 사회적 발전의 분명한 단계로서 간주되어야 한다"[101]고 주장하였다. 이와 같은 시각에서 공산당은 그 대회에서 유일당 개념의 포기를 선언하였다. 그러면서 진정한 민주주의는 좌익의 다른 정당들과 영속적인 협력을 통해 달성할 수 있다고 주장하였다.

프랑스공산당은 제17차 전당대회를 계기로 태도의 기본적인 변화를 모색해 나가기 시작하였다. 그 대회 이후 당 지도부는 정치적 동맹에 필요한 이데올로기적 조정에 매우 진지한 관심을 보여주었다. 제17차 전당대회에서 공산당의 변화는 당의 지역 조직과 공산주의 학생 연합으로부터의 점증하는 압력에 대한 반응이기도 하였다. 물론 변화가 이러한 집단들의 압력에만 기인한다고 결론짓는 것은 무리일 것이다. 원래 사회당 세력과 제휴를 먼저 권고한 것은 모스크바였기 때문이다. 그렇지만 프랑스공산당은 소련의 의도를 훨씬 넘어서서 변화해 나갔던 것이다.

제17차 공산당 전당대회에서 채택된 강령은 1964년 2월 사회당 특별 대회에서 공산당에 적대적인 가스통 드페르가 대통령 후보가 된 것에 대한 반발로 작성되었다. 이는 드페르의 중도 좌파와의 제휴 전략이 공산주의자들을 고립시키려는 것을 목표로 삼은데 기인한다. 드페르의 대통령 후보 지명은 사회당 조직 자체의 전폭적인 지원에 기인한다기보다는 몇몇 주요 인물들의 지지에서 비롯되었다.

공산당 정치국은 공산당을 고립시키려는 드페르가 사회당 대통령 후보로 지명되었기 때문에 대통령 선거에서 공산주의자들이 사회당 후보에

---

101) "La résolution politique du XXIIe congrès(Paris, 14-17 mai 1964)", *Cahiers du communisme*, nos. 6-7(juin-juillet 1964), pp.518-519.

게 도전할 것을 이미 결정하였다.[102] 이 결정은, 드페르가 1965년 6월 8일의 사회당 제25차 전당대회에서 인민 공화파를 포함하지만 공산주의자들을 배제시키는 광범한 중도 좌파 정치 연합의 형성을 촉구한 한 결의를 관철시킴에 따라 보다 중요한 의미를 지니게 되었다.[103] 즉 드페르의 후보직은 인민 공화파가 주도적 역할을 하게 되는 '대연맹(grande fédération)'의 확립과 완전히 동일시되었다.

드페르가 주도하는 사회당과 인민 공화파의 제휴 모색은 공산당의 커다란 반발을 초래하였다. 설상가상으로 사회주의자들과 인민 공화파사이의 사이의 관계는 교구 학교(敎區學校)에서 세속화의 의미, 공산주의자들과 선거동맹의 문제 그리고 인민 공화파가 사회주의자라는 용어를 수락 거부함에 따라 제안된 연맹이란 이름을 둘러싸고 악화되었다. 이로 말미암아 드페르는 일주일 만에 입후보를 철회하였다. 결국 드페르의 중도 좌파 전략이 용도폐기되었던 것이다.

이 와중에 사회당은 몰레의 촉구로 '민주사회주의 좌익연맹'(이하 좌익연맹으로 약함)을 태동시킨 급진파와 '공화파제도회의(C.I.R.: Convention des Institutions Républicaines)'가 하나의 협정을 체결하였다.[104] 이 협정은 의회에 의한 행정부의 철저한 통제, 민주적 계획과 관련한 알맞은 국유화 프로그램, 모든 공공 서비스 부문에서 세속성(世俗性)의 엄격한 적용에 대한 통제를 요청하였고 그리고 공산주의자들이 프

---

102) *L'Humanité*(25 décembre 1963), p.1.

103) Harvey G. Simmons, *French socialists in Search of a Role 1956-1967-*(New York: Cornell university Press, 1970), p.163.

104) 공화파制度會議는 성립 초기인 1964년 6월에 클럽들의 조직으로 창설되었다. 그것은 미테랑의 組織인 '민주주의 및 사회주의 저항 연합(U.D.S.R.)'이 가세했을 때인 1965년에 정치舞臺에 적극 介入하였다. 미테랑은 1965년 대통령 선거 캠페인 동안에 공화파 제도 회의와 左翼聯盟 兩者의 主導權을 장악하였다.

랑스 좌익에 궁극적으로 통합되기를 원하였다.[105] 공화파제도회의의 프랑스와 미테랑(François Mitterrand)은 9월 9일에 자신의 대통령 선거 입후보(立候補)를 발표하였으며 그리고 곧 사회주의자들과 급진파의 승인을 얻었다. 다소 놀랍게도 공산당 중앙위원회는 두 주후에 어떠한 사전 언급도 없이 미테랑에 대한 지지를 발표하였다. 이는 미테랑이 처음부터 드페르의 중도 좌파 전략을 완전히 거부한데 기인한다. 미테랑은 인민 공화파를 받아들이고 공산주의자들을 배제하는 전략은 비공산주의 좌익의 정치적 힘을 단지 지속적으로 약화시킬 뿐이라고 믿었다. 대신에 그는 좌익연맹(左翼聯盟)을 내세우면서 좌익과 우익 사이에 분명한 구분선을 긋기를 원하였다. 이러한 그의 입장은 좌파의 제휴 특히 공산당과 사회당의 제휴에 매우 유리한 조건이었다.

1965년의 대통령 선거 유세에서 좌익은 대통령 선거의 1차 투표에서는 뚜렷한 투표 양태를 보여주지 않았지만 2차 투표에서 미테랑이 드골과 대결하였을 때 견고한 단결력을 보여주었다. 1차 투표에서 중도파인 '쟝 르까뉘에(Jean Lecanuet)' 후보를 지지한 급진파 유권자의 상당수가 2차 투표 시에 미테랑을 찍었다. 그러므로 드골이 대통령에 당선된 것은 1차 투표에서 르까뉘에를 지지했던 중도파 가운데서 상당수의 인민 공화파 유권자들로부터 지지를 얻은 덕분이다.[106]

이처럼 좌익 세력들은 대통령 선거의 패배에도 불구하고 어느 정도의 결집력을 보여주었다. 이것은 대통령 선거 직후 공산당 지도부로 하여금 1967년 하원의원선거를 기대하면서 공동강령이라는 주제에 다시 관심을

---

105) "Fédération de la Gauche, Démocratie et socialiste: document Cons-titutif", *Bulletin Intérieur*, no. 141(octobre 1965), pp.1-2.

106) François Goguel, "L'élection présidentielle française de décembre 1965", *Revue Française de Science Politique*, XVI, no. 2(avril 1966), p.240.

기울이게 만드는 계기가 되기도 하였다.

제4절 공동통치강령으로의 길(1965-1972)

공동강령이 성립하기 위해서는 공산당이 유일당 개념과 공산당의 주도적 역할에 대한 개념을 미리 포기해야만 했다. 만일 프랑스공산당이 좌익의 모든 당들이 동일한 정치적 지분을 갖고 사회주의의 건설에 참가할 수 있다는 주장에 진심으로 찬동한다면, 이것은 그들이 '사회주의는 필연적으로 공산당의 주도적 역할의 산물'이라는 코민테른의 명제를 포기하고 있음을 의미하는 것이다.

사실 프랑스공산당 지도부가 유일당 교리를 비난하면서 동시에 사회주의의 건설에서 공산당이 주도적 역할을 해야 한다고 주장한다면 다른 좌익 정당들에 대해 설득력을 상실하게 될 것이다. 그러나 '공산당의 주도적인 정치적 역할'을 내세우지 않고 사회주의의 건설을 주장하는 것은 공산당의 기본 원칙인 인민민주주의 이론을 포기하는 것이다. 여기에 바로 공산당의 고민이 있는 것이다.

이와 같은 고민을 해결하기 위하여 공산당 중앙위원회는 "공산당이 사회주의 하에서 반대당의 권리를 존중하고 또한 국가 기구 자체를 대신하지 않을 것"이라고 선언하였다. 이 선언이 있은 지 몇 일후 공산당의 차기 서기장인 조르쥬 마르셰(Georges Marchais)는 "프랑스에서 사회주의 체제가 합법적인 수단에 의해 전복된다면 공산당은 무엇을 할 것인가?"라는 질문에 대해 다음과 같이 답변하였다.

> 인민 대중과 노동자들은 '사회주의적 민주주의(démocratie socialiste)'를 일단 경험한다면, 그들은 자본주의에로의 복귀를 더 이상 바라지 않을 것이다. 그러나 만일 인민의 압도적인 다수가 사회주의를 더 이상 원하지 않는다면 자연히 우리는 그 문제를 재검토하지 않을 수가 없다. 왜냐하면 사회주의로의 이행에 관한 우리의 모든 개념이 사회주의 건설에 노동계급과 대다수 인민의 참여에 좌우되기 때문이다.[107]

이 답변을 통해 마르셰는 인민의 대다수가 원치 않는다면 사회주의를 포기할 수도 있음을 시사하였다. 4년 전만 해도 그는 독재라는 용어 대신에 정치권력이란 용어를 사용하지 못하도록 당원들에게 경고한 바 있다. 이를 감안한다면 그의 답변은 커다란 변화를 보여주고 있다. 그렇지만 그의 대답은 중앙위원회 선언의 이데올로기적 모호성을 완전히 없애지는 못하였다. 그럼에도 그것은 오히려 당 내에서 이론적인 변화의 고무적인 징표이다. 이처럼 당 내에서 변화가 대두하고 있는 가운데 프랑스공산당의 정책 방향은 좌익의 다른 세력의 태도에 의해 영향을 받았다.

급진파 당수인 르네 비에르(René Billères)는 좌익연맹의 정책을 좌익으로 기울도록 시도하면서 미테랑과 몰레에게 가담하였다. 특히 이 것은 드골의 통치에 반대하여 공산당을 선거상의 동맹자로 삼고 그리고 공산주의자와 사회주의자 사이에 이데올로기적 차이를 계속 좁혀 나가자는 것이다. 이에 비해 급진파 지도부의 다른 파를 대표하고 있던 모리스

---

[107] Georges Marchais, "Interview de Georges Marchais par Georges Leroy(12 décembre 1968)", *Europe N° 1*(Paris, 1968), p.19.

포르(Maurice Faure)와 펠릭스 가이아르(Félix Gaillard)는 마지못해 비(非) 드골주의 중도파와 단절을 시도하였다.[108] 급진파인 가이아르와 그의 지지자들은 드골주의자의 통치 하에서 공동 저항을 주 내용으로 하는 공식 성명을 발표하는 것을 목표로 하는 '공산주의자들과의 협상'을 지지하는 좌익연맹 내부의 주된 분위기에 굴복하였다.

이와 같은 유리한 여건에 힘입어 일주일간의 토론 이후 좌익연맹(左翼聯盟)[109]과 공산당은 1966년 12월 20일 공동선언을 발표하였다. 공동선언은 1967년 의회 선거에서 일종의 야당의 강령의 역할을 하도록 의도된 반면, 그것은 공산주의자들이 공동통치강령에 토대를 두고 좌익연맹과 수립하기를 원했던 정치적 통치의 형태에 접근하지는 않았다. 그렇지만 공동선언은 개인 독재 권력의 제거를 요구하고, 프랑스의 독자적인 핵억지력(核抑止力)을 위한 드골주의자의 프로그램인 '기동 타격대(force de frappe)'를 비난하고 그리고 동독과 서독의 기존 국경의 인정에 관하여 유럽의 비무장(非武裝) 및 집단 안보(集團安保)의 원칙을 승인하였다.[110]

좌익 연맹 내에서 공산당과의 협상을 옹호하는 분위기가 지배적이었을 지라도 좌익 연맹은 공산당과 현실적으로 견해의 차이를 노정하고 있었다. 이는 양 측의 제휴가 선거에서 별다른 성과를 거두지 못한데 주로 기인한다.

---

108) Raymond Barrillon, *La Gauche française en mouvement*(Paris: Plon, 1969), p.46.
109) "Programme de la Fédération de la Gauche Démocrate et Socialiste", *Le Populaire de Paris*(25 juillet 1966), p.6: 좌익연맹은 그 헌장에서 드골주의자들에 저항함은 물론 사회주의의 방향으로 나아가고 있음을 시사하였다.
110) "Communiqué Commun et Accord du parti communiste français et de la Fédération de la Gauche Démocrate et Socialiste", *L'Humanité*(22 décembre 1966), p.1.

정부가 약속한 선거가 6월 23일과 30일에 실시되었는데, 이는 좌익에게 파국적 결과를 가져다주었다. 드골주의자들과 독립 공화파는 공화국 수호연맹의 주도 하에 출마하였는데 1차 투표에서 **총투표**의 46%를 차지하였으며 2차 투표에서는 487석의 의회의석 중 360석을 얻어 압도적 다수를 차지하였다. 아마도 가장 두드러지는 통계는 좌익의 결합된 세력(공산당, 좌익연맹 그리고 통일사회당)이 **총투표수**의 40%도 얻지 못하였다는 점이다.111)

선거 결과는, 2차 투표에서 좌익으로부터 671,856표를 상실한 보수적인 성향의 급진파에게는 특히 커다란 타격이었다. 급진파 지도자들은 대중들이 공산당과 좌익 급진주의를 동일시하였음을 확신하였다. 따라서 급진당에서 유권자의 지지를 회복하기 위해 공산당과 정치적 관계를 단절하자는 것이 지배적인 분위기였다. 때마침 체코슬로바키아에서의 소련군의 무력개입이 공산주의자들과의 관계를 단절하는데 필요한 편리한 구실이 되었다. 사실 체코 문제에 관한 프랑스공산당의 입장은 그렇게 경직적이지 않았다. 그럼에도 불구하고 급진파는 사회주의 세력에서 이탈하려는 결심을 하였던 것이다.

공산당은 급진파가 좌익 연맹에서 이탈해 나가자, 이제는 사회당과의 공동강령의 형성에 지속적인 관심을 기울이게 되었다. 그렇지만 소련군의 체코 민주화운동의 무력진압이 사회당과의 제휴를 가로막는 중대한 요소였다. 공산당은 사회주의자들을 설득하기 위해서는 동구권의 무력진압을 둘러싸고 자신과 소련공산당과의 관계를 정립하고 동시에 자신의 입장을 밝혀야만 했다.

---

111) François Goguel, "Les élections législatives des 23 et juin 1968", *Revue Française de Science Politique*, XVIII, no. 5(octobre 1968), p.844.

1968년 8월 21일에 프랑스공산당 정치국은 소련과 다른 4개 바르샤바 조약국에 의해 취해진 군사 행동에 대한 놀라움과 비난을 표명하였다. 공산당 중앙위원회는 "형제당의 국내 문제(國內問題)에 대한 어떠한 간섭에도 반대한다"[112]고 선언하면서 공산당들의 독립을 옹호하였다. 그런데도 체코슬로바키아에서의 무력침략을 합리화시키려는 브레주네프 독트린은 프랑스공산당과 소련공산당 사이의 관계를 악화시켰다. 브레주네프 독트린의 윤곽은 1968년 7월 15일에 바르샤바 조약국들이 체코 당 지도부에 보내는 한 서신에서 나타나 있다. 브레주네프는 그 서신에서 "사회주의 세계 체제가 한 사회주의 국가의 독립을 구체적으로 보장하는 책임을 져야 한다. 그리고 우리는 제국주의가 평화적인 방법으로든 무력에 의해서든 사회주의 체제 내에서의 분열을 초래하고 자신들에 유리하게 유럽에서 세력 관계를 변경시키는 것을 국내에서나 국외에서 결코 허용하지 않을 것이다."[113]라고 천명하면서 체코의 무력간섭을 정당화하였다.

소련공산당은 그해 11월 4일에 프랑스공산당과 함께 "마르크스－레닌주의에 토대를 두고 체코에서의 상황이 정상화되어야 하며 그리고 사회주의는 체코에서 강화되고 발전되어야 한다"는 한 공동선언에 서명하였다. 이와 같은 공동선언은 프랑스공산당의 반발을 어느 정도 무마시켰다는 점에서 소련공산당의 입장에서 볼 때 일종의 성공이었다.

그렇지만 그 공동선언은 이론에서 가장 심각한 정책 문제에 이르기까지 이미 확대된 프랑스공산당과 소련공산당 사이에 노정된 갈등(葛藤)을 좀처럼 숨길 수가 없었다. 그 갈등은 특히 '체코 문제'와 '진보된 민

---

112) "La résolution du comité central", *L'Humanité*(23 aout 1968), p.1.
113) *Pravda*(18 juillet 1968), p.1.

주주의'에 대한 개념을 둘러싸고 첨예화되었다.

먼저, 1970년의 소련·체코 조약에 대해 조르쥬 마르셰는 기분이 안 좋았을 지라도 직접적인 거부 표시는 하지 않았다. 대신 그는 '라디오 유럽 (Radio Europe N° 1)'에서 프랑스공산당은 '제한주권론(制限主權論)'에 관한 어떠한 개념도 반대하며 그리고 공산주의자들이 권력에서 합법적으로 밀려난다 해도 외국의 지원을 결코 요청하지 않을 것이라고 주장하였다.114) 이러한 주장은, 소련이 제한주권론을 내세우면서 타국 공산당에 간섭하는 것을 더 이상 받아들이지 않겠다는 의미를 지니고 있다는 점에서 프랑스공산당이 사실상 독자 노선을 모색하고 있음을 말해준다.

프랑스공산당은 체코 문제 이외에도 '진보된 민주주의'에 대한 개념을 둘러싸고 소련공산당과 거리를 두기 시작하였다. 1969년 5월 3일 모스크바에서 프랑스공산당 중앙위는 공산당들의 국제 사회주의적 의무를 선언한 문건의 초안을 승인하였다. 그 선언은 '진보된 민주주의'에 대해 다음과 같이 설명하고 있다: "노동계급의 통합에 결정적인 의미를 부여하는 공산주의자들은 진보된 민주주의 체제를 확립하기 위하여 그리고 미래에 사회주의 사회를 건설하기 위하여 사회주의자들과 사회 민주주의와의 협력에 호의적임을 선언하였다…… 그들은 또한 사회의 혁신에 흥미가 있는 다른 민주적 정당들 그리고 조직들과의 협력을 지원한다."라고 하면서 좌익 정당들과의 제휴를 촉구하였다.

그러나 서유럽 공산당들이 '진보된 민주주의'를 통한 사회주의 달성을 목표로 하는 공동 협정을 체결했음에도 불구하고 프랑스공산당 지도부는 이러한 약속의 의미를 모스크바와는 다른 시각에서 파악하였다. 소련은 진보된 민주주의를 사회주의를 향한 과도 체제로서의 기능을 수행할 때

---

114) *L'Humanité*(12 mai 1970), p.4.

만 그 가치를 인정하였다. 또한 혁명적 전위대(前衛隊)로서 공산당의 능력에 따라 그 역할이 달라질 수 있다는 것이다.

이와는 대조적으로 프랑스 공산주의자들은 '진보된 민주주의'라는 개념에 더욱 자유로이 접근하였다. 실제로 프랑스 공산주의 지도부는 사회주의자들과 새로운 대화를 위해 '진보된 민주주의'의 의미를 새로이 천명할 준비가 되어 있었다. 이처럼 프랑스공산당은 소련으로부터의 압력에 상관없이 자신의 입장을 굽힐 의도가 별로 없었음을 알 수 있다.

이것이 프랑스공산당의 소련으로부터의 독립에 대한 매우 고무적인 징표임에도 불구하고 급진파 조직은 여전히 사회주의 좌익에 대하여 우려를 감추지 못하고 마침내 중도파에 가담하였다. 이에 반해 공화파 제도회의의 미테랑이나 사회당 지도자 몰레는 좌익 연맹이 그 구성원들의 조직적인 통합에 의하여 하나의 단일 정당으로 변신하기를 원하였다.[115] 그렇지만 좌익연맹은 1968년 11월 7일에 미테랑이 의장직을 사임하자 곧 해체되었다.[116]

1969년 3월까지 공화파 제도 연합 및 사회당(S.F.I.O.)의 대표들은 신사회당(Nouveau Parti Socialiste)' 강령의 공동 초안을 완성하였다. 일반적으로 그 초안은 이전의 사회당의 근본 강령(programme fondamental)과 유사한 내용을 담고 있었다. 더욱 중요하게도 그 초안은 정책에서와 마찬가지로 원칙에 있어서 사회주의를 강조하였다. 즉 "사회주의자들의 변화는 자본

---

115) Guy Mollet, *Les chances du socialisme*(Paris: A. Fayard, 1968), p.115.

116) 미테랑은 공화파 제도회의의 의장으로 재임하는 동안 사회주의적 경제 정책을 일관성 있게 내세웠다. 뿐만 아니라 새로운 두 단체인 알렝 사바리(Alain Savary)가 주도하는 '좌익부활을 위한 클럽연합(Union des clubs pour le renouveau de la gauche)'과 쟝 뽀쁘렝(Jean Poperen)에 의해 주도되는 '사회주의 그룹 및 클럽 聯合(Union des groupes et clubs socialistes)'에 가입함으로써 공화파 제도 회의의 일반당원들의 사회주의 의식을 더욱 강화시켰던 것이다.

주의의 결함을 고치는 개혁의 총합이자 자연적인 산물이었다. 그 변화는 한 체제를 변형시키는 것이 아니고 한 체제를 다른 체제로 대체하는 것의 문제이다."[117]라는 것이다.

새로운 당을 창당하려는 발기 대회는 원래 알포르빌(Alfortville)에서 1969년 5월 9일로 예정되어 있었다. 이때 드골이 자신의 대통령직 유지와 연계시킨 또 다른 '국민 투표'[118]를 4월 27일 실시할 것을 갑작스레 요청하자 사태는 급박하게 전개되었다. 드골의 제안이 국민 투표에서 부결되자, 드골이 공약에 따라 사임하였고 따라서 새로운 대통령 선거가 급박한 과제로 대두하였던 것이다.

드골의 사임으로 새로운 대통령 선거가 박두하자 공화파 제도회의 지도부는 마침내 신당창당 과정이 선거 이후로 연기되어야 한다는 입장을 취하였다. 이러한 입장에서 공화파 제도 회의는 사회당이 5월 4일에 소집하기로 한 알포르빌 전당대회를 보이콧하였다.

그럼에도 혼란 속에서 진행된 그 대회는 3월의 초안에서 제시된 원칙 선언을 채택하여 형식적으로 신사회당을 창당하였다. 공산당에 비우호적인 드페르가 신사회당의 대통령 후보에 지명되었다. 공산당은 1차 투표에서 저명한 자크 뒤클로를 공산당 후보로 지명함으로써 즉각 반발하였다. 2차 투표에서 공산주의 유권자들은 기권하도록 지침을 받을 예정이었다.[119] 드페르의 대통령 출마로 비롯된 좌익의 이와 같은 분열은 6월

---

117) "Déclaration de principes(projet pour le congrès à Alfortville)", *La Revue socialiste*, no. 223(mai 1969), pp.545-546.

118) 드골은 국민 투표에서 두 가지의 相互 관련된 문제를 유권자들에게 제시하였다. 먼저, 地域行政改革을 들 수 있는데 이것을 통해 임명된 대표 특히 전국 차원에서 經濟사회위원회에서 봉사한 자들이 또한 지역에서 정책 결정에 참여한다는 것이다. 둘째, 상원이 經濟사회위원회의 위원이 될 수 있도록 함으로써 地域名士의 權威를 희석시키자는 것이다.

119) Waldeck Rochet, "Discours de cloture au comité central(Saint-Ouen,

에 조르쥬 뽕피두의 대통령 당선을 촉진시키는 우를 범하였다.

1차 투표에서 사회당의 득표율이 격감하였다. 비록 약 50만 명의 공산주의 유권자들이 중도파 후보인 알랑 뽀에(Alain Poher)에게로 이탈했다 할지라도 자크 뒤클로의 1차 투표의 총득표 수는 1968년 하원 의원 선거의 득표수보다 35만표가 더 많았음을 보여준다. 즉 80만 명의 사회주의 유권자들이 뒤클로에게로 이탈하였음을 미루어 짐작 할 수 있다.[120] 달리 말해 사회주의 유권자의 약 1/3이 드페르가 대통령 후보인 한 사회당에 반대하는 태도를 취하였던 것이다.

이러한 수치를 염두에 둔다면 대통령 선거 이후 한달도 못되어 이씨 -레-물리노(Issy-les-moulineau)에서 성급하게 개최된 신사회당의 두 번째의 전당대회에서의 결과를 보다 더 잘 이해할 수 있다. 신사회당 은 그 대회에서 방향 전환에 관한 한 놀라운 동의안을 채택하였다. 신사 회당은 중도파와 결정적인 단절을 선포하였으며 또한 자본주의를 대표하 는 어떠한 정치 세력과의 제휴도 금지하였다.[121]

또한 신사회당은 "당은 자본주의에 세력에 대항하는 투쟁 조건과 사회주 의에 이르는 길 그리고 사회주의 사회의 토대에 관해 공산주의자들과 전제 조건없이 공개적인 대화를 추진해야 한다."[122]라고 주장하면서 공산주의자 들과의 무조건적인 대화를 천명하였던 것이다. 이씨-레-물리노 전당대회 에서 새로운 당의 총서기로 떠오른 앙렝 사바리(Alain Savary)[123]는 사

---

5 mai 1969)", *L'Humanité*(6 mai 1969), p.5.

120) Jean Ranger, "L'électorat communiste dans l'élection présidentielle de 1969", *Revue Française de Science Politique*, XX, no. 2(avril 1970), pp.299-300.

121) *Le Monde*(15 juillet 1969), p.4.

122) *Ibid.*, p.4.

123) 기 몰레는 이미 1968년 12월 10일에 새로운 당이 탄생한다면 그는 총서기의 직에 서 물러날 것이라고 이미 발표하였다. 그는 대통령 중심제라는 문제를 둘러싸고 갈

회주의자들이 공산주의자들로부터 '민주주의적 보장'을 요구하는데 있어서 그 어느 때보다도 단호하다는 점을 재천명하였다.

그리하여 이들은 곧 차후 공동통치강령[124]에 합의하기 위해 공동 노력하기로 합의하였다. 그리하여 공산당과 사회당은 마침내 1972년 6월 27일 공동통치강령에 최종적으로 합의하였던 것이다.

제5절 결 론

우리는 소련공산당과의 관계를 염두에 두면서 프랑스공산당이 프랑스 내의 여타 세력 특히 사회주의자들과의 관계를 어떻게 설정해 나갔으며 이를 위해 어떠한 변화를 모색해 나갔는지를 주요 시기별로 살펴보았다.

먼저 4공화정 초기에 프랑스공산당은 소련공산당의 영향을 받아 밑으로부터의 통일전선을 내세웠다. 그렇지만 여타 좌익 세력들의 반발에 직면한 공산당은 기존의 입장을 완화시키지 않을 수가 없었다. 그리하여 의회를 통한 사회주의로의 평화로운 이행이 가능함을 천명하였던 것이다. 그러면서도 소련군의 헝가리 자유화 운동의 무력 진압을 정당하다고

등을 겪어온 드페르보다는 알랑 사바리를 신사회당의 총서기가 되도록 밀었다: *Le Monde*(6 mai 1969), p.1.

124) 공동통치강령의 구체적인 내용에 대해서는 Parti Communiste Français, *Programme commun de gouvernement du Parti Communiste et du Parti Socialiste*(27 juin 1972)(Paris, 1972), pp.149-162를 참조하라.

주장하였다. 그러다가 1958년 대통령선거에서 패배하고 사회당을 비롯한 여타 좌익의 저항에 부딪혀 마침내 사회당과의 제휴를 외면할 수만은 없게 되었다.

그렇지만 5공화국에 들어와서도 공산당과 여타 좌익 사이에 정치적 협조 체제가 성립하기까지는 상당한 시일이 걸렸다. 1962년에 알제리전쟁이 막을 내린 이후에야 여유를 갖게 된 좌익 세력들이 드골주의에 대항하여 정치적으로 결집을 모색하게 된 것이다. 특히 공산당 내에서도 변화의 세력들이 자리 잡았다. 공산당은 1963년 5월에 유일당이론의 포기를 선언하였으나 인민민주주의 이론에서 독재의 개념을 떼어버릴 준비가 되어있지 않았다. 이에 사회당은 공산당의 진의를 몰라 애태우다가 마침내 소련에 대표단을 파견하여 흐루시초프의 견해를 묻기도 하였으나 만족할 만한 답변을 얻지 못하였다.

양당 사이의 제휴 노력이 일시적으로 교착 상태에 빠진 가운데 사회당 내에서 제휴에 유리한 여건이 생겨났다. 사회당 내에서 공산당에 적대적이었던 가스똥 드페르가 주도하는 중도 좌파 전략이 사회당과 인민 공화파 사이의 관계 악화로 말미암아 용도 폐기되었다. 드페르는 대통령직 입후보를 사퇴하기까지 하였다. 그리하여 사회당은 몰레가 중심이 되어 공산주의자들과 제휴를 원하고 있던 공화파 제도 회의의 미테랑을 지지하였다. 그럼에도 1965년 좌익 세력들은 대통령 선거에서 패배하였다. 결국 사회주의자인 몰레와 미테랑의 제휴와 대통령 선거의 패배는 공산당과 사회당의 제휴에 유리한 조건이었다. 특히 공산당은 1967년의 하원의원 선거를 기대하면서 공동강령이라는 주제에 다시 관심을 기울이게 되었다.

그렇지만 공동강령이 성립하기 위해서는 공산당이 유일당 개념과 공산당의 주도적 역할에 대한 개념을 미리 포기해야만 했다. 이를 위해서는 소련과의 관계도 새로이 정립되어야 했다.

먼저 공산당은, 유일당 개념을 포기했다고 내세우면서도 사회주의건설에서 공산당이 주도적인 역할을 해야 한다고 주장한다면 다른 좌익 정당들에 대해 설득력을 상실하게 될 것임을 알았다. 그러나 공산당이 주도적인 정치적 역할을 내세우지 않고 사회주의 건설을 주장하는 것은 공산당의 기본 원칙인 인민민주주의 이론의 포기를 의미하였다. 이 문제에 대해 공산당 중앙위원회는 공산당이 사회주의 하에서 반대당의 권리를 존중하고 또한 국가 기구 자체를 대신하지 않을 것이라고 선언하였다. 또한 인민의 대다수가 원하지 않는다면 사회주의를 포기할 수도 있다는 언급을 하기까지 하였을 정도였다.

이처럼 공산당이 변화된 모습을 보이고 있는 가운데, 급진파는 1967년 하원의원 선거의 패배 원인을 공산당과 제휴하였기 때문이라고 보고 좌익 연맹에서 이탈해 나갔다. 이와 같은 이탈은 공산당과 사회당으로 하여금 공동강령의 형성에 보다 큰 관심을 기울이게 만들었다. 그렇지만 공산당은 당시 사회당과의 제휴를 가로막고 있던 '소련군에 의한 체코 민주화 운동의 무력 진압'과 '인민민주주의에 관한 기존개념'에 관해 소련공산당과의 관계를 정립하고 동시에 자신의 입장을 밝혀야 했다.

공산당은 어떠한 제한주권론에도 반대한다고 주장하면서 체코에 대한 무력간섭을 비난하였다. 이와 같은 공산당의 입장은 체코 민주화 운동의 무력 진압을 지속적으로 정당화시키려는 소련과의 관계 악화를 초래하였고, 이는 공산당이 소련의 영향에서 벗어나 독자 노선을 모색하게 되는 하나의 중대한 요인이 되었다. 소련은 진보된 민주주의에 대해서도 그것이 사회주의를 향한 과도 체제로서의 기능을 수행할 때만이 그 가치를 지닌다고 주장하였다. 이와는 대조적으로 프랑스 공산주의자들은 '진보된 민주주의'라는 개념에 대해서 보다 자유롭게 접근하였다.

이처럼 프랑스공산당이 소련공산당과의 알력을 감수해 가면서까지 사회당을 설득하려는 입장을 취하고 있었을 때 사회당 내에서도 통합에 유리한 상황이 전개되고 있었다. 1969년 5월 창당된 신사회당 내에서 공산당에 비우호적이었던 가스똥 드페르가 대통령 선거 패배를 계기로 실각하고 공산당에 우호적이었던 몰레나 미테랑이 주도권을 장악하였다. 특히 그해 7월에 이씨-레-물리노에서 개최된 전당대회에서 자본주의를 대변하는 어떠한 정치 세력과의 제휴도 금지하였다. 그리고 공산당과의 전제 조건 없는 공개적인 대화를 촉구하였다.

그리하여 양당은 그 해 12월에 공동통치강령의 성립을 위해 공동 노력하기로 합의하였다. 1972년 6월 27일에는 공동통치강령에 대한 최종 합의가 이루어졌던 것이다. 이와 같은 합의는 공산당과 사회당이 생존을 위하여 현실 정치를 우선적으로 고려한 데서 비롯되었다고 볼 수 있다. 그리하여 공동통치강령의 합의로 서유럽 공산당의 독자 노선을 추구하는 이른바 유로 코뮤니즘이 시작되는 것이다.

제 2 편
프랑스 꼬뮌의 자율성 및 재정 분석

제3장 프랑스 꼬뮌의 자율성
(1958-1979)

제1절 서 론

프랑스에서 '꼬뮌(commune)'[1]은 도(道) 바로 아래의 행정 조직으로 도와 더불어 지방 행정 조직의 근간을 이루고 있다. 그것은 정치·사회·경제적으로는 물론 문화적으로도 커다란 역할을 해오고 있다. 이와 같은 중요성에도 불구하고 국가는 꼬뮌의 자율성을 축소하고 중앙 집권을 강화시키려 하였다. 이에 대항하여 꼬뮌으로서도 자율성을 증대하려고 노력해 왔다.

꼬뮌의 자율성(自律性)[2]에 대한 연구는 대체로 꼬뮌에 자리 잡은 자

---

[1] 프랑스 대혁명 이후 꼬뮌은 하나의 시나 읍, 면 또는 촌락 등으로 이루어져 있다. 따라서 그 넓이나 주민 수는 꼬뮌에 따라 크게 상이하다. 특히 주민 수는 많게는 수십만 명에서 적게는 수백 명에 이르기까지 실로 다양하다.

[2] 꼬뮌의 自律性은 광의로는 꼬뮌에 속한 자치시 의회, 시행정부 그리고 주민 전체가 중앙 권력에 대해 누리는 자율성을 의미한다. 그렇지만 본고에서는 협의로 파악하여

치시의 권력에 대한 연구에 토대를 두고 있다. 그 이유는 일반적으로 "꼬뮌의 정치적 자율성이 법률의 테두리 내에서 그 자체에서 선출된 대표들에 의한 통치 권한"[3]으로서 정의될 수 있기 때문이기도 하다. 그렇지만 이와 같은 획일적인 파악은 지역 권력에 대한 다각적인 이해를 어렵게 만든다.

전통적으로 영미 계통의 지역 권력 연구는 엘리트주의적 이론과 다원주의적 이론으로 대별된다. 엘리트주의적 이론에 따르면 계서적인 구조를 이루는 지역 사회에서 지역 엘리트가 그 정상에서 권력을 장악한다는 것이다.[4] 다원주의적 이론은 사회 집단들에 좌우되는 다양한 정치 세력들이 지역 권력을 행사한다고 보았다.[5] 이 두 접근법은 모두 지역 권력의 존재를 인정하고 있다.

이에 비해, 프랑스에서 지역 권력 문제는 상이하게 제기되었다. 꼬뮌이 실질적인 권력을 갖고 있다고 주장하는 자들과 꼬뮌 권력은 하나의 환상에 불과하다는 자들 사이에서 대립이 나타난다. 먼저, 꼬뮌이 중앙 권력에 대하여 실질적 권력을 갖고 있다고 보는 자들은 주로 지역 정치 세력들의 입장을 반영하고 있다.[6] 꼬뮌의 권력에 관한 정치 세력들의 분석은 모두 꼬뮌 제도가 하나의 사회적 역할을 한다는 점에 근거를 두

꼬뮌의 자율성을 자치시 의회의 政策決定權과 자치시 행정부의 政策執行權을 의미하는 것으로 제한 解釋하고자 한다. 이 경우 꼬뮌의 자율성은 '자치시의 자율성'이란 용어와 사실상 같은 의미로 사용되는 것이다.

3) F. Serusclat, *Elections municipales, élections politiques*(Paris: Flammarion, 1977), p.42.

4) R. Dahl, *Qui gouverne?*(Paris: A. Colin, 1971), p.6.

5) R. Dahl, "Le pouvoir à New Haven: des inégalités cumulatives aux inégalités dispersées" in P. Birnbaum, *Le pouvoir politique*(Paris: Dalloz, 1975), p.210.

6) Asociation des Maires de Grandes Villes de France, *Livre Blanc sur la réforme des collectivités locales: la renaissance de la ville*(1979), p.30.

고 있다. 그렇지만 이들의 목적은 오히려 분권화 정책을 옹호하려는 데 있었다.[7] 이와는 달리 지역 권력을 하나의 모호한 신화에 불과하다고 보는 자들[8]은 "지역 권력을 신비화시키는 허위의 신화는 우리를 속여 지역 권력의 존재를 믿게 만든다"[9]고 주장하였다. 따라서 꼬뮌의 자율성은 "하나의 속임수"[10]라는 것이다. 이와 같은 속임수에 넘어가는 주된 이유는 꼬뮌 제도가 겪는 제도적·예산적·정치적인 각종 제약이 종종 과소평가되기 때문이라고 보았다. 또한 지역 정치권력은 집권층의 이데올로기에 예속되기 때문에 허위적인 신화일 수밖에 없다는 것이다.

　이상에서 언급된 꼬뮌 자율성은 주로 중앙 권력으로부터의 자율성을

---

7)　각 정치 세력들은 中央權力의 分權化가 꼬뮌의 자율성을 증대시킬 것이고 그리하여 地域民主主義가 촉진된다고 보았다. 먼저, 사회당은 분권화가 되면 꼬뮌의 自律管理 (autogestion)가 이루어지고 나아가 지역 차원에서 責任政治가 이루어진다고 보았다: J. Attali, "Décentralisation et autogestion" in *Décision et pouvoir dans la société française*, colloque Université de Paris Ⅸ, décembre 1978(Paris: UGE, 1979), pp.137-144; 공산당도 "地域權力은 분명히 존재한다. 그 목적은 주민들의 일상의 생활의 필요에 부응하고 꼬뮌의 자율관리를 진전시켜 인간적인 새로운 연대성을 촉진시키는데 있다. 달리 말해 꼬뮌은 주민들의 삶의 조건들을 변화시킬 수 있는 실질적인 권력을 갖고 있다"고 주장하였다. 또한 분권화는 노동자들의 입장이 반영될 수 있는 지역 민주주의를 활성화시킨다는 것이다: M. Rosette, "Les municipalités au service du peuple", *Les Cahiers du Communisme*(janvier-février 1973), p.131; 한 걸음 더 나아가 공산당은 꼬뮌 제도가 支配받는 階級이나 비독점적인 자본의 대변인이 국가의 일반적인 정책에 대하여 어느 정도의 독립을 표명할 수 있는 장소라고 보았다. 꼬뮌은 中央權力을 소유한 사회 세력들과 지역 사회 세력들의 對決場이라는 것이다. 이에 비해 우익은 분권화가 지역에서의 주민들의 각종 서클 活動 참여를 촉진시킬 것이라고 믿었던 것이다: C. Beringuier, "Luttes sur l'aménagement et élections municipales", in R. Lederut, *Le Pouvoir local*(Paris: Anthropos, 1979), p.204.

8)　C. Mingasson, "La resructuration communale et le système politico-administratif français", in *Aménagement du territoire et développement régional, les faits, les idées, les institutions*, vol. Ⅲ, Institut d'Etudes Politiques(Grenoble, 1970), p.134.

9)　R. Ledrut, "Le pouvoir local", in Ledrut, *op. cit.*, p.331.

10)　J. Leonard, *Le pouvoir local de financement*(Lyon: Presses Universitaires de Lyon, 1977), p.4.

의미한다. 근자에 이르러 자치시 권력이 지역의 여타 사회 세력들로부터 자율성을 누리는지에 대한 연구도 주요 지역들을 대상으로 활발히 전개되고 있다.11) 꼬뮌의 자율성을 꼬뮌의 자치시 행정부의 자율성으로 한정한다면 지역의 여러 사회 세력들이 자치시의 자율성을 제약하는 요인이 될 수 있기 때문이다.

한 걸음 더 나아가 '프랑스 대도시 시장연합'은 꼬뮌의 자율성도 중요한 문제이지만 그에 못지않게 그 자율성을 어떻게 사용하느냐의 문제도 중요하다고 보았다.12) 특히 그 자율성이 꼬뮌의 특정 집단을 위해서 존재하는지 아니면 소외된 층의 이익을 위해서도 기여하는지를 밝혀야 한다. 이점을 규명하기 위해서는 소외받는 개인이나 집단들을 주된 대상으로 하는 '공공시설 및 서비스(les équipements collectifs et les services)'에 대해 지출의 우선권이 주어지는지를 살펴보아야 한다.

이와 같은 시각을 바탕으로 먼저 꼬뮌 권력의 역사적 변천 과정을 살펴보고자 한다. 즉 꼬뮌이 중앙 권력과 어떠한 관계를 맺으면서 어떻게 자율성을 확보해 나갔는지를 고찰하고자 한다. 이어서, 꼬뮌의 지출(支出)에 대한 통계 자료를 검토함으로써 꼬뮌 지출의 중요성 증대와 지출 중 투자 지출 및 운영비 지출의 구체적인 내역을 살펴볼 것이다. 그리고 자치시들의 정책 결정 권한과 그리고 자치시 지출 구조를 분석함으로써 꼬뮌 자율성의 한계를 검토하고자 한다. 끝으로, 꼬뮌 자율성에 대한 각

---

11) * F. D'Arcy, C. Gilbert et G. Saez, *Nouvelles hypothèses sur l'action socio-culturelle*(Grenoble: C.E.R.A.T., 1979), pp.159-189.
   * C. Davaine, "Belfort: éducation populaire et imbroglio politique", "Rennes: l'office social et culturel", et B. Donnelly, "Aix: l'animation de rue", in *Pour*, no. 45(décembre 1975), pp.21-27.
   * G. Saez, *Gérer l'ingérable, les contradictions de l'animation culturelle*, Instiut d'Aménagement Régional(Aix-en-Province)(Grenoble: C.E.R.A.T., 1978).
12) Association des Maires des Grandes Villes de France, *op. cit.*, p.57.

종 제약 요인에도 불구하고 자치시의 자율성의 존재를 구체적인 지역적 사례를 바탕으로 규명하고자 한다. 즉 자치시들이 그 정치적 성향에 따라 몇몇 개입 영역에 우선권을 부여하면서 일부 지출의 우선순위(優先順位)를 결정할 수 있음을 보여줄 수 있을 것이다. 덧붙여 자치시 권력이 꼬뮌 내의 여타 사회 세력에 대해 미치는 영향력도 고찰할 것이다.

  이를 위해 우리는 우파(右派)가 집권한 1958년에서 1980년에 이르는 시기를 중심으로 살펴보고자 한다. 이 시기는 좌익의 사회당이 집권한 1981년 이후의 시기와 꼬뮌 자율성의 원칙에서 어느 정도의 차이를 보이고 있어 분석 결과 우파 집권하의 꼬뮌 자율성 문제를 이해하게 되는 부수적인 효과도 얻을 수 있을 것이다.

제2절 꼬뮌 자율성의 역사적 개관

  꼬뮌이 처음 출현한 것은 11세기 말경이었다. 이 당시 도시 지역들에서 상업 활동의 증가는 주변 농촌의 봉건 세력들과 상반되는 이해관계를 가지고 있던 상인 부르주아지(bourgeosie)의 형성을 초래하였다. 이들 부르주아지들은 봉건 영주들로부터 자신들이 거주하는 도시의 자치권을 돈으로 사거나 저항을 통해 획득하였다. 자치권을 지니게 된 도시는 하나의 꼬뮌이 되었다. 기본적으로 농촌 사회였던 중세 사회에서 꼬뮌은 일반적인 현상이 아니라 수적으로 제한된 몇몇 도시에서 성립된 것이다[13].

꼬뮌의 성립 초기에 부르주아지들은 자신들에게 유리한 '제한선거(le suffrage restreint)'를 통해 주요 관직을 독점함으로써 도시의 행정권을 장악하는데 성공하였다.[14] 그렇지만 점차 농촌 주민들의 도시로의 대거 유입은 도시의 사회 집단들의 이질화를 촉발시켰다. 그리하여 도시는 "부르주아지에 대항하는 여러 사회 세력들의 투쟁"[15]으로 점철되었다.

절대 왕정기에 들어서면 꼬뮌은 점차 중앙 권력에 예속되었다. 특히 1692년에 꼬뮌의 선거 제도가 폐지되어 꼬뮌의 자율성이 크게 축소되었다. 그 대신 절대 왕정은 꼬뮌들에 대해 일종의 특권인 '꼬뮌 자치권(franchises communales)'을 부여하기도 하였다. 그렇지만 도시 부르주아지들은 점차 절대 왕정의 봉건적 구조가 자신들의 상업적 이익에 주된 장애 요인임을 깨닫게 되었다.

이들 부르주아지들은 대혁명(大革命)을 통해 봉건적 구조를 제거하기 위하여 꼬뮌의 주도권을 다시 잡으려 하였다. 그리하여 프랑스의 지방 행정 체제는 대혁명을 거치면서 커다란 변화를 보여주었다. 물론 혁명으로 구체제의 교구(敎區)들이 누려온 특권과 자유가 폐지되어 국가 권력이 강화된 측면이 있기도 하다. 그렇지만 기본적으로 국가는 각종 법률이나 포고령을 통해 지방자치단체들에게 권력의 상당 부분을 양보하였다. 무엇보다도 1789년 12월 14일 법에 의하여 전국이 44,000개의 꼬뮌으로 나뉘었다. 이것은 교구를 구성하고 있던 시, 읍, 촌락 등이 꼬뮌이라는 말단 행정 조직으로 편성된 것이다. 이로 인해 대혁명 이후의 꼬뮌은, 몇몇 도시의 꼬뮌들이 존재하였던 중세 때와는 달리 프랑스 전역에 적용되

---

13) F. Serusclat, op.cit., p.15: 그 당시에 자체의 재정 수요를 충족시키거나 또는 외적의 침략에 저항할 수 있을 정도의 자치 능력을 지닌 꼬뮌이라 불릴 수 있는 도시의 수는 39개에 불과하였다.

14) J. Guiffan, "Les élections municipales et egalement leur histoire", *Les dossiers de l'histoire*, n° 6(janvier-mars 1977), p.113.

15) R. Fossier, *Histoire sociale de l'occident médiviéal*(Paris: Colin, 1970), p.261.

는 지방 행정 단체가 된 것이다. 다음 해 꼬뮌은 "사회관계로 결합된 시민들의 사회"[16]로 정의되었고 또한 일정액 이상의 납세자를 유권자로 하는 자치시 선거들이 실시되어 "꼬뮌을 관리할 2년 임기의 시장과 시의회가 선출되었다."[17] 이에 더해 각 꼬뮌에서는 '자치시(municipalité)'가 수립되었다. 이것은 시민들의 적극적인 정치적 참여를 유리하게 만들었다.[18] 장기적으로 볼 때 꼬뮌 차원에서 소부르주아지가 지역 권력을 장악할 수 있는 계기가 마련된 것이다.

그러나 자치시의 선거 원칙과 시민들의 적극적인 권력 참여 원칙은 오래 지속되지 않았다. 나폴레옹은 꼬뮌에서의 선거를 통해 시장과 시의원들을 선출하는 대신 중앙 정부가 그들을 임명하게 만들었다. 이 집권화된 체제에서는 "기본적으로 중앙 정부의 명령 실행을 떠맡은 도지사가 시나 읍 그리고 촌락의 시장(maire)에게 명령을 하달한다. 그리하여 명령이 장관에게서 주민들에게 지체없이 하달된다"[19]는 것이다. 이처럼 중앙 정부는 도지사를 통해 꼬뮌과 그 주민들에 대한 통제권을 강화하였던 것이다.

꼬뮌에 대한 중앙 정부의 통제는 주로 재정적인 통제였다. 꼬뮌은 중앙 정부 및 도지사의 명령이나 또는 법에 따라 재정 지출을 이행해야 하는 경우가 빈번하였다. 실례로, 1820년에 '잃었다가 다시 찾은 어린이'들을 위해 꼬뮌이 일정액을 지출해야 함이 입법화되자[20], 꼬뮌들은

---

16) M. Bourjol, *La réforme municipale*(Paris: Berget-Levrault, 1975), p.46.
17) J. Guiffan, *op. cit.*, p.114.
18) S. Dawson, *L'évolution des structures de l'administration locale deconcentrée en France: l'exemple du Pas de Calais et de la Région Nord*(Paris: LGDJ, 1969), p.5.
19) P. Legendre, *L'Administration du XVIIIe siècle à nos jours*(Paris: PUF, 1969), p.42에서 재인용.
20) M. Bourjol, *op. cit.*, p.22.

자신의 의사에 상관없이 할당액을 지출하지 않을 수가 없었다.

이와 같은 중앙 정부의 꼬뮌에 대한 통제 체제는, '7월 왕정(la Monarchie de juillet)'이 시의원 선거 제도를 재확립했을 때인 1831년 2월까지 유지 되었다. 7월 왕정은 3천 5백만 명의 주민들 중 2십 4만 명의 보다 부유한 토지세 납부자들에게 투표권을 부여하였던 것이다.21) 그렇지만 중앙 권 력에 의한 자치시 시장 임명 제도와 꼬뮌에 대한 도지사의 후견권은 계속 유지되었다. 이점은 1836년부터 도지사들이 꼬뮌들로 하여금 자체 비용 으로 도로를 유지·보수하도록 강요한 사실에서도 알 수 있다.22) 이 당 시에는 도로의 마모율이 오늘날보다도 훨씬 높았기 때문에, 큰 도로가 통 과하는 가난한 꼬뮌의 경우 과중한 도로 유지·보수비를 떠맡아야만 했 다. 이로 인해 그 꼬뮌의 재정적 자율성은 크게 제약을 받았던 것이다.

시의원 선거 제도의 확립에도 불구하고 중앙 집권주의가 우세했던 것 은 행정의 효율성을 도모하고 민족 통합을 유지한다는 명분에 바탕을 두고 있었다. 실례로 아르덴느 도지사는 1849년의 그 도의 상황을 다음 과 같이 설명하면서 자치시 행정부의 비효율성을 비난하고 중앙 집권을 옹호하였다. "선출 제도는 항상 그 원래 의도에서 크게 빗나갔다. 왜냐 하면 자치시 의회가 본래의 임무를 이행하지 않았기 때문이다. 도로 건 설과 주택 및 학교의 건축은 빈번한 투쟁의 영역이었다. 즉 시 행정부는 그러한 건설 및 건축을 원하였으나 시의회는 그것을 막았다."23)는 것이 다. 이와 같은 입장에서 제2제정(帝政)도 도지사의 권한을 강화시켜 자 치시 의원을 지명하게 하였다. 그러다가, 1866년 7월과 1867년 7월의

---

21) "Enfin, la décentralisation", in *Regards sur l'acturalité*, La Documentation Française, n° 74,(septembre-octobre 1981), p.16.
22) M. Bourjol, *op. cit.*
23) P. Legendre, *op. cit.*, p.55에서 재인용.

분권화에 관한 법률들은 국가의 권위에 타격을 가하지 않으면서도 자치시 의회의 권한을 강화시켰다.[24] 즉 국가나 도지사의 후견권이 유지되면서도 시의회 및 도의회의 권한이 증대되었던 것이다. 그리하여 이 의회들을 주도하던 명사들인 지역 부르주아지의 영향력이 강화되었다. 그 주요 목적 중의 하나는 지방 명사들의 권력 강화로 "노동계급의 저항"[25]을 막으려는 것이었다[26]고 볼 수 있을 것이다.

지방 의회의 권한 증대에도 불구하고 중앙집권화의 필요성은 여전히 제기되었다. 실례로 1876년 한 도지사의 보고서는 집권화가 법적인 측면에서는 물론 예산적인 측면에서 당연히 필요함을 지적하였다. 먼저, 법적인 측면에서 공장들에서 '아동 노동 규제법'이 잘 지켜지지 않았는데, 그 주된 이유가 그 법의 시행을 떠맡은 시장이 그 시행을 소홀히 하였기 때문이라는 것이다. 재정적인 측면에서도 부유한 꼬뮌들은 자체에서 거둔 세금을 독점하며, 이에 비해 가난한 꼬뮌들은 부과세 납부를 강요당하거나 또는 교회, 학교 그리고 병원에 대한 투자를 할 수가 없었다는 것이다.[27] 따라서 이와 같은 꼬뮌간의 격차를 줄이기 위해서라도 중앙 권력을 강화해야 한다는 것이다.

이와 같은 중앙 집권 원칙에 대한 주장에도 불구하고 정치 세력들이 대체로 분권화 원칙에는 찬동하고 있다. 좌익은 물론 우익조차도 1865년 '낭시(Nancy) 선언'에서 분권화에 대해 원칙적으로 찬동하였던 것이다.[28] 그럼에도 불구하고 꼬뮌의 시장이 알아서 사소한 문제에 이르기까

---

24) M. Bourjol, *op. cit.*, p.38.
25) 勞動階級의 비중이 증대함에 따라, 꼬뮌 권력은 이번에는 공화파의 새로운 명사들과 노동계급 사이에 경쟁의 대상이 되기도 하였다: M. Bourjol, *Ibid.*
26) R. Remond, *Le XIXe siècle: 1815-1914*(Paris: Le Seuil,), p.43.
27) Dupont-White, "La centralisation, 1876": P. Legendre, *op. cit.*, p.301에서 재인용.
28) M. Bourjol, *op. cit.*, p.379: 사실 중앙 권력을 장악한 우익은 말로는 분권화를 내세

지 중앙 권력의 눈치를 본 경우도 있었다. 실례로 1872년에 칼바도스 (Calvados) 도의 한 꼬뮌의 시장은 초등학교 어린이들의 암송조차도 그 내용에 대해 공화국 대통령의 허가를 얻은 이후에야 허락하였다. 시장은 대통령에게 "매년 어린이들은 매우 도덕적인 내용의 한 짤막한 대화를 암송하는 습관을 가지고 있다. 그러나 귀하께서 보낸 회람의 내용을 자세히 살펴보니, 단지 당신의 동의를 얻은 이후에야 이러한 암송을 허가할 수 있음을 알았다."[29]라고 하면서 암송 허가를 요청하기까지 하였던 것이다.

그러다가 1884년 4월 5일의 법은 오늘날 지방의회 체제의 기초인 보통 선거를 통한 시의원 및 시장 선출 제도를 확립하였다. 그 법은 시의회가 꼬뮌 간의 문제들을 그 심의에 의해 규제한다는 점을 밝혔다. 그러나 예산에 대한 중앙 정부의 후견권은 특별히 유지시켰다. 이처럼 그 법은 국가의 후견권을 감소시키면서 꼬뮌의 권한을 증대시켰던 것이다. 게다가 1890년 3월 22일 법은 꼬뮌들 사이의 협력을 제도화함으로써 중앙 권력의 꼬뮌에 대한 후견권 강화 노력에 대처하고자 하였다.

그럼에도 불구하고 국가의 후견권이 여전히 위력을 발휘하고 있었음을 다음의 실례를 통해 알 수 있다. 즉 1898년에 공화국의 대통령 포르(F. Faure)는 사온느-에-르와르(Saone-et-Loire)道의 농촌 꼬뮌들을 대상으로 개에 대한 세금 총액을 결정하는 포고령[30]을 내렸을 정도로 사소한 문제에 이르기까지 통제권을 행사하였던 것이다. 이와 같은 통제 범위의 확대 이외에도 중앙집권화는 행정적 결정의 지연이라는 중대한 문제를 야기했다. 실례로 1904년에 파리 근교의 한 꼬뮌에서 생울타리로 한 들판을 둘러쳐 경작지로 만들기까지 필요로 했던 각종 서류의 경로를

우면서도 실제로는 중앙 집권화를 추구하였다.
29) P. Legendre, *op. cit.*, pp.71-72.
30) *Ibid.*, p.222.

추적하였다. 시장에서 도지사에 이르기까지 14번의 상이한 결정이 내려졌고 6주간에 걸친 교육을 받아야만 했다.[31] 이처럼 행정절차상의 각종 규제나 협조 미비는 꼬뮌의 자율성을 상당히 제약하였던 것이다.

이와 같은 집권화에 따른 문제점에도 불구하고, 1차대전 이후 분권화 경향은 후퇴를 거듭하였다. 실례로 꼬뮌들은 1926년부터 공업 및 상업 활동에 적극 가담하면서 국가로부터의 과중한 후견권에 예속되었다. 특히 국가는 도시 계획에 관련된 각종 규제권을 행사함으로써 꼬뮌에 대한 통제권을 강화시켰던 것이다.

이에 비해 1946년과 1958년의 헌법들은 반(半) 분권화(sémi-décent-ralisation)를 지향하였다. '지방에서의 중앙 행정권'은 기본적으로 도지사의 권력에 토대를 두고 있다. 국가는 도지사를 통해 후견권을 강화한 것이다. 게다가 꼬뮌들의 재편성에 따른 법률들의 출현과 영토의 구역 정비는 지방 행정권을 집권화시키는 양상을 보였다.

이상에서 살폈듯이 역사적으로 중앙 권력으로부터의 꼬뮌의 자율성 문제는 지배적인 정치 이념인 권위주의 또는 자유주의 이념의 직접적인 반영이었다. 즉 꼬뮌 제도는 자발적인 운동으로서가 아니라 중앙 권력을 구성하는 다양한 분파들에 의해 전개되는 권력 투쟁 및 이해관계의 충돌 가운데서 변천해왔다. 달리 말해 중앙 권력이 사회·정치적 이해관계에 따라서 꼬뮌 구조의 모델을 설정해온 것이다. 특히 법적인 차원에서 중앙 권력은 자체의 이익에 따라서 꼬뮌 제도를 설정하였다. 실례로 제1 제정기에는 분산화(déconcentration)[32] 정책이 채택되었다. 비록 대혁

---

31) *Ibid*, p.223.
32) 분권화는 중앙 권력을 지방자치단체에 나누어 주는 것이다. 이에 비해 분산화는 중앙 권력을 유지하되 그것을 지방의 대리인(실례: 道知事)에게 분산시키는 것을 의미한다. 따라서 이것은 분권화와는 그 의미를 크게 달리하는 것이다.

명기나 제4공화정 때에 분권화 원칙이 강하게 천명되었을 지라도 "지역 행정 기구는 역사적으로 정치 제도와 마찬가지로 분산화 내지 집권적인 성격이 우세하였음을 보여준다".33) 결국, 분권화의 원칙이 지속적으로 천명되었을 뿐만 아니라 때로는 입법화되기도 하였을지라도 중앙 권력은 여전히 후견권을 행사하였던 것이다.

이와 같은 꼬뮌 자율성의 한계에도 불구하고 꼬뮌의 지출은 제5공화국에 들어서면서 그 중요성을 더해갔다. 우리는 꼬뮌 지출의 비중 증대와 주요 부문별 지출 내역을 살펴보고 나아가 재정적·행정적 측면에서 꼬뮌 자율성의 한계를 고찰하고자 한다.

제3절 꼬뮌 지출의 비중증대 및
자율성 제약요인

아래의 〈표 1〉에서 알 수 있듯이 꼬뮌의 지출 총액은 1959년에서 1978년에 이르기까지 평균적으로 매년 43.8% 증가하였다. 그 기간 동안에 약 8.95배 증가한 것이다. 그러나 재정 수입은 지출보다 더 느리게 증가하였다. 1959년과 1978년 사이에 평균적으로 매년 27.7% 증가하여 6배로 늘어난데 그쳤다. 수입과 지출 사이의 격차는 차용금(l'emprunt)

---

33) S. Dawson, *op. cit.*, p.5.

으로 메우었다. 1959년보다 1978년 사이에 차용금 총액은 평균적으로 매년 47.8% 증가하여 10배 이상 급증하였다.

<표 1> 꼬뮌의 지출과 수입의 발전(액면가): 1959년[34]에서
1978[35]년 사이(단위: 백만 프랑)

예산 내역	1959년 총액	1978년 총액	매년 평균 증가율	증가 배수
총 지 출	10 622	95 169	43.8%	8.95
투 자 지 출	2 855	34 566	58.4%	12.10
재 정 수 입	5 339	32 188	27.7%	6
차 용 액	1 667	16 806	47.8%	10
시 설 보 조 금	814	7 205	43.8%	8.85

자치시의 지출 급증과 그에 따른 차용액이 급증하는 가운데, 국가 전체의 '공공 지출(les dépenses publiques)'의 행정 단위별 분포에서의 변화를 살펴보아도 지방자치단체의 비중이 증가하였음을 알 수 있다. 1963년에 국가는 공공 지출의 61%를 그리고 지방자치단체는 13%를 담당하였다. 1979년에는 국가의 부분이 48.5%로 떨어졌다. 지방자치단체의 몫은 14.1%로 증가하였다.[36]

공공 지출에 속하는 '공공시설(équipement collectif)'비 지출 중 지방자치단체가 떠맡은 부분은 1970년에는 54.8%였다가 1974년에는 59.3%로 증가하였다. 이에 비해 공공시설비 가운데서 국가가 떠맡은 부분은 1970년의 30.5%에서 1974년에는 25%로 감소하였다.[37] 나아가

---

34) "Analyse économique des budgets communaux 1959-1963", in *Aménagement du territoire et dévelopement régional, les faits, les idées, les institutions,* IEP(Grenoble: La documentation française, 1968), pp.338-343.
35) INSEE, *Annuaire statistique de la France*(1981), p.769.
36) I.N.S.E.E., *Données sociales*(1981), p.292.
37) *Ibid.,* p.294.

공공시설의 주요 부문별로 살펴보면, 1970년에 지방자치단체는 사회부조(aide sociale et assistance sociale)[38] 부문 시설비의 39%와 문화 시설의 45%를 떠맡았으며 그리고 스포츠 및 사회 교육 시설의 85%를 담당하였다.[39]

이처럼 지방자치단체가 떠맡은 지출의 비율이 증가하고 있는 가운데, 공공 지출 중 투자 지출의 증가율이 운영비 지출의 증가율을 훨씬 앞질렀다. 꼬뮌의 투자 지출은 중앙 정부나 도의 투자 지출에 비해 증가율이 더 높았을 뿐만 아니라 그 비중도 훨씬 커졌다. 이 기간 동안에 평균적으로 매년 58.4% 증가하여 12배로 늘어났다. 불변 프랑화로 환산하면 1959년에서 1975년 사이에 꼬뮌의 지출은, 중앙 정부의 지출이 평균적으로 매년 12.6% 증가한데 비하여 16%나 증가하였다.[40] 1970에서 1976년에 이르는 시기에 지방자치단체의 투자 액수는 평균적으로 매년 그 총지출의 37%를 차지하였다. 지방자치단체의 투자액은 국가 전체(중앙 행정부, 사회 보장 기금(sécurité sociale) 그리고 지방자치단체)의 투자액의 2 / 3 이상을 차지한다.[41]

이에 비해, 꼬뮌의 지출 중 '운영비 지출(les dépenses de fonctionnement)'은 1963년에서 1978년 사이에 7배로 증가하는데 그쳤다.[42] 우

---

38) 사회부조란 노약자, 극빈 가정, 어린이, 실업자, 장애자 등 사회내의 소외된 층에 대한 각종 지원을 의미하며, 사회부조 시설은 그에 필요한 양로원, 탁아소, 요양원, 탁아소, 무료진료소, 정신병원 등의 각종 사회 시설을 뜻한다.

39) B. Theret, "Endettement, fiscalité et équipements collectifs, modèles de court et moyen termes de financement des investissments des collectivités locales françaises", *Statistiques et Etudes financières*, n° 29(1977), p.4.

40) M. Cotten, *Les équipements publics de quartier, Etudes prioritaires interministérielles*(Paris: La documentation Française, 1979), p.83.

41) A. Cazin d'Honinctun, "Trop ou pas d'Impots locaux", *Projet*, n° 142(février 1980), p.174.

42) "Analyse économique des budgets communaux, 1959-1963", in *Aménagement du*

리는 〈표 2〉에서 운영비의 주요 부문별로 지출 내역을 알 수 있다. 사회 부조 및 건강 부문의 운영비 지출은 1957년에서 1977년에 사이에 2억 8천만 8백만 프랑에서 28억 3천 9백만 프랑으로 매년 약 44.2% 증가 하면서 10배로 늘어났다. 가장 빨리 증가한 것은 사회부조 부문의 운영 비인데 1957년과 1976년 사이에 55.5% 증가하였다. 위생 및 건강 부 문의 운영비 증가는 훨씬 더 미약하였는데, 매년 평균 3% 증가하는데 그쳤다. 그 이유는, 위생 및 건강 부문에서는 서비스보다는 오히려 시설 투자비가 더 많이 늘어났기 때문이다. 즉 10,000명 이상의 주민을 가진 꼬뮌의 전체 투자 지출에서 건강 및 사회부조 시설을 위한 투자 지출이 1966년에 2.4%를 차지하다가 1979년에 4.1%로 증가하였던 것이다. 특히 꼬뮌의 규모가 클수록 사회부조 시설비 지출은 증가하였다.[43]

<표 2> 10 000명 이상의 주민을 가진 꼬뮌의 운영비 지출의
변화(1957-1977)[44](단위: 백만 프랑)

운영비지출	1957	1959	1961	1976	1977	연평균 증가율 (불변가격)	20년간연평균 증가율
사회부조	177.1	336.1	403	2045		31.9%	55.5%
위생과 건강	111.4	86	97	179		-3.2%	3.0%
합 계	288.5	422.1	500	2224	2839	18.3%	44.2%

territoire et développement régional, les faits, les idées, les institutions, op. cit., et Annuaire statistique de la France, de 1970 à 1978.

43) Ministère de l'Intérieur(Direction Générale des Collectivités locales), Guide des ratios des communes de plus de 10 000 habitants(Paris: La Documentation Française, 1975, 1977, 1978 et 1979).

44) -1957년도 자료: I.N.S.E.E., Annuaire statistique de la France(1959), p.362.
-1959년도 자료: R. Aubin, Communes et démocratie, tome I: taches et moyens de la commune(Paris: Etditions Ouvrières, 1962), p.185.
-1961 및 1977년도 자료: Direction de la comptibilité publique, Les finances du secteur public local, les communes, les départments, les établisment publics

이와 같은 사회부조 부문의 지출의 성장은 제 2 차 세계대전 이래로 공공 지출 발전의 주요 특징 중의 하나이다. 꼬뮌의 총지출은 1959년과 1978년 사이에 9배로 증가하였고, 그중 투자 지출은 12배로 증가하였다. 이에 병행하여 꼬뮌의 사회 부조 부문의 지출도 그 동안에 10배로 증가하였던 것이다. 이처럼 국가와 지방자치단체 사이의 관계는 사회부조 부문의 지출에서 지방자치단체가 담당하는 부분의 괄목할 만한 증대에 의해 특징지어진다.[45]

그렇지만 이러한 사실이 곧 바로 꼬뮌의 자율성 증대를 의미하는 것은 아니다. 왜냐하면 관료 조직으로서 국가는 늘 꼬뮌의 행동에 대한 통제를 극대화하기를 추구한다.[46] 자연히 꼬뮌은 정책 결정 시에 중앙의 상위 행정 단체들로부터의 견제를 받게 된다. 따라서 꼬뮌의 자율성 정도를 측정하기 위해서는 자치시가 실질적인 정책 결정 권한을 보유하고 있는지를 검토해야 할 것이다.

물론, 지역 권력과 꼬뮌의 독립성은 헌법과 법조문들에서 확인된다. 즉 꼬뮌의 법, 사회 부조법 그리고 1884년의 법이 꼬뮌 "통치 자율"의 원칙을 제기하였다. 또한 1946년과 1958년의 헌법도 "지방자치단체(collectivités locales)가 선출된 지역 의회에 의해 자유롭게 통치된다"는 점을 명시하였다. 우리는 도의회에 관한 1871년의 법에서 그리고 분권화에 관한 1981년의 법에서 이 원칙을 또 다시 발견한다. 그렇지만 법률적이며 헌법적인 원칙에만 의거하여 꼬뮌들이 지역 권력을 독립적으로 행사할 수

<hr>

    locaux, fascicule I, synthèse nationale(1980), p.37.
45) C. André et R. Delorme, *L'Etat et l'économie: un essai d'explication de l'évolution des dépenses publiques en France 1870-1980*(Paris: Seuil, 1983), p.74.
46) S. Biarez, p.Kukawka et C. Minagasson, "Planification globale, politiques urbaines et institutions locales", in *Aménagement du territoire, développement régional, les faits, les idées, les institutions*, IEP Grenoble(Paris: La Documentation française, 1971), vol. IV, p.141.

있다고 주장하는 것은 속단이다. 왜냐하면 법조문과 현실 사이에는 상당한 거리가 있기 때문이다. 즉 자치시의 정책 결정권은 예산 문제나 행정 절차 상의 각종 제약 요인에 의해 축소되는 것이다.[47] 따라서 정책 결정권의 한계를 알아보기 위하여 자치시의 '경직 예산(dépenses incompressibles)' 및 부채의 비중과 자율 재정 충당 능력을 검토하고 또한 결정된 정책을 실현하는데 따른 각종 행정적 제약 요소들을 살펴보고자 한다.

먼저, 경직 예산은 주로 인건비와 차용액의 상환 연부금 그리고 사회 부조 분담금들로 구성된다. 먼저, 인건비는 1970년에 운영비의 42.5%를 차지하였다가 1979에는 47%로 증가하였다. 그렇지만 1970년에서 1977년 사이에 인건비는 70억 3천 6백만 프랑에서 221억 4천 7백만 프랑으로 약 3배가 증가하였다.[48] 이것은 1970년 이래로 연평균 증가율이 13%에 달했음을 의미한다.

주민 1인당 차용액은 대도시의 경우 1955년의 31프랑에서 1978년에는 293프랑으로 증가하였다. 이는 불변 가격으로 3.5배나 증가한 것이다. 달리 말해 부채율 즉 운영비에 대비한 부채의 상환 연부금의 비율은 상대적으로 증가하였다. 이 비율은 1979년에 10 000명의 이상의 주민들이 살고 있는 꼬뮌들의 경우 18.3%에 달하였다. 게다가 운영비 지출에서 차용금의 이자 지불에 소요된 금액의 비율은 1973년에는 10.5%였다가 1979년에는 11.5%로 증가하였다.[49] 1979년에 일반 행정비도 투자 지출의 11%를 차지하였다. 이와 같은 부채율의 증가 및 일반 행정비 지출은 가용 예산의 축소에 일조하였다.

그리하여 경직 예산은 인건비 지출, 행정비 지출, 상환금 지출을 고려한다

---

47) *Ibid.*, p.48.
48) *Ibid.*, pp.64-65.
49) Associations des Maires des Grandes Villes de France, *op. cit.* , p.106.

면, 사회 부조 분담금을 감안하지 않더라도 운영비의 76%에 달하였다. 그래서 경직적이고 의무적인 지출의 총액은 꼬뮌들의 재정 자율성을 축소시켰다. 상대적으로 자유롭게 배당된 것은 운영비 지출의 24%에 불과하였다.[50]

이와 같은 경직 예산의 압박에도 불구하고, 꼬뮌은 투자 지출을 통해 시설 건립 결정을 실행에 옮겼다. 전체 투자 지출 중 공공건물 건축, 도로망 건설 등의 하부 구조의 시설이 전체 투자 지출의 40%를 차지하였다. 게다가 투자 수입은 한계가 있었다. 왜냐하면 투자 수입은 자율 재정 능력, 보조금의 총액 그리고 부채 규모에 달려 있었기 때문이다.

먼저, 투자 지출에서 자율 재정 능력은 투자 수입과 투자 지출의 대차대조를 통해 파악할 수 있다. 이 시기에 투자 지출은 유동 가격으로 1.7배나 증가하였다. 반면에 투자 수입은 1.5배 증가하는데 그쳤다.[51] 따라서 수입보다 지출의 초과는 자율 재정 능력을 약화시켰던 것이다. 둘째, 꼬뮌들이 받는 보조금 액수의 상당 부분이 국가, 도 그리고 사회보장 기금 등의 보조금 지급 기관의 결정에 좌우된다. 즉 보조금 액수는 지급 기관의 상황에 따라 달라지며 자치시와 지급 기관과의 관계에 따라 달라지는 것이다. 또한 보조금을 받기까지 절차가 복잡하며 상당한 시일이 소요된다는 점도 고려해야 한다. 실제로 우리가 연구하는 시기에 보조금 액수는 불변 프랑으로 환산해볼 때 양적으로 감소하였던 것이다.[52] 셋째, 앞에서 살펴본 바와 같이 부채 규모는 대도시들에서 1955년에는 주민 1인당 31프랑에 불과했다가 1978년에는 293프랑으로 증

---

50) 레미는 자유롭게 배정할 수 있는 꼬뮌 지출 액수를 총예산의 10%로 평가하기까지 하였다: P. Rémy, "Les administrateurs locaux: leur vision du national et du local", in *L'objet local*, colloque par L. SFEZ(Paris: U.G.E., 1977), p.51.
51) Direction de la comptabilité publique, *op. cit.*, p.45.
52) Associations des Maires des Grandes Villes de France, *op. cit.*, p.105.

가(불변 가격으로 3.5배)하였을 정도로 규모가 커졌던 것이다. 이러한 요인들이 꼬뮌의 자율 재정 능력을 크게 약화시켰던 것이다.

이상에서 살펴본 경직 예산의 압박 및 자율 재정 능력의 약화 이외에도 정책 실현에 따른 각종 행정적 제약 요인들이 꼬뮌 자율성을 저해하였다. 이점은 1973년에 한 중학교의 건축 결정 과정을 살펴보면 잘 알 수 있다. "꼬뮌에 의한 부지의 선정 이후 교육부 장관으로부터 단지 건축 동의를 얻어내기까지 24번에 걸친 각종 문서 작성과 14번의 상이한 결정이 필요하였다.53) 물론 완공 시까지 엄청난 시간과 비용이 추가로 소요되었음은 불문가지이다. 이와 같은 각종 행정 절차상의 제약이 심각한 꼬뮌 자율성 제약 요인이었음을 파리 인근 지역의 한 꼬뮌에서 탁아소를 설립하는 과정을 검토해보아도 잘 알 수 있다. "1975년 11월에 시의회는 탁아소를 건립하려는 결정을 내렸다. 그해 12월에 자치시는 '도의 보건 및 사회 업무국(DDASS: Direction départementale de l'Action Sanitaire et Sociale)에 4개의 행정 문서를 각각 보냈다. 경찰청지부(sous-préfecture)에 3개의 문서를 그리고 경찰청에 다른 3개의 문서를 보냈다. '도의 보건 및 사회 업무국'은 6개의 서류를 추가로 요구하였다. 1976년 7월에 한 신규 서류의 복사본 10부를 '도의 보건 및 사회 업무국'에 보냈다. 1976년 10월에 꼬뮌은 이른바 최종적이라고 주장되는 3개의 서류를 '도의 보건 및 사회 업무국'에 보냈다. 1976년 11월에 '도의 보건 및 사회 업무국'의 요청에 따라 꼬뮌은 7개의 서류를 추가로 우송하였다. 건축 허가를 받은 이후 완공하기까지는 4년이나 걸렸고, 수천 시간이 허비되었다. 건축 비용은 원래 예정보다 두 배나 증

---

53) Gelinier, O., "Vers de nouveaux concepts pour organiser l'administration" in Peyreffitie A., *Decentraliser les responsabilités, Pourquoi, comment?* La Docummentation Française(1976), p.117.

가하였다. 약 50개의 공문서가 발송되었고 도(道) 차원에서 이른바 협조 회의가 6차례나 열렸다. 6차례에 달하는 자치시 회의에서도 이 문제가 집중적으로 다루어졌다. 결국 오고간 각종 서류의 무게는 20킬로에 달하였다."[54] 이와 같은 불만에 가득찬 설명은 재정 문제가 해결된다 할지라도 건축 허가 취득이나 건축에 따른 각종 인허가 등의 행정적인 문제가 꼬뮌의 자율성을 상당히 제약하였음을 말해주는 것이다. 더욱이 도나 해당 정부 기관이 요구하는 각종 행정적 제약은 자치시의 자율성을 저해하는 암적 요소[55]였다.

이상에서 살펴보았듯이 경직 예산의 압박과 자율 재정 능력의 약화 그리고 정책의 시행에 따른 각종 제약 요인들이 자치시의 자율성을 상당한 정도로 제한하는 것이다.

---

54) M. Giraud, "Comment sont prises les décisions?", in *Décisions et pouvoir dans la société française*, colloque Université Paris IX(Paris: U.G.E., décembre 1978), pp.165-177.

55) 실례로 보비니(Bobigny) 시장인 끌라마뮈(Clamamus)가 한 초등학교 신축 시에 센느道 道知事와 警察廳長의 비협조적인 태도로 말미암아 지나치게 많은 시간 및 경비가 허비되었다고 다음과 같이 비난하였다. "시의회가 1926년 4월에 학교 신축과 부지 매입을 결정한 후 경찰청에 서류를 보내어 학교 건립의 타당성 조사를 의뢰하였다. 경찰청에서 그 문서를 검토하여 타당성을 인정한 후 자치시에 검토 결과를 반송하기까지 또 다시 1년이 소요되었다. 자치시는 경찰청으로부터 반송받은 문서를 道의 보조금 지급 위원회에 보냈다. 그 위원회는 곧 바로 처리할 수 있는데도 불구하고 1년이 지나서야 문서 위에 쌓인 먼지를 털어내고 그것을 그제야 검토하였다 (……) 결국 학교가 건립되기까지 7년이나 소요되었다. 그 동안 건축비는 2배 이상 뛰어 버렸다."(Ville de Bobigny, *Procès-Verbal de la séance du conseil municipal du 27 juin 1934*, p.13.) 이와 같은 비난의 목적은 경찰청이나 道가 공산주의자가 지배하는 자치시의 활동을 고의적으로 방해하려 하였음을 강조하려는 것이었다. 그렇지만 그와 같은 행정적 절차의 지연은 공산주의 자치시에서만 이루어진 것이 아니라 오랫동안 프랑스의 행정 절차를 특징지웠던 것이다.

제4절 지출 우선순위 결정권 및 사회 집단들에 대한 태도

전술한 각종 제약에도 불구하고 자치시의 자율성이 존재함을 부인하기란 어렵다. 왜냐하면 꼬뮌들이 특별히 자치시들의 정치적 성향에 따라 몇몇 개입 영역을 우선시하면서 일부 지출의 우선순위를 결정할 가능성을 갖고 있기 때문이다. 이점을 꼬뮌들의 지출의 규모 및 내역을 검토하면서 고찰하고자 한다.

〈표 3〉에서 알 수 있듯이 사회부조 부문의 지출에서 자치시의 정치적 성향에 따라 달라짐을 알 수 있다. 즉 좌익의 꼬뮌들에서 사회부조 부문 지출이 중도파 자치시보다 더욱 증가하였다. 이 중도파 자치시들은 사회부조 부문에 지출의 15.7%(주민 1인당 48프랑)를 할당하였다. 이에 비해 비공산주의 좌익 자치시들의 경우 18%(주민 1인당 55프랑)를 할당하였고 공산주의 자치시들의 경우 24.3%(주민 1인당 88.7프랑)를 배당하였다.

<표 3> 꼬뮌들의 사회부조 지출액과 총지출에서 차지하는 비율[56]

정치 성향에 따른 자치시 구분	주민 1인당 사회부조 지출액	총지출에서 차지하는 비율
공산주의 자치시	88.7 프랑	24.3%
비공산주의 좌익 자치시	55.2 프랑	18.0%
중도파 자치시	48.0 프랑	15.7%

---

[56] J. Kobielski, *L'Influence de la structure des communes urbaines sur les dépenses de fonctionnement*, thèse, Université de Rennes(1975), p.303; 꼬비엘스끼는 자치시의 행정 구조라는 요소가 정치색깔이라는 변수만큼이나 중요한 영향력

이와 같은 정치 성향에 따른 지출 우선순위의 차이는 〈표 4〉에서 알수 있듯이 오-드-센느(Hauts-de-Seine)도의 꼬뮌들의 지출 성향분석57)을 통해 보다 상세히 파악할 수 있다. 즉 좌익 자치시들이 교육부문에서 우익 자치시들 보다도 훨씬 더 지출하였다. 사회 부문에서는우익 자치시들의 경우 1978년에 지출의 9.2%를 차지하였고, 좌익 꼬뮌들의 경우 8.3%를 차지하였다. 가장 중요한 차이는 건강 부문 지출이다. 우익 자치시들은 건강 부문에 주민 1인당 25 프랑을 할당하였고,좌익 자치시들의 경우 79 프랑을 할당하였다. 즉 좌익 자치시들이 소득재분배 효과가 큰 부문에 대한 지출에 우선권을 부여하였던 것이다. 이에 비해 우익의 꼬뮌들의 경우 도시 계획 및 도시 정비 부문에 지출 우선권을 부여하였다.

<표 4> 오-드-센느도 31개 자치시의 정치 성향에 따른
사회부조 및 문화 부문 지출58)

정치 성향에 따른 자치시 구분	우익 자치시(17개)		좌익 자치시(14개)	
구 분	전체 지출 중의 비율	주민 일인당 지출액(1978)	전체 지출 중의 비율	주민 일인당 지출액(1978)
교 육	13.5%	114.2 프랑	14.7%	161.6 프랑
사회부조	9.2%	87.7 프랑	8.3%	84.0 프랑
문 화	4.2%	34.8 프랑	5.1%	57.9 프랑
건 강	3.8%	25.5 프랑	5.5%	79.9 프랑

을 미친다는 점을 보여주었다. 사회적 개입의 지출비에 관한 한 정치색은, 특히 파리 지역에서, 결정적인 역할을 하는 것처럼 보인다: J. Kobielski, "L'influence de la structure adminstrative des agglomérations et de la couleur politique des municipalités sur les dépenses de fonctionnement des services publics urbaines", *Revue de Sciences Financières*, n° 1(janvier-mars 1973), pp.80-82.

57) J. Bouvier, *Le comportement dépensier des municipalités: le cas des Hauts-de-Seine*, thèse, Université Paris X(1979), pp.183-186.

더욱이 랑그독 지방에 위치한 중간 규모의 세 도시인 알비(Albi), 몽또방(Montauban) 그리고 까스트르(Castres)에서의 지출 분석[59]을 통해 유사한 현상을 찾아 볼 수 있다. 좌익 자치시인 몽또방의 사회부조 부문의 투자 지출은 우익 자치시인 알비의 그것보다 2.3배나 더 많았다. 마찬가지로 사회부조 부문 투자 지출은 좌익 자치시인 몽또방보다도 우익 자치시인 까스트르에서 두 배나 적었다. 까스트르에서 우선시된 것은 도시 개발이었다. 이처럼 정치 성향에 따라 자치시의 지출 우선순위가 결정된다는 점을 고려한다면, 꼬뮌들이 두 영역 즉 사회부조 부문과 도시 개발 부문에서 정책 선택의 자율성을 누렸음을 잘 알 수 있다.

사회 정책 부문에서도 공산주의 꼬뮌인 빌쥐프(Villejuif)와 중도파 꼬뮌인 몽후즈(Montrouge)의 예산 지출을 비교해 본다면 좌익 자치시가 중도파 자치시보다 더욱 적극적인 사회 정책을 전개하였음을 알 수 있다. 우리는 이러한 구분을 님므(Nimes)와 몽뺄리에(Montpellier)의 비교 연구를 통해 알 수 있다. 특히 좌익 도시인 님므에서 자치시 정책은 주거 및 공공시설의 영역에 대한 개입과 그리고 각종 서클에 대한 보조금 지급에 집중되었다. 반면 우익 도시인 몽뺄리에에서는 도시 정비 사업에 보다 더 우선권을 부여하였던 것이다.

또한 〈표 5〉에서 알 수 있듯이 우익의 '공화파 연합(RPR)'이 장악하고 있는 아니에르(Asnières)와 좌익의 공산당이 장악하고 있는 꼴롱브(Colombes)의 예산 지출을 분석해 볼 때도 마찬가지의 결론에 이른다. 공산주의 자치시는 사회부조(공산주의 자치시인 꼴롱브에서 주민 1인당 지출액은 44프랑인데 비하여 우익 자치시인 아니에르에서는 26프랑이었

---

58) *Ibid.*, p.183.
59) J-Y. Nevers, "Gestion municipale et stratégies hégémoniques", *Espaces et Sociétés*, n° 34-35(juillet-décembre 1980), p.100.

다)와 문화 및 스포츠 시설에 우선권을 부여한다. 반면, 우익 자치시들은 도시 계획 및 도로 부문(아니에르에서 주민 1인당 지출액이 44프랑인데 비하여 꼴롱브에서는 26프랑이었다)에 우선권을 부여하였다.

<표 5> 개입 부문별 지출 비율: 아니에르와 꼴롱브의 비교[60]

개입 부문	아니에르(우익)	꼴롱브(공산당)
사회부조, 스포츠 및 문화	26.1%	44.1%
도로 및 도시계획	29.3%	13.4%
교 육	32.9%	31.2%
행정 및 기타	11.7%	11.3%
합 계	100%	100%

이처럼 꼬뮌들은 대체로 정치 성향에 따라서 개입 부문별로 예산 배정의 우선권을 달리 부여하고 있음을 알 수 있다. 이러한 사실은 꼬뮌이 어느 정도의 재정 자율권을 갖고 있음을 말해주는 것이다.

이어서 자치시들이 각종 사회 세력들로부터의 자율성을 누리고 있는지도 살펴보고자 한다. 특히 주요 개입 부문 중 사회 및 문화 부문을 중심으로 검토하고자 한다. 이 두 부문은 자치시 차원에서 의원들, 각종 서클(association)의 책임자들, '사회·문화 활동 지도자(animateur)들' 그리고 주민들 사이에서의 갈등이 가장 잘 드러나는 영역중의 하나이다. 왜냐하면 이 부문들이 사회 세력 및 집단이 각종 사회·문화 활동을 주도함으로써 자치시의 정책 결정권 내지 자율성에 도전하기가 가장 쉬운 영역이기 때문이다. 그렇다면 이와 같은 도전에 대해 자치시는 어떻게

---

60) M. Chausset, *Les effets redistributifs des équipements collectifs socio-culturels et de loisirs des communes*, mémoire DEA, Sciences économiques, Univercsité de Paris X(octobre 1979), p.78.

대처하였는가?

먼저, 사회·문화 활동 지도자들로부터의 자치시의 자율성은 몇몇 도시의 사회·문화 정책의 시행 과정에서 나타난 자치시와 사회·문화 활동 지도자들 사이의 갈등 분석을 통해서 가늠할 수 있다.[61] 이와 같은 갈등은 좌익 자치시와 우익 자치시 사이에서 상이한 양상을 띠고 전개되고 있다.

좌익의 공산주의 자치시인 마르띠그(Martigues)시에서는 사회·문화 활동 지도자들이 사회·문화 시설의 목적을 둘러싸고 자치시와 충돌하였다. 역시 공산주의 자치시인 비트리(Vitry)와 쌰띠용(Chatillon)에서도 자치시는 사회·문화 활동을 둘러싸고 그 지도자들을 해고시키기까지 하였다.[62] 사회주의 자치시인 엑-상-프로방스에서도 자치시는 각종 요구 사항을 내세우면서 자신의 권력에 대해 도전하는 사회·문화 활동 지도자들의 상대적인 자율성에 제약을 가하였다. 그 자치시는 '사회 센터(Centre social)'의 사회·문화 활동 지도자들을 부르주아지의 공식적인 대변인들로 간주하고, 이들에 대해 각종 불이익 및 제재를 가하였다.[63] 또한 사회주의 자치시인 렌느(Rennes)와 벨포르(Belfort)에서도 자치시와 각종 서클 사이의 갈등이 표출되기도 하였다.[64]

우익 자치시인 오를레앙(Orléans)에서도 자치시는 사회·문화 활동을 둘러싸고 그 지도자들을 해고시켰다. 오를레앙에서는 1977년 5월에 중

---

61) G. Saez, *Gérer l'ingérable, les contradictions de l'animation culturelle*, Instiut d'Aménagement Régional(Aix-en-Province)(Grenoble: C.E.R.A.T., 1978).
62) *Liberation*(21 octobre 1977), p.7.
63) *Le Matin*(20 octobre 1978), p.8.
64) C. Davaine, "Belfort: éducation populaire et imbroglio politique", "Rennes: l'office social et culturel", et B. Donnelly, "Aix: l'animation de rue", in *Pour*, n° 45(décembre 1975), pp.21-27.

도 좌익에서 우익으로 정권이 바뀌었다. 선거 직후인 5월 말부터 우익 시행정부는 공산주의자들이 주도하고 있던 '청년·문화의 집(Maison des jeunesses et cultures)'에 대한 보조금을 없앴을 뿐만 아니라 심지어 시회의실을 빌려주기를 거절하기까지 하였다. 7월 28일 시의회는 '청년·문화의 집'을 자치시화(municipalisation)하기로 즉 자치시가 직접 그 단체를 관할하기로 결정하였다. 이를 위해 시장은 자치시의 새로운 정책 방향을 알린다는 구실로 그 지도자들에게 소환령을 내렸다. 그러나 이들은 자치시가 자신들의 직접적인 고용주가 아니라는 이유로 자치시의 소집에 응하지 않았다. 이와 같은 반발에 직면한 자치시는 '청년·문화의 집' 소속 지도자 7명중 5명(모두 공산주의자)을 중대한 오류를 저질렀다는 이유로 예고없이 해고시켰다. 자치시가 해고 사유로 내세운 이유는 가입자(주민 120,000명 중 3000명의 가입자) 수가 적었고 그리고 이데올로기적으로 너무 편향된 전시 활동을 하였다는 점을 지적하였다. 게다가 시장은 그 지도자들의 사생활을 공격하기까지 하였다. 즉 시장은, 그들이 허가도 받지 않고 월남인 장애자 어린이를 추가로 양자로 받아들인 행위는 정신나간 짓임에 틀림없다고 비난하였던 것이다.[65]

사실 3000명이란 가입자 수는 여타 서클들에 비하면 결코 적은 수가 아니었다. 장애자 어린이 입양도 인도주의적 정신에서 이루어진 것이었다. 더욱이 '청년 · 문화의 집'은 주민들에게 유익한 활동을 지속적으로 전개해 왔었다. 실례로 '청년 · 문화의 집'은 '장난감 임대 가게(ludothèque)'를 운영하면서 장난감을 어린이들을 대상으로 15일간씩 임대하였다. 이와 같은 독창적인 활동은 지역 텔레비전 방송에 의해 후원받았을 정도로 인기가 있었던 것이다.[66] 이러한 활동 이외에도 각종 문화 활동을 적극

---

65) *Liberation, op. cit.*

펼쳐나간 사실을 고려한다면 사회·문화 활동 지도자들의 해고는 선거 결과에 따른 정치보복적인 냄새를 진하게 풍겼던 것이다.

이처럼 자치시들이 일반적으로 사회·문화 시설의 관리를 둘러싸고 각종 서클과 대립해야 하는 경우가 허다하였다. 그렇지만 그 대립은 자치시의 정치적 이데올로기에 따라 구체적인 성격을 달리하였다. 즉 대체로 좌익 자치시는 재분배 효과에 역행하는 서클들을 부르주아지의 앞잡이라는 명목으로 탄압하였다. 이에 비해 우익은 주로 재분배 효과를 추구하는 좌익 이데올로기를 표방하는 서클들에 대해 별다른 중대한 오류가 없는데도 탄압을 가하였던 것이다.[67]

자치시와 사회·문화 활동 지도자간의 갈등 이외에도 자치시와 시의 지식인 층 사이의 갈등도 간과할 수 없다. 실례로 공산주의 자치시인 비트리-쉬르-센느(Vitry-sur-Seine)에 위치한 자치시 '의료 교육 및 심리 센터'의 목적과 재정 조달 방법을 둘러싸고 자치시와 지역 지식인들 사이에 갈등이 야기되었다.[68] 마침내 공산주의 자치시는 지역 생활에 참여하는 지식인층에 사회부조 부문의 재정 지출 증대를 통한 소득 재분배 효과의 중요성을 강요하기까지 하였다.

나아가 자치시와 주민들 사이에서 갈등이 생겨나기도 하였다. 세브르(Sèvres)의 자치시에 의한 장애자 수용 센터의 설치 결정은 가장 잘 알려진 실례이다. 그 계획에 반대한 것은 주거단지에 거주하는 기술자, 간부, 교사 등의 주민들이었다. 자치시는 이들 주민들의 요구를 무시해

---

66) *Ibid.*
67) M. Vingre, *Le social, c'est fini!*(Paris: Ed. Autrement, 1980), p.188: 우익 도시인 푸제르(Fougère)시에서도 시장은 사회 센터의 한 지도자를 정치에 지나치게 개입하였다는 이유로 해고시켰다.
68) F. D'Arcy, C. Gilbert et G. Saez, *Nouvelles hypothèses sur l'action socio-culturelle*(Grenoble: C.E.R.A.T., 1979), pp.159-189.

버리고 수용센터를 설치하였던 것이다.[69]

그렇다면 우리는 자치시들이 자치시가 일부 서클이나 일부 주민의 활동을 일방적으로 무시하거나 탄압해 버린 사실을 어떻게 해석할 것인가?

자치시 지도자들은 지역 명사로서 자신들의 권력 및 정통성이 도전받는 것을 두려워한다. 이러한 의미에서 그들은 사회·문화 활동 지도자들과 각종 서클 책임자들의 이데올로기적 관심과 비판 능력을 억압하는 것이다. 그렇다면 자치시들이 소득 재분배 효과를 주요 목적으로 하는 사회·문화 활동에 관한 원래의 자신들의 개념에서 멀어지게 된 것인가? 이에 대한 대답은 자치시의 정치 성향에 따라서 차이를 보였다는 것이다. 즉 좌익 자치시들은 사회세력의 도전을 억눌러 가면서까지 원래 의도했던 소득 재분배 효과를 거두려 했다. 이에 비해 우익 자치시들은 좌익 이데올로기와 소득 재분배 효과에 지나치게 집착하는 사회 세력들을 통제하려 하였던 것이다.

그렇지만 양자 모두 자신들의 정치적 목적을 위해 자신들의 권력 강화를 추구한다. 이는 지역 차원에서 사회 통제 정책의 강화를 초래할 위험이 있다. 이처럼 각종 사회세력 및 집단이 자치시 권력에 도전하지만, 자치시는 대체로 이들에 대해 단호히 대처하였다. 즉 각종 사회·문화 활동에서의 비판 기능을 통제하려 하였던 것이다. 이는 자치시 권력의 증대와 소득 재분배 효과 달성에 도움이 되기도 하였지만 때로는 지역 민주주의의 발전에는 저해 요인이 되었다.

---

69) N. Beau, "Des habitants de Sèvres contre l'installation d'un centre d'accueil pour handicapé", *Le Monde*(26 octobre 1979), p.5.

제5절 결 론

역사적으로 중앙 권력에 대한 꼬뮌의 자율성 문제는 지배적인 정치 이념인 권위주의 또는 자유주의 이념의 직접적인 반영이었다. 따라서 꼬뮌 제도는 자발적인 운동으로서가 아니라 정치·경제적으로 주도하는 계급들의 다양한 분파들에 의해 전개되는 권력 투쟁과 이해관계의 충돌 가운데서 변천해왔음을 알 수 있다.

꼬뮌 자율성의 역사적 발전 과정을 살펴볼 때, 분권화의 원칙이 지속적으로 입법화되기까지 하였다 할지라도 중앙 권력의 꼬뮌에 대한 후견권은 여전히 행사되고 있었다. 따라서 헌법이나 법조문의 연구만으로는 자율성의 한계를 가늠하기란 거의 어렵다. 이점을 보완하기 위해 우리는 자치시의 재정 지출에 대한 분석을 통해 자치시 권력의 한계를 살펴보았다.

제5공화국에 들어서면서 꼬뮌들에서 '경직 예산'의 비중이 압도적이었고, 자율 재정 충당 능력이 크게 약화되었으며 그리고 결정된 정책을 실현하는데 따른 각종 행정적 제약 요소들이 상존하였다. 이점은 꼬뮌 자율성의 한계를 말해주는 것이다. 그럼에도 불구하고 자치시의 자율성이 존재함을 부인하기란 어렵다.

꼬뮌 지출이 차지하는 비중은 증대하였고, 그 중 투자 지출의 증가율이 가장 높았던 것이다. 게다가 지방자치단체들이 점차 재분배 효과가 비교적 큰 사회부조 부문에서 공공시설의 건립과 운영에 따른 지출의 대부분을 떠맡게 되었다. 그리하여 자치시들은 대체로 정치적 성향에 따라 몇몇 개입 부문을 우선시하면서 일부 지출의 우선순위를 결정하였음을 여러 사례 등을 통해서 확인할 수 있다. 대체로 좌익 자치시들이 소득 재분배 효과를 지닌 부문에 대한 지출에 우선권을 부여하였다. 이에 비해 우익의 꼬뮌들의 경우 도시 계획 및 도시 정비 부문에 지출 우선권을 부여하였던 것이다. 이에 더해 자치시는, 각종 요구 사항을 내세우면서 자신의 권력에 대해 도전하는 사회·문화 활동 지도자들의 권한을 축소하기도 하였다. 또한 자치시는 지식인층과 주민 등 꼬뮌 내부의 사회 세력의 도전에 직면하기도 하였으나 대체로 그러한 도전을 억눌렀던 것이다. 이 모든 것은 자치시의 자율성의 강도를 가늠하는 척도가 되는 것이다.

그렇지만 자치시 권력을 장악하고 있는 지역 명사들이 사회·문화 활동 지도자들과 각종 서클 책임자들의 이데올로기적 관심과 비판 능력을 제압함으로써 자신들의 권력 강화를 추구함은 물론 지역 차원에서 사회 통제 정책의 강화를 초래할 위험이 있다. 이러한 점들을 고려한다면 분권화나 자치시의 자율성 증대가 반드시 지역민주주의를 촉진시키기만 하는 것은 아니다. 또한 지역 자율성이 이데올로기의 영향을 상당한 정도로 받고 있음을 부인할 수 없는 것이다. 결국 우리가 연구한 기간 동안에 우익이 중앙 권력을 장악하고 있었음을 고려한다면 꼬뮌의 자율성이 확대되고 지역 민주주의가 더욱 신장되기 위해서는 1981년의 사회당의 집권을 기다려야만 했다. 끝으로, 본고에서 지역들의 자율성에 대한 꼬뮌 권력 문제를 다루면서도 정책이 의결되는 자치시 의회에 대해 제대로 다루지 못했고 또한 꼬뮌의 크기에 따라 자율성의 정도가 차이가 날 수도 있다는 점을 고려하지 못했으며 또한 꼬뮌 예산 중 지출만 주로 다루었지 재정 수입을 거의 다루지 않았음을 지적하고 싶다. 이는 차후에 연구할 기회가 주어지리라 믿는다.

제4장 프랑스 꼬뮌의 복지정책
(1949-1965)
—불로뉴— 비앙꾸르 시를 중심으로—

제1절 머리말

프랑스에서 꼬뮌은 교육, 도로 유지 및 보수, 일반행정, 복지(Assistance sociale: Assistance, Prévoyance et Famille) 등을 포함하는 매우 광범위한 업무를 수행해오고 있다[70]. 20세기 초 이래로 그 중요성을 날로 더해온 사회복지란 빈민구호국(Bureau d'aide sociale)에 대한 지원, 일반진료 및 유아진료에 대한 지원, 시립탁아소에 대한 지원, 그리고 학교식당, 어린이하계캠프, 하계캠프시 운영되는 탁아소, 시립무료진료소, 학교에서의 의료검진, 시립결핵요양원, 노인휴양소에 대한 지원과 같은 다양한 주민 지원업무를 포괄하고 있다[71]. 그렇지만 사회복지에 대

---

70) Jacqueline Felician Corre, *Action sociale de la municipalité de Marseille de 1892 à 1939*, thèse(Université d'Aix Marseille I, 1987) 참조.

한 각 꼬뮌의 정책이나 그 지출액은 꼬뮌마다 상이하였다. 이와 같은 차이를 유발시키는 주된 요인이 무엇인가?

몇몇 연구들은 시행정부의 정치성향이 시정책의 목적이나 유형을 결정하는 주된 요소라는 점을 지적하고 있다. 먼저 꼬뮌의 조르쥬 뒤클로는 파리 근교의 도시인 빌쥐프(Villejuif)와 몽루즈(Montrouge)의 꼬뮌들의 지출을 비교한 후 좌익 꼬뮌이 훨씬 더 발달된 사회복지정책을 갖추고 있다고 주장하였다. 반면에 우익도시는 도로정비나 도시개발에 보다 큰 관심을 기울인다는 것이다72). 또한 조엘 부비에도 오-드-센느(Hauts-de-Seine)도의 꼬뮌들에 대한 연구에서 좌익 꼬뮌이 건강, 교육, 복지 부문에서 우익 꼬뮌보다 더 큰 지출을 한다는 점을 보여주고 있다73). 반면에 삐에르 리무쟁은 이데올로기적 요소가 시정책에 영향을 미치는 중요한 요소이기는 하지만, 그것은 꼬뮌의 현실을 반영할 뿐이라고 보았다. 정치색보다는 꼬뮌의 현실이 시정책을 좌우하는 보다 중요한 요소라는 것이다74). 이와 같은 삐에르 리무쟁의 분석은 산업화가 진행되고 있고 일일 인구 이동이 매우 큰 파리 근교의 꼬뮌을 연구하는데 있어서 매우 유용하다 할 것이다. 이와 같은 연구들을 염두에 두면서 우리는 파리 근교의 꼬뮌이 자신이 소속된 정당의 강령에 따라 시행정부의 정책을 추진해 나갔는지를 살펴

---

71) Préfet du département de la Seine, "Un siècle d'évolution des budgets communaux du département", in *La conjoncture économique dans le département de la Seine*(이하에서 *La conjoncture économique*로 약함), 4e trimestre 1962, p.742.
72) Georges Ducros, "Politique et finances locales", *Analyse et Prévision* (DEDEIS, 1966), pp.499-520.
73) Joël Bouvier, *Le comportement dépensier des municipalités: le cas des Hauts-de-Seine*, thèse(Université de Paris X, 1979) 참조.
74) Pierre Limouzin, "Idéologies politiques et politiques municipales", *Revue d'Economie régionale et urbaine*, n° 3, 1984, p.399.

보자는 것이다. 이와 같은 접근은 시행정부의 정책을 결정하는 요소가 무엇인지를 규명하는 것을 도와줄 것이다.

우리는 사회당(SFIO)에 소속된 인물들이 주축이 되어 시행정부를 구성하고 있는 꼬뮌인 '불로뉴-비앙꾸르'(Boulogne-Billancourt: 이하에서 불로뉴로 약칭함)의 사회복지정책을 고찰하고자 한다. 불로뉴에는 1898년 이래로 르노 자동차 공장이 위치해 있어, 시행정부가 엄청난 액수의 지방세[75]를 거둬들일 수 있었던 것으로 간주되어 왔다. 불로뉴를 분석대상으로 설정한 주된 이유는, 불로뉴의 이른바 사회주의 시행정부가 르노자동차에서 나오는 것으로 예견되는 충분한 재정수입을 바탕으로 사회당의 자치시 강령에 부합하는 복지정책을 추진하였을 것이라는 가정에 근거하고 있다. 이러한 생각이 타당성을 갖는 지를 규명하기 위해서는 르노자동차와 같은 대기업이 없으면서도 정치색이 상이하고 과세가능한 부의 정도에서 커다란 차이를 보이고 있는 다른 꼬뮌들과 비교연구를 할 필요가 있다.

이를 위해 생드니(Saint-Denis), 젠느빌리에(Gennevilliers), 뇌이이-쉬르-센느(Neuilly-sur-Seine: 이하 뇌이이로 약칭함), 쉬렌느(Suresnes)와 같은 센느도에 속한 파리 교외의 정치색이 상이한 꼬뮌들과 불로뉴를 비교검토할 것이다[76]. 정치적으로 불로뉴와 쉬렌느는 사회주의 꼬뮌이고

---

75) 1962년 현재 르노자동차가 납부한 총 납세액은 513,193,191프랑이며, 이 중에서 도와 꼬뮌에 납부한 가장 중요한 지방세이며 직접세인 영업세 및 토지세는 16,586,108프랑에 달하였다.(같은 해 불로뉴시의 총수입은 32,379,000프랑이었다): Régie Nationale des Usines Renault, *Rapport annuel de gestion du président directeur général pour l'exercice 1962*, 1963, p.66.

76) 우리는 프랑을 1965년 현재 불변 프랑으로 전환하여 인플레이션에 따른 비교의 어려움을 극복하고자 하였다. 이와 같은 전환을 위해 우리는 1949년에서 1965년에 이르는 시기에 *Statistiques et Etudes financières*라는 잡지에 나타나는 물가지수를 활용하였다.

생드니와 젠느빌리에는 공산주의 꼬뮌이다. 이에 비해 뇌이이는 우익의 드골주의파에 속한 꼬뮌이다. 사회경제적으로 불로뉴와 쉬렌느는 노동자와 부르주아지가 공존하는 혼합형 도시이고[77], 생드니[78]와 젠느빌리에는 가난한 노동자 도시인 반면 뇌이이는 부유한 부르주아 도시이다. 이 다섯 도시는 센느도[79]에 속해 있어서 동일한 행정적 여건 하에 놓여 있었기 때문에 비교를 해도 별다른 문제점은 없을 것이다. 아울러 전통적인 사회주의 도시인 릴(Lille)의 시정책과 비교해 본다면 불로뉴와 쉬렌느와 같은 사회주의 꼬뮌의 시정책을 보다 더 잘 평가할 수 있을 것이다. 우리는 시복지정책의 분석을 위해 주로 시예산서를 분석할 것이다. 물론 각 도시의 인구가 상이하기 때문에 꼬뮌의 연구 시기로는 2차 대전 이후 처음으로 꼬뮌의 재정수입에서 안정을 보인 1949년에서 사회당(SFIO)에 소속된 인물들이 주축이 된 이른바 사회주의 시행정부가 몰락하고 중도파와 우익에게 시권력을 넘겨준 해인 1965년까지로 잡았다[80]. 본 연구는 1920년 이래로 집권해온 사회주의 시행정부가 불로뉴 시에서 왜 몰락하게 되는 지를 밝히는 데에 도움이 되리라 생각된다.

---

77) R. Juarez, *Politiques urbaines et mutations sociales, Le cas de Suresnes*, mémoire de maîtrise(Université de Paris X,1989)을 참조.
78) M.-H. Bacqué, *Identités et représentations: Saint-Denis*, thèse(EHESS, 1993)을 참조.
79) 센느도는 1964년 7월 10일 법에 의거 4개 도(Hauts-de-Seine, Seine-Saint-Denis, Val-de-Marne 그리고 Paris)로 나뉘어지도록 결정되었다. 그렇지만 실제 도가 분리된 것은 3년간의 유예기간을 거친 후인 1968년 1월 1일부터이다. 그러므로 센느도의 분도는 우리가 연구하는 시기의 행정조직에 별다른 영향을 미치지 못하고 있다.
80) Francis Bertrand et Olivier Da Lage, *Les élections municipales à Boulogne-Billancourt(1959-1977)*, mémoire de maîtrise(IEP, 1978)을 참조.

제2절 꼬뮌의 사회복지비 지출액의 증대

1. 사회복지비 비중의 증대

사회복지 부문에서 중앙정부가 국가적 차원에서 입법을 통해 개입하는데 비해, 꼬뮌은 빈민구호국(Bureau d'aide sociale)을 관장함은 물론 다양한 사회복지비 지출을 부담한다. 꼬뮌의 복지정책을 이해하기 위해서는 먼저 꼬뮌의 전체 지출 중에서 복지비가 차지하는 비율을 파악할 필요가 있다. 1861년에서 1960년에 이르는 시기에 각 꼬뮌에서 그 비중이 가장 컸던 4개 항목의 지출액을 1960년의 불변가격으로 나타낸다면 사회복지비가 꼬뮌의 예산에서 차지하는 비중을 파악할 수 있을 것이다.

<표 1> 1861년과 1960년 사이 4개의 주요 예산 항목의
주민 일인당 지출액의 분포

(단위: 1960년 불변 프랑)

꼬뮌 (정치색)	도 로		교 육		사회복지		행 정	
	1861	1960	1861	1960	1861	1960	1861	1960
불로뉴 (사회당)	8.6(1)	35.4(1)	2.0(3)	32.2(2)	1.0(4)	26.1(3)	4.7(2)	25.0(4)
생드니 (공산당)	5.2(2)	44.1(1)	1.6(3)	43.3(2)	1.2(4)	35.6(3)	5.4(1)	33.0(4)
젠느빌리에 (공산당)	5.6(1)	48.4(1)	1.8(3)	46.7(2)	0.6(4)	34.0(3)	3.6(2)	30.2(4)
뇌이이 (우 익)	16.8(1)	39.2(1)	2.6(3)	20.5(2)	2.3(4)	18.8(3)	10.5(2)	14.5(4)
뱅센느 (우 익)	2.3(1)	36.4(1)	1.7(3)	27.1(2)	0.6(4)	27.1(3)	2.1(2)	17.0(4)

괄호안 수치: 1861년과 1960년에 각 꼬뮌에서 4개의 주요 예산 항목 중 해당 항목의 지출액의 순위
출처: *La conjoncture économique*, p.723.

　　1861년과 1960년 사이의 사회복지비의 변천을 살펴본다면, 〈표 1〉에서 알 수 있듯이, 상기 언급된 5개의 꼬뮌에서 사회복지비가 네 개의 주요 지출 항목 중에서 1861년에 4위를 차지하다가 1960년에 3위를 차지하게 되었음을 알 수 있다[81]. 1861년에 꼬뮌의 총 지출의 3%를 좀처럼 넘지 않았던 꼬뮌의 복지비는 1960년에 8%에 달하기까지 하였다. 이와 같은 복지비의 변화에 영향을 미친 요인으로는 먼저 꼬뮌의 인구증가를 들 수 있다. 실례로 가장 커다란 인구증가를 경험하였던 파리 북쪽 교외에 위치한 젠느빌리에서는 1861년과 1960년 사이에 복지비가 53배나 증가하였다. 불로뉴의 복지비는 같은 기간에 26배 증가하였다. 상기 언급된 다른 도시들도 인구증가에 상응하는 복지비의 증가를 보여주고 있다[82]. 복지비의 변천에 영향을 미친 다른 요인으로는 꼬뮌의 주민의 삶의 수준을 들 수 있다. 부유한 꼬뮌들에서는 주민들이 사설병원이나 사설탁아소에 주로 의존하였기 때문에 시가 제공하는 무료진료와 시가 운영하는 저렴한 탁아소를 별로 이용하지 않아 복지비가 적었던 것이다. 반면에 젠느빌리에와 생드니와 같은 가난한 공산주의 꼬뮌의 경우 복지비가 우익 꼬뮌들보다 더 큰 속도로 증가하였던 것이다[83]. 복지비에 영향을 미친 또 다른 요인으로는 주민의 심리상태의 변화를 들 수 있다. 2차대전 동안에 적어도 중산층 가정의 학부모들은 양적으로나 질적으로 매우 부실하다고 판단되었던 학교식당에서 자신들의 자녀들이 급식하는 것을 꺼렸다. 2차대전 이후 학교식당에 육류와 같은 식료품이 우선적으로 제공되었을 지라도, 중산층 가정의 학부모들은 학교식당에

---

81) *La conjoncture économique*, p.734.
82) *Ibid.*, p.742.
83) Ville de Boulogne-Billancourt, *Compte rendu du conseil municipal*(이하 *Compte rendu*로 약함), novembre 1964, p.4.

대해 1950년대 초반까지 여전히 불신하고 있었다. 그러다가 1950년대 후반부터 학교급식에 대한 학부모의 신뢰가 다시 싹틈에 따라 꼬뮌의 복지비가 증가하였던 것이다[84]. 그렇지만 이와 같은 일반적 요인으로는 꼬뮌별 복지비의 커다란 차이를 설명하기에는 한계가 있다.

불로뉴의 사회복지비는 1949년 532,000프랑에서 1965년에 2,481,000 프랑으로 연평균 66% 증가하였다. 1949년과 1964년에 걸친 3개 꼬뮌의 사회복지비를 검토한다면 우리는 불로뉴의 지출의 변화가 지니는 의미를 이해할 수 있다.

<표 2> 1949년과 1964년 사이 3개 꼬뮌의 사회복지비의 변동

(단위: 천프랑)

꼬 뮌	1956	1957	1958	1959	1960	1961	1962	1963	1964	평 균
불로뉴	532	1028	3022	1878	2761	2759	2153	2234	2481	2094
생드니	1284	1794	2359	2536	2952	3872	3183	3428	4752	2907
뇌이이	419	838	1013	1236	1343	1585	1619	1457	1696	1245

출처: *Comptes administratifs* des trois communes, 1956-1964.

〈표 2〉에서 알 수 있듯이 불로뉴의 인구가 생드니보다 더 많았을 지라도, 불로뉴의 복지비는 1958년을 제외하고는 생드니의 그것에 크게 못미치고 있다. 불로뉴의 복지비의 변화를 보다 더 잘 이해하기 위해, 불로뉴의 주민 일인당 사회복지비와 정치성향이 상이한 6개의 여타 도시의 주민 일인당 사회복지비를 비교할 것이다. 우리는 분석의 편의를 위해 6개의 도시 중에서 뇌이이, 부르-라-헨느(Bourg-la-Reine), 그리고 벵센느(Vincennes)와 같은 부유한 도시와 생드니, 비트리-쉬르-센느(Vitry-sur-Seine)와 젠느빌리에와 같은 가난한 노동자 도시로 나

---

84) *La conjoncture économique*, p.746.

누어 그 복지비를 비교검토할 것이다.

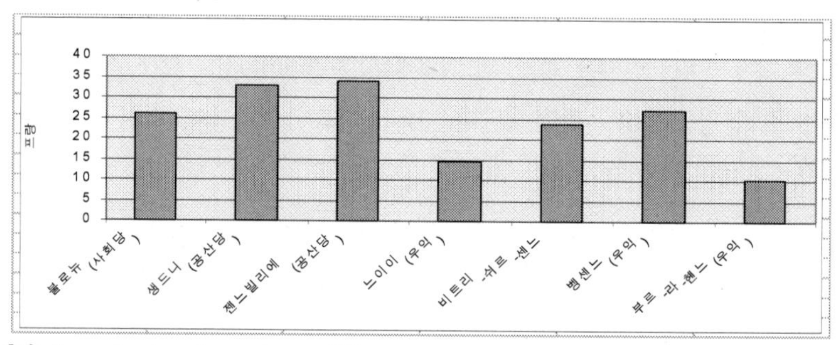

<그래프 1> 1960년 현재 7개 꼬뮌의 주민 일인당 사회복지비
(괄호 안은 꼬뮌의 정치성향)

출처: *La conjoncture économique*, p.719.

〈그래프 1〉에 따르면, 부유층과 노동자들이 병존하는 복합도시인 불로뉴의 사회복지비는 느이이, 뱅센느, 그리고 부르-라-헨느와 같은 부유한 도시의 사회복지비와 생드니나 젠느빌리에와 같은 노동자 도시의 사회복지비의 중간에 속한다. 센느도에서 인구가 가장 많은 도시였던 불로뉴의 주민 일인당 복지비는 인구가 불로뉴보다 적었던 공산주의 꼬뮌인 생드니나 젠느빌리에의 그것보다도 더 적었다. 나아가 1956년과 1964년 사이에 주요 항목의 지출을 검토해 본다면, 불로뉴의 총지출에서 사회복지비가 차지하는 비중을 이해할 수 있을 것이다.

<그래프 2> 1956년과 1964년 사이 불로뉴의 주요 항목의 지출이
총지출에서 차지하는 비율의 변화

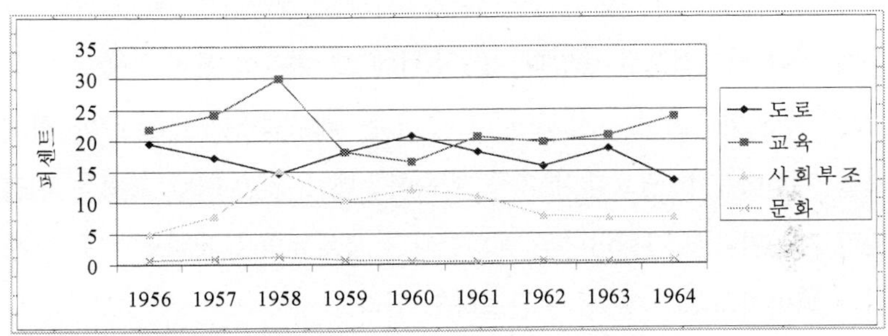

출처: *Comptes administratifs* des quatre communes, 1949-1965.

〈그래프 2〉에 따르면 불로뉴의 사회복지비의 비율은 1956년과 1964
년 사이에 교육비와 도로 유지비에 이어 3위를 차지하고 있으며 1958
년 이후 약간씩 감소하는 경향을 보이고 있다. 그렇지만 〈그래프 3〉에
서 알 수 있듯이 정치색이 상이한 3개 꼬뮌의 총지출에서 사회복지비가
차지하는 비교검토해 본다면 불로뉴의 사회복지비가 상대적으로 비중이
큼을 알 수 있다.

<그래프 3> 1956년에서 1964년에 사이 3개 꼬뮌 각각의
총지출에서 사회복지비가 차지하는 비율의 발전

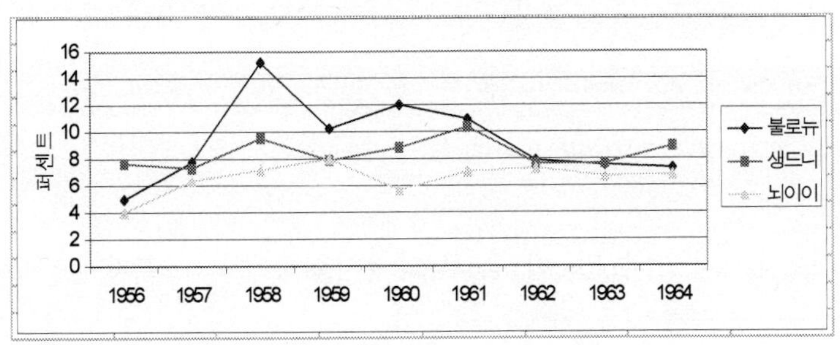

출처: *Comptes administratifs* des trois communes, 1956-1964.

　　1956년에서 1964년에 걸쳐 불로뉴의 총지출 중에서 사회복지비가 차지하는 비율은 1956년과 1964년을 제외한다면 다른 두 꼬뮌의 그 비율에 비해 상대적으로 높았다. 1958년에 그 비율이 특히 높았던 이유는 오뜨 사브와(Haute Savoie)도에 있는 베르넥스(Vernex)에 하계 캠프를 개설하는데 필요한 부지를 취득하는데 2,800,000 프랑을 지출하였기 때문이다[85]. 1958년을 제외한다면 불로뉴의 복지비의 비율은 생드니나 뇌이이의 그것에 점차 근접하고 있다.

　　사회복지비에서 대부분을 차지하는 운영비[86]의 비중을 파악하기 위해 1949년에서 1965년 사이에 4개 꼬뮌 각각의 총지출에서 사회복지 운영비가 차지하는 비율의 발전을 살펴보고자 한다.

<그래프 4> 1949년에서 1965년 사이에 4개 꼬뮌 각각의
총지출에서 사회복지 운영비가 차지하는 비율의 발전

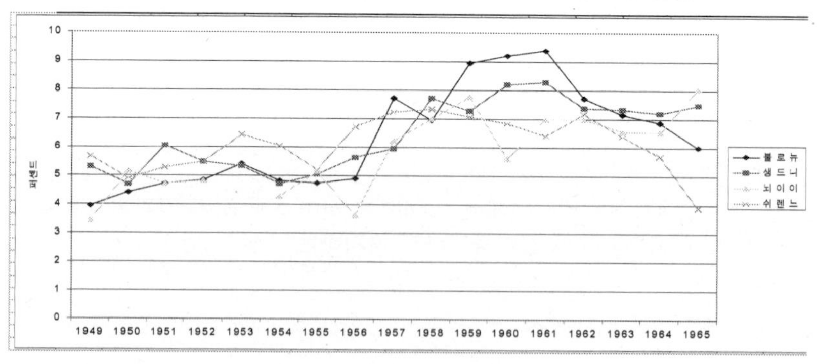

출처: *Comptes administratifs* des quatre communes, 1949-1965.

〈그래프 4〉에서 알 수 있듯이, 불로뉴의 총지출 중에서 사회복지 운영비가 차

---

85) *Bulletin Municipal Officiel*(이하 *BMO*로 약함), décembre 1959, p.2.
86) 사회복지비는 운영비와 투자비로 나뉘어지는데, 투자비는 1958년을 제외하고는 거의 지출되지 않았다. 따라서 복지비의 대부분이 운영비이다.

지하는 비율은 1949년 3,96%에서 1965년에 9,39%로 증가하였다. 그 비율은 1956년까지 상대적으로 안정적이었으며, 1957년과 1961년 사이에 크게 증가하여 1961년과 1963년 사이에 3개 꼬뮌 중에서 가장 높았다[87]. 사회복지비의 이와 같은 급증을 이해하기 위해서는 사회복지비의 구조를 분석할 필요가 있다.

2. 인건비지출과 할당액

사회복지 운영비를 인건비와 자재비, 그리고 할당액으로 각기 나누어 본다면 우리는 사회복지 운영비의 발전을 보다 더 잘 평가할 수 있을 것이다.

<그래프 5> 1949년에서 1964년 사이 불로뉴에서 사회복지
운영비의 분포의 변동

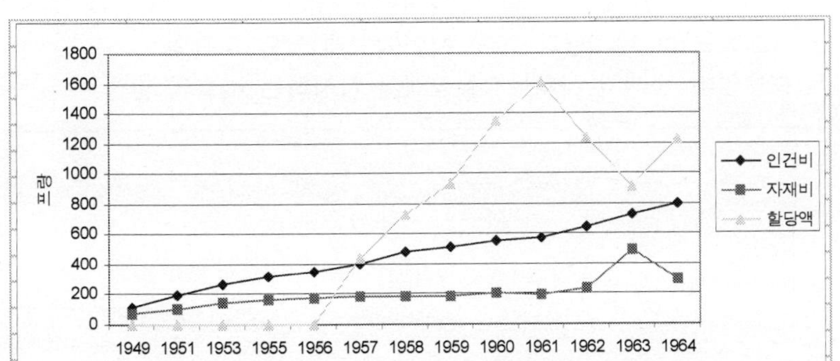

출처: *Comptes administratifs* de Boulogne-Billancourt, 1949-1964.

〈그래프 5〉에서 알 수 있듯이, 불로뉴의 사회복지비 중에서 인건비는

---

87) 1949에서 1965에 이르는 시기에 불로뉴의 사회복지 운영비는 1949년에 178,000 프랑에서 1965년에 2,183,000 프랑으로 크게 증가하였다.

1951년 199,317 프랑에서 1964년에 797,061 프랑으로 증가하였는데, 이는 연평균 21.4%가 증가한 것이다. 반면에 자재비는 같은 기간에 연평균 13.7% 증가하는데 그쳤다. 인건비는 항상 자재비를 능가하였다. 인건비의 증가는 사회복지비 증가의 중요한 요인이다. 그렇지만 1957년부터 사회복지비가 급증한 것은 도지사가 꼬뮌에 지출을 부과시킨 할당금에 주로 기인하고 있다. 도지사는 할당액이란 명목으로 도의 지출액을 꼬뮌의 부담으로 이전시켰다[88]. 이전 액수는 1957년 439,000 프랑에서 1964년 1,225,000 프랑으로 연평균 35%씩 증가하였다[89]. 이 신규할당액은 도에서 꼬뮌으로의 상응하는 수입의 이전 덕분에 꼬뮌의 부담이 크게 증가함이 없이 사회복지비의 커다란 증가를 초래하였던 것이다. 이어서 4개 꼬뮌의 할당액 비율의 발전을 비교검토해 본다면, 불로뉴의 할당액이 지니는 의미를 잘 이해할 수 있을 것이다.

<그래프 6> 1949년과 1965 사이에 4개 꼬뮌 각각의
총운영비 중에서 사회복지할당액이 차지하는 비율의 발전

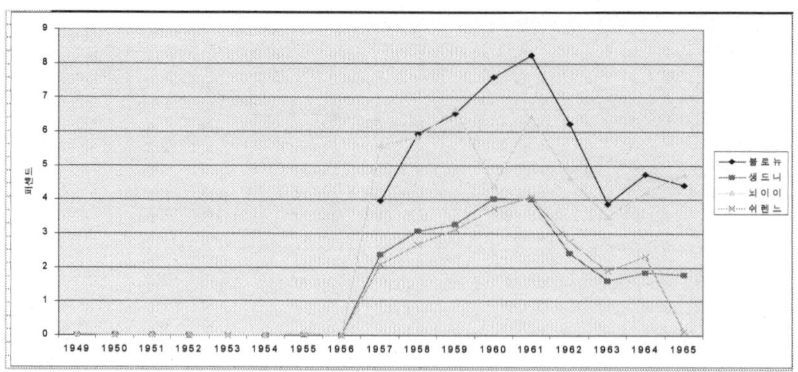

출처: *Comptes administratifs* des quatre communes, 1949-1965.

---

88) *Compte rendu*, 27 janvier 1958, pp.19-21.
89) *BMO*, janvier 1965, p.2.

〈그래프 6〉에서 알 수 있듯이, 4개 꼬뮌 각각의 총운영비에 대비한 사회복지 할당금의 비율은 1956년까지 매우 미약하였다. 불로뉴의 할당금 비율은 1957년과 1965년을 제외하고는 1949년과 1965년 사이에 4개 꼬뮌 중에서 가장 높았다. 불로뉴의 비율은 생드니나 쉬렌느의 그것보다 더 높았고 뇌이이의 그것에 가까웠다. 왜 불로뉴의 사회복지 할당액의 비율이 비교 대상이 되는 다른 꼬뮌들보다 상대적으로 더 높았는가? 사회복지비를 의무지출비와 임의지출비로 구분해 본다면 우리는 이 문제에 대한 답변을 얻을 수 있으리라 생각된다.

제3절 의무지출 복지비와 임의지출 복지비

1. 의무지출 복지비

의무지출 복지비는 기본적으로 1954년 11월 18일의 포고령에 근거를 두고 있다[90]. 그것은 도와 꼬뮌이 각기 떠맡아야 할 복지비의 규모를 규정하고 있다. 이 포고령에 따라 도지사가 도의회의 의결을 거쳐 각 꼬뮌이 의무적으로 분담해야 할 복지비를 각 꼬뮌에 통고한다[91]. 꼬뮌은

---

[90] *BMO*, décembre 1954, p.1.
[91] Paul Charbonnier et Yves Charles, *Initiation aux finances communales*(Paris: Berger-Levrault, 1979), p.70.

자신들이 부담해야 할 의무지출 복지비의 결정에 개입할 수가 없다. 이에 비해 꼬뮌은 임의지출 복지비의 액수를 결정할 수 있다. 한 꼬뮌의 시행정부의 복지정책을 이해하기 위해서는 그 성격을 크게 달리하는 의무지출 복지비와 임의지출 복지비의 각각의 규모를 파악할 필요가 있다.

<그래프 7> 1951년에서 1961년 사이 불로뉴에서 의무지출 사회복지비와 임의지출 사회복지비의 분포

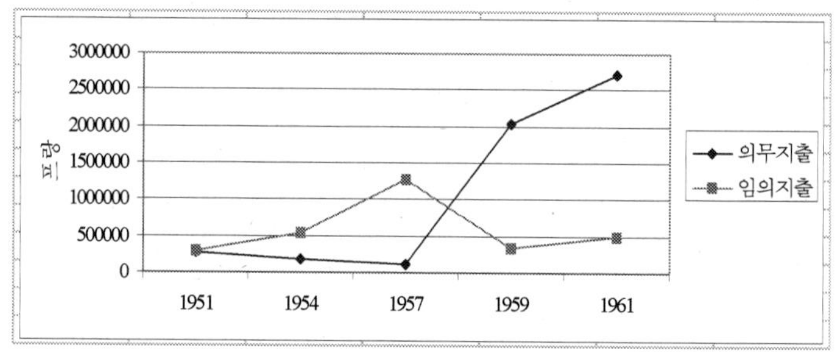

출처: *Comptes administratifs* de Boulogne-Billancourt, 1951-1961.

〈그래프 7〉에 따르면, 불로뉴의 의무지출 사회복지비는 1957년까지 임의지출 사회복지비보다 더 적었으나 1958년 이후 증가하여 후자를 상당히 능가하고 있다. 도지사가 꼬뮌의 인구, 부의 수준, 그리고 복지비 수혜대상자의 수를 조사한 후 의무지출의 총액을 결정한다는 점을 고려한다면 이러한 증가가 꼬뮌의 주민의 복지증진에 기여하고 있음은 부인할 수 없다. 그렇지만 이러한 증가가 갖는 의미를 제대로 파악하기 위해서는 다른 꼬뮌들의 의무지출 복지비와 비교검토해 볼 필요가 있다.

<그래프 8> 1951에서 1961 사이 3개의 사회주의 꼬뮌에서
의무지출 사회복지비의 변화

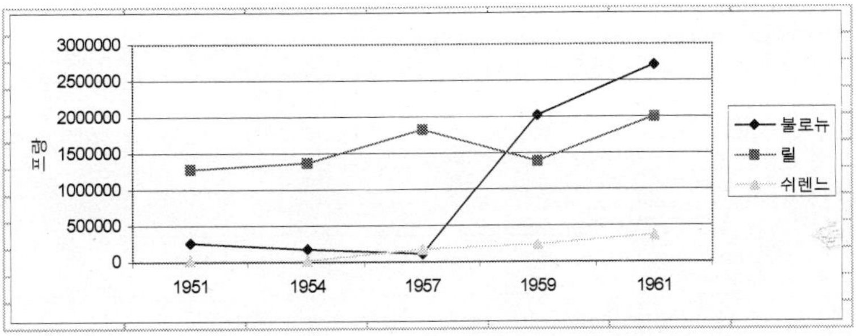

출처: *Comptes administratifs* des trois communes, 1951-1961.

〈그래프 8〉에 따르면, 불로뉴의 의무지출 사회복지비는 1957년까지 크게 낮았다. 그것은 전통적인 사회주의 도시인 릴에 비해 크게 적어 쉬렌느의 수준에 머물렀던 것이다. 그러다가 1958년 이후 급증하여 릴의 그것을 넘어서고 있다. 이와 같은 증가는 주민들의 복지혜택의 증진을 가져다주었지만, 의무지출 복지비가 도지사에 의해 결정된다는 점을 고려한다면 그와 같은 증가는 불로뉴의 사회주의 시행정부의 업적으로 보기에는 다소 거리가 있다. 3개 꼬뮌의 의무지출 복지비의 비교는 그 각각의 인구가 크게 상이했다는 사실을 감안한다면 한계가 있다. 이 문제를 극복하기 위해 우리는 주민 일인당[92] 의무지출 사회복지비를 고찰해 보고자 한다.

---

92) 주민 일인당 지출액은 꼬뮌별 인구수를 고려한 후 산출된 것이다.

<그래프 9> 4개 꼬뮌의 주민 일인당 의무적 지출 사회복지비의 발전

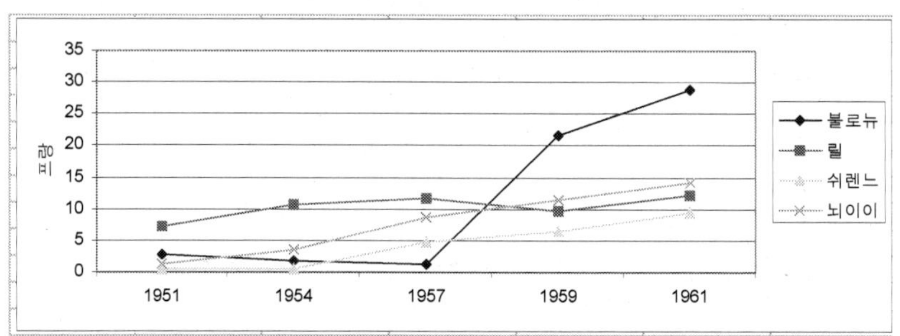

출처: Comptes administratifs des quatre communes, 1951-1961.

〈그래프 9〉에서 알 수 있듯이, 불로뉴의 주민 일인당 의무지출 사회 복지비는 1957년까지 매우 미약하였으나 1958년부터 크게 증가하여 4개 꼬뮌의 그것을 상회하였다. 이는 1957년에 새로이 입법화된 할당금 제도93) 덕분에 불로뉴가 다른 세 꼬뮌보다 의무지출 사회 복지비에 더욱 의존한데 주로 기인한다. 그렇지만 주민 일인당 지출은 꼬뮌의 복지비의 발전이 갖는 의미를 충분히 설명하기에는 무리이다. 왜냐하면 꼬뮌별로 빈부의 차이에 따라 수혜대상자의 수가 크게 상이하기 때문이다. 한 꼬뮌에서 주민 일인당 복지비 지출이 적다할지라도 가난한 수혜대상

<표 3> 1962년 현재 6개 꼬뮌의 인구 및 인구 밀도

꼬 뮌	인 구	면적(단위 헥타르)	인구밀도
불로뉴(사회당)	107074	616	174
뇌이이(우익)	73315	373	197
생드니(공산당)	95072	1233	77
젠느빌리에(공산당)	42401	1164	36
쉬렌느(사회당)	40463	379	107
벵센느(우익)	50434	191	264

출처: *Annuaire statistique de la ville de Paris et des communes suburbaines du département de la Seine*, 1963.

93) *Compte rendu*, novembre 1964, p 17.

자의 수가 적다면 수혜자 일인당 복지비 혜택은 다른 꼬뮌의 그것보다 훨씬 클 수도 있다. 따라서 빈부차가 나는 꼬뮌별 복지비의 차이를 보다 명확히 이해하기 위해서는 꼬뮌별 수혜자 일인당 의무지출 사회복지비의 변화를 검토해봐야만 한다.

<그래프 10> 1951에서 1961 사이 3개의 사회주의 꼬뮌에서
수혜자 1인당 의무지출 사회복지비의 변화

(단위: 프랑)

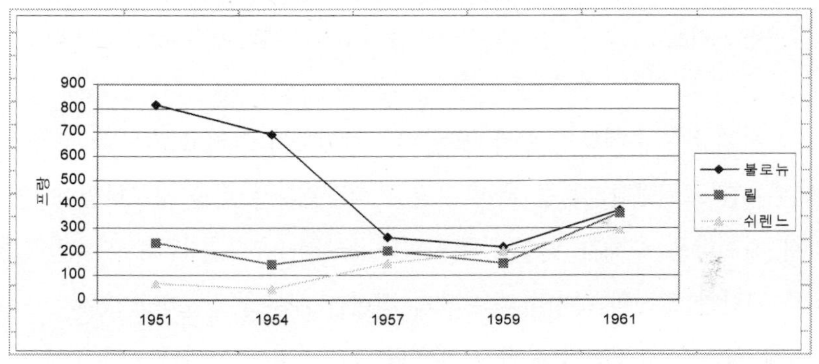

출처: *Comptes administratifs* des trois communes, 1951-1961.

〈그래프 10〉에 따르면, 불로뉴의 수혜자 일인당 의무지출 사회복지비는 1956년까지 3개 꼬뮌 중에서 가장 높았다. 1957년 이후 3개 꼬뮌의 수혜자 일인당 의무지출 사회복지비의 규모는 유사하였다. 이러한 유사성은 도에 의해 할당된 금액이 세 사회주의 꼬뮌들 사이에서 의무적 사회복지 지출액의 격차를 줄였음을 말해준다. 사실 국가는 도가 부과하는 의무지출 제도를 통해 꼬뮌 간의 수혜자 일인당 혜택의 차이를 없애려고 노력해왔다.[94] 따라서 수혜자 일인당 혜택의 균등화는 국가의 의도대로 되었다고 볼 수 있다.

---

94) *Ibid.*

이러한 균등화가 사회당이 의도하는 대로 되었는지를 살펴보기 위해 먼저 사회당의 복지정책 강령을 살펴보면 다음과 같다.

> 사회복지는 국가적 차원에서 실현해야 할 연대성의 문제이기 때문에 모든 프랑스인이 자신의 재산 및 수입의 정도에 따라 그 비용을 떠맡아야 한다. 이러한 해결책은 복지비 부담액을 보다 공정하게 할당하고 그리고 복지비를 보다 공평하게 배분하도록 유도하는 것이다. 사실 충분한 재원을 갖추고 있지 못한데도 불구하고 수혜자와 실업자의 수가 많은 가난한 도시의 경우 수혜대상자가 매우 적은 부유한 도시보다 보다 큰 사회복지분담금을 부담하게 되는 것은 아이러니다.[95]

즉 사회당은 수혜자의 수가 꼬뮌마다 상이하며 그리고 가난한 꼬뮌들은 부유한 꼬뮌보다 더 큰 재정 부담을 떠맡는다는 점을 강조하였다. 따라서 사회당은 수혜자 일인당 복지비의 균등한 분배를 위해 부유한 꼬뮌과 가난한 꼬뮌의 복지비의 부담의 적절한 배분을 강조하고 있다.

3개 사회주의 꼬뮌의 수혜자 일인당 복지비의 균등화가 사회당의 강령에 부합하는 지를 고찰하기 위해 1951에서 1961 사이 3개의 사회주의 꼬뮌에서 의무지출복지비 수혜자 수의 변동을 살펴보고자 한다.

---

[95] Fédération Nationale des élus socialistes municipaux et cantonaux, *Programme du Parti socialiste(SFIO) des élections municipales de 1953*, Librairie des municipalités, 1953, p.11.

<그래프 11> 1951에서 1961 사이 3개 사회주의 꼬뮌에서
의무지출 사회복지비 수혜자수의 변동

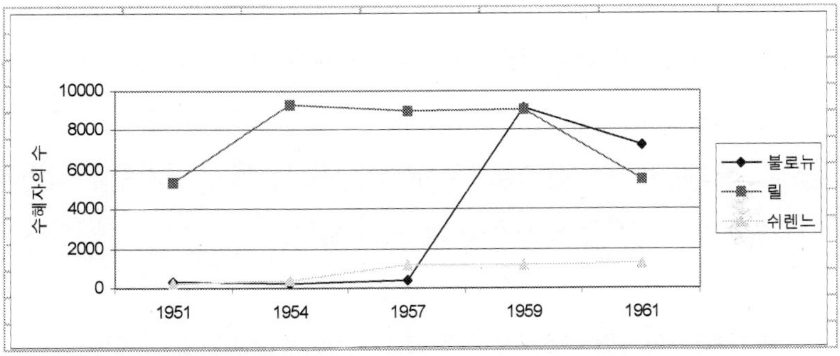

출처: *Comptes administratifs* des trois communes, 1951-1961.

〈그래프 11〉에서 알 수 있듯이 1958년부터 불로뉴에서 수혜자 수가 급증한 것은 도에서 꼬뮌으로 새로운 할당 금액의 이전을 명시한 1957년에 제정된 할당금에 관한 새로운 법령 덕분이다. 이 법에 따라 수혜자 수는 전통적인 사회주의 도시인 릴의 그것에 근접하면서 증가한 반면, 쉬렌느의 경우 수혜자의 수가 그리 증가하지 않았다. 불로뉴의 이와 같은 수혜자 수의 급증은 1959년 이후 수혜자 일인당 의무지출 복지비를 낮은 수준에 머물게 만든 중요한 요인이 되고 있다. 그렇지만 이러한 복지비의 균등화가 전반적인 복지비의 증가 없이 수혜자 일인당 복지비의 감소를 초래하는 복지비 수혜자 수의 확대를 통해 이루어졌다는 점에서 이는 사회당이 의도하는 바와는 거리가 있다 하겠다.[96]

---

96) *BMO*, janvier 1964, p 1: 한 자치시 행정부는 자신의 의도에 따라 복지비 수혜자의 수를 증가시킬 수 있다. 그러나, 복지비 할당금액을 정하는 것은 도지사이다.

2. 임의지출 사회복지비

　임의지출 사회복지비에 대한 검토는 우리에게 마찬가지로 사회복지와 관련하여 자치시 정책의 방향을 보여주고 있다. 3개 사회주의 꼬뮌의 임의지출 사회복지비를 비교검토해 본다면 불로뉴에서 임의지출 사회복지비의 발전을 규명하는데 도움을 얻을 수 있다.

<그래프 12> 1951년에서 1961년 사이에 세 사회주의 꼬뮌의
임의지출 사회복지비의 발전

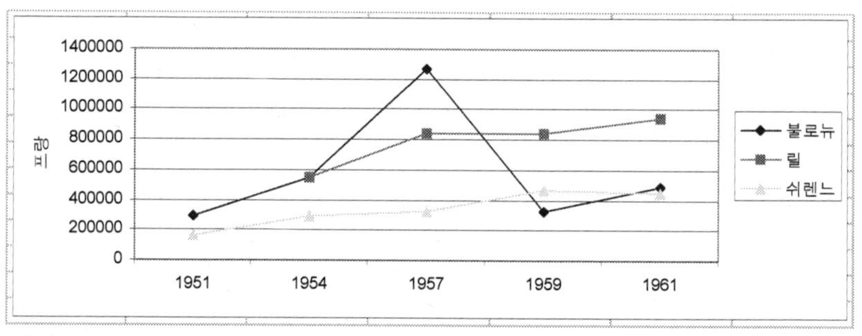

출처: *Comptes administratifs des trois communes*, 1951-1961.

　〈그래프 12〉에서 알 수 있듯이, 불로뉴의 임의지출 사회복지비는 1957년을 제외하고는 릴의 그것보다 낮았으며 그리고 1959년 이후에는 감소하여 쉬렌느의 그것에 근접하였다. 1957년에 인상된 금액은 임의지출에 우선권을 부여하려는 불로뉴의 사회주의 시행정부의 의지를 반영하고 있다. 그렇지만 1957년 이후의 임의지출 복지비의 감소는 의무지출 복지비의 커다란 증가에 주로 기인하고 있다. 이와 같은 감소가 주민들의 복지혜택의 감소를 초래하였는가? 이를 설명하기 위해 4개 꼬뮌의 주민 일인당 임의지출 사회복지비의 변화를 살펴볼 것이다.

<그래프 13> 1951년과 1961년 사이 4개 꼬뮌의 주민 1인당
임의지출 사회복지비의 변화

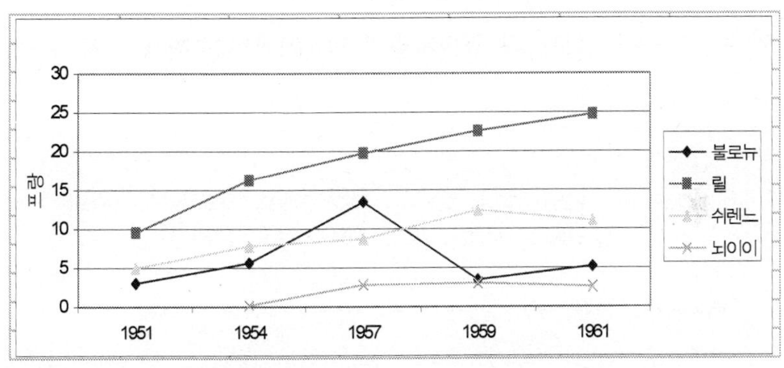

출처: *Comptes administratifs* des quatre communes, 1951-1961.

〈그래프 13〉에 따르면 불로뉴의 주민 일인당 임의지출 사회복지비는
릴이나 쉬렌느의 그것보다 항상 보다 낮았다. 이러한 사실은, 〈그래프
14〉가 나타내는 바와 같이, 3개의 사회주의 꼬뮌의 수혜자 일인당 임의
지출 사회복지비를 분석해 보아도 알 수 있다.

<그래프 14> 1951년에서 1961년 사이 3개 꼬뮌의 수혜자
일인당 임의지출 사회복지비의 변천

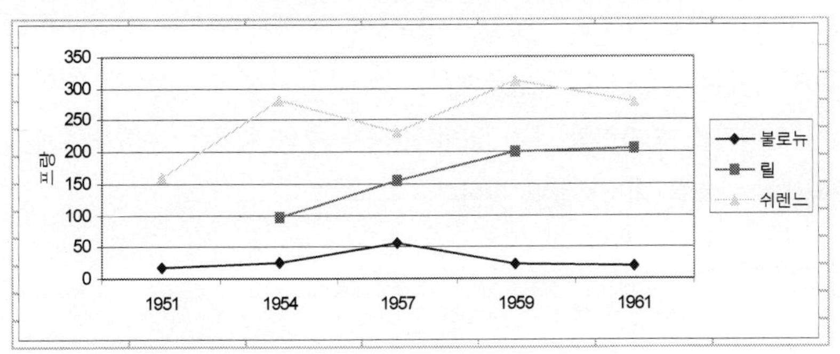

출처: *Comptes administratifs* des trois communes, 1951-1961.

불로뉴의 수혜자 일인당 임의지출 사회복지비는 1951년에서 1961년 사이에 릴의 그것보다 지속적으로 크게 적었다. 이것은, 아래의 표에서도 알 수 있듯이, 불로뉴의 임의지출 사회복지비의 수혜자 수가 릴이나 쉬렌느의 그것보다 훨씬 많았다는 사실에 기인한다.

<그래프 15> 1951년에서 1961년 사이 3개의 사회주의 꼬뮌의
임의지출 사회복지의 수혜자 수의 변천

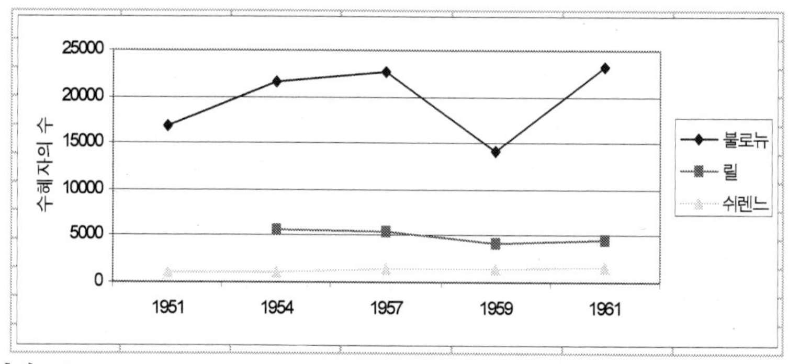

출처: *Comptes administratifs* des trois communes, 1951-1961.

〈그래프 15〉에 따르면 불로뉴의 임의지출 사회복지비의 수혜자의 수는 릴과 쉬렌느의 그것보다 훨씬 높았다. 이 때문에 주민 일인당 임의지출복지비가 릴의 그것보다 낮았던 불로뉴의 수혜자 일인당 임의지출 복지비는 3개의 사회주의 꼬뮌 중에서 가장 낮은 수준에 머물렀던 것이다. 전체 임의지출 복지비의 증가 없이 수혜자 수의 증가는 수혜자 일인당 수혜액의 감소를 의미하였던 것이다.

제4절 맺음말

일반적으로 인구증가, 행정서비스의 질에 대한 주민들의 신뢰회복과 행정서비스에 대한 수요 증가 등이 2차대전 이후 프랑스의 대부분의 꼬뮌에서 복지비의 증가를 초래한 주요한 요인이다. 비록 불로뉴의 복지비가 1958년 이후 빠른 속도로 증가하였고. 생드니와 젠느빌리에와 같은 공산주의 도시의 사회복지비보다는 적었지만 뇌이이와 벵센느와 같은 도시들의 복지비보다는 많았다. 이와 같은 증가는 주로 의무지출 복지비의 증가에 기인한다.

복지비 수혜자 수의 급증은, 주민일인당 복지비의 증가에도 불구하고, 수혜자 일인당 의무지출 복지비의 격감을 초래하였다. 이와 같은 격감으로 말미암아 국가가 원하던 대로 주요 꼬뮌들 간에 수혜자 일인당 의무지출 복지비의 접근이 이루어졌던 것이다. 그렇지만 일인당 수혜액이 감소는 사회당이 원하던 바는 아니었다. 게다가 임의지출 복지비가 의무지출 복지비에 비해서 상당히 적었다는 점에서 복지비의 커다란 증가가 주로 사회주의 시행정부의 적극적인 복지정책에서 비롯되었다고 보기에는 한계가 있다. 따라서 사회주의 이데올로기는 불로뉴의 복지정책의 결정에 별로 영향을 미치지 못하고 있으며, 시행정부는 의무지출 복지비 수혜자 수의 증가라는 소극적인 정책에만 매달리고 있었던 것이다. 오히려 도지사가 꼬뮌의 사회경제 상황을 고려한 후 의무지출 복지비의 증액을 결정했다는 사실을 고려한다면 복지비의 증가 원인은 사회주의 시행정부의 노력의 결과라기보다는 국가정책의 영향을 받은 바가 더 크다 하겠다.

여기에는 임의지출 사회복지비의 수혜자 수를 증가시키려는 사회주의 시행정부의 노력이 반영되어 있다고 볼 수 있다.

결국, 불로뉴의 사회복지 지출액은 수혜자의 수가 급격히 증가하였음을 고려한다면 1957년부터 뇌이이나 쉬렌느의 그것들보다 더 많았다. 불로뉴의 임의지출 사회복지비가 1957년을 제외하고는 1951년과 1961년 사이에 릴의 그것들보다는 훨씬 적었다. 불로뉴의 상대적으로 미약한 임의지출 사회복지비는 수혜자의 수가 릴이나 쉬렌느의 사회주의 꼬뮌의 그것들보다 더 많았다는 사실에 주로 기인한다. 주민 일인당 임의지출 사회복지비의 발전은 유사한 경향을 보여주고 있다. 지출액의 증가 없이 수혜자의 수적 증가는 수혜자 일인당 수혜액의 감소를 의미하였다. 불로뉴의 사회주의 시행정부는 수혜자의 수를 증가시키기 위하여 임의지출 사회복지 지출비의 분포에서 주도권을 입증하도록 꼬뮌들에게 허용하였다.[97] 그러나, 1951년과 1961년 사이에 불로뉴의 사회주의 시행정부의 개입의 양식은 미약한 임의지출 사회복지의 지출액 때문에 매우 제한되어 있었다.

---

97) *Compte rendu*, novembre 1964, p 17.

제5장 꼬뮌의 지방세 정책
—불로뉴—비앙꾸르시의 상띰 정책을 중심으로—

Ⅰ. 머리말

일반적으로 막대한 액수의 지방세를 납부할 능력이 있는 대기업이 위치한 도시의 지방세에 대해서는 많은 관심이 기울여져 왔다. 그 주된 이유는 그러한 대기업이 위치한 도시는 그렇지 못한 도시와 도시개발, 각종 시설 투자 및 주민복지 등의 시행정에서 커다란 차이가 날 것이라는 기대 때문이었다. 특히 공산당이나 사회당이 시행정을 장악하고 있는 도시의 경우 대기업이나 부유한 주민층으로부터 보다 많은 세금을 거둬들여 보다 나은 주민 복지를 실현할 수 있다고 보았기 때문이다. 본고에서는 그와 같은 인식을 토대로 1898년 이래로 프랑스 최대의 자동차 제조회사인 르노사(La Régie Nationale des Usines Renault)가 자리 잡고 있었고 또한 1920년에서 1965년 사이에 사회당 소속 시장이 시행정을 장악하고 있던 파리 남서부 교외에 위치한 불로뉴-비앙꾸르 (Boulogne-Billancourt: 이하에서 불로뉴로 약칭함)시의 지방세 정책을 살펴보고자 한다. 불로뉴 시행정부는 르노 자동차공장으로부터 엄청난 액수의 지방세를 거둬들일 수 있었던 것으로 여겨져 왔다. 르노가 납부할 것으로 기대되는 충분한 지방세가 꼬뮌의 조세수입 규모를 크게 증가시키고 또한 꼬뮌에 속한 여타 납세자들의 납세부담을 크게 감소시킴으로써 사회적 격차 및 지역적 격차[98]를 해소할 수 있으리라 여겨졌다. 그렇다면 2차 대전 이후 처음으로 꼬뮌의 재정수입에서 안정을 보인 1949년에서 사회당 (SFIO)에 소속된 인물들이 주축이 된 이른바 사회주의 시행정부가 실각한 해인 1965년에 이르는 시기에 불로뉴 시행정부의 조세수입 규모 및 구조는 실제로 어떠했으며 그리고 그것을 결정짓는데 중요한 역할을 한 요소가 무엇이었는가?

꼬뮌의 조세수입에 관한 대부분의 기존 연구자들은 시행정부의 정치성향이 꼬뮌의 조세수입 구조에 영향을 미친다고 보고, 좌익 꼬뮌이 부유층에 유리한 간접세보다는 하층민에 유리한 직접세를 보다 많이 징수한다는 점에 대체로 동의하고 있다.[99] 그들은 조세수입의 구조에 주된 관심을 기울였지 수입 크기의 중요성에 대해서는 별로 주목하지 않았다. 이에 비해 알랭 쉬바쯔는 꼬뮌 수입의 구조에 대해서는 물론 규모에 주목하면

---

98) 불로뉴-비앙꾸르는 북부인 불로뉴와 남부인 비앙꾸르로 나뉜다. 남부인 비앙꾸르에는 1898년에 르노 자동차 공장이 입주한 이래 화학, 전기, 항공기 등의 분야에서 여러 공장이 들어섬에 따라 노동자들이 대거 입주하여 노동자 구역이 형성되었다. 반면에 북부인 불로뉴에는 프랑스 혁명 이래로 정착한 부유층들이 여전히 자리잡고 있었다. 그리하여 불로뉴-비앙꾸르는 남북간에 사회경제적 격차가 매우 컸다. 이러한 격차의 해소는 1920년대 이래로 불로뉴에 자리잡은 사회주의 시행정부의 주요 과제가 되었다: Eun-gi EUN, "Une gestion socialiste en matière de logement: Boulogne-Billancourt", *Le Mouvement Social*, n° 213 (octobre-décembre 2005), p.31.

99) Bernard, Delijarre, *Ressources des collectivités locales* (Paris: Dexia ed., 2005)의 서문 참조.

서 시행정부의 관행이나 능력이 수입의 크기 및 구조를 좌우한다고 강조한다.[100] 이러한 연구들은 조세수입의 규모 및 구조에 관한 시정책에 가장 많은 영향을 미치는 요소가 무엇인지를 규명하는데 도움을 주고 있다. 그렇지만 지방세 중에서, 국가에 의해 그 세율이 결정되는 간접세와는 달리, 지방정부에 의해 그 총액이 결정되면서 직접세의 대부분을 차지하는 상띰을 소홀히 다루었다. 물론 상띰을 다룬 연구[101]도 있긴 하지만, 상띰에서 일반적으로 가장 큰 비중을 차지하면서 시행정부가 커다란 재량권을 행사할 수 있었던 영업세에 대해서는 연구가 거의 없는 실정이다. 그 주된 이유는 시예산서(Comptes admnistratifs)에는 영업세 총액만 간략하게 나와 있을 뿐이기 때문이다. 따라서 본고에서는 영업세 납부대장(Matrice générale)을 참조하여 주요 납세자층별로 영업세를 각기 얼마나 납부하는지를 밝히고자 한다.[102] 이렇게 할 때 비로소 주요 납세자층별로 상띰을 얼마나 부담하는지를 파악할 수 있을 것이다.

또한 상띰을 다룬 연구들은 성격이 상이한 여러 꼬뮌들과의 철저한 비교연구를 하지 못하였다. 특히 대기업인 르노가 위치한 불로뉴의 상띰을 연구하기 위해서는 그와 같은 대기업이 없으면서도 정치색이 상이하고 '과세가능한 부(la richesse imposable)'의 정도에서 커다란 차이를 보이

---

100) Alain Schebath, *L'innovation financière en gestion urbaine: le cas des communes françaises au cours des deux dernières décennies*, thèse (Université de Paris XII, 1997) 참조.

101) 상띰을 다룬 연구로는 Camille Vallin, *Les impôts locaux: les quatre vieilles ont deux cents ans* (Paris: Editions sociales, 1989); Joël Bourdin, *Les finances communales* (Paris: Economica, 1995); Thierry Bouclier, *L'impossible réforme de la fiscalité locale au XXe siècle* (Villeneuve d'Ascq: Presses universitaires du Septentrion, 2001)을 들 수 있다.

102) 지금까지 영업세만 전적으로 다룬 연구가 거의 전무했던 주된 이유는 불로뉴와 같은 산업 도시의 경우 1년치 영업세 납부대장이 500여 쪽이 넘어설 정도로 방대하고 복잡하기 때문이다.

고 있는 다른 꼬뮌들과의 비교 연구가 필수적이다. 본고에서는 센느도에 속하면서 정치색을 달리했던 꼬뮌들 즉 공산주의 꼬뮌인 생드니(Saint-Denis) 및 젠느빌리에(Gennevilliers), 부유한 우익 꼬뮌인 뇌이이-쉬르-센느(Neuillysur-Seine, 이하 뇌이이로 약함)는 물론 인구 5만 명이 넘는 여타 꼬뮌들과도 비교연구를 할 것이다.

이와 같은 비교연구를 위해 먼저 꼬뮌의 재정지출 수요와 꼬뮌의 과세가능한 부의 수준 그리고 부채의 정도에 비추어 꼬뮌의 수입 규모의 적정성을 검토할 것이다. 이어서 상띰의 변화를 살펴보고 상띰의 구조를 분석할 것이다. 아울러 영업세의 변화를 고찰함으로써 직접세의 규모 및 구조에 영향을 미친 가장 중요한 요인이 무엇이었는가를 규명할 것이다.

II. 꼬뮌의 조세수입 규모의 적정성 검토

조세수입의 규모가 적절한지를 고찰하기 위해서는 먼저 재정지출 수요를 파악해야 한다. 이를 위해서는 도시개발, 주택 및 학교 등 도시행정의 주요 부문에서 공공시설이 제대로 공급되었는지를 검토해야 한다. 불로뉴 시는 2차 대전 당시 연합군의 폭격을 3차례나 경험하였고 또한 전후에는 기업들이 지방으로 대거 이전하였기 때문에 도시재개발이 가장 필요한 도시였다. 도시행정의 거의 모든 분야에서 각종 시설 공급이 확대되어야 했다. 그리하여 불로뉴의 사회주의 시행정부는 1947년에 매우 야심적인 도시개발 계획을 수립하였다.[103] 그 계획은 토지의 구입과 도시 기반시설의 건설을 위해 많은 자금을 필요로 하였다. 그런데도 불로뉴의 도시 개발비는 1949년과 1965년 사이에 투자지출의 1%를 결코 넘지 못했다.[104]

미흡한 도시개발 문제 이외에도 주택문제도 해결하기가 어려웠다. 1954년에 불로뉴 주택의 90.4%가 임대되고 있었다. 이 임대 비율은 1960년대 초반까지도 커다란 변화를 보이지 않았다.[105] 따라서 집세는 미숙련노동자나 반숙련노동자에게는 주택구입보다 더 중요한 문제였다. 이 당시 월급이 500프랑 미만이었던 미숙련노동자와 월급이 500~999프랑이었던 반숙련노동자의 경우[106] 1962년 기준으로 사글세가 480~580 프랑에 달했던 원룸이나 소형 아파트를 임대하기가 어려웠다. 따라서 그들은 임대료가 보다 저렴하지만 주거여건이 매우 열악했던[107] 가구 딸린 저급 여인숙에 거주하거나 꼬뮌을 떠나 다른 지역에서 주거를 정해야 했다. 이와 같은 주택 부족 이외에도 학교시설도 부족하였다. 불로뉴의 유치원 및 초등학교 학생수는 1950년 7,353명에서 1964년에 11,344명으로 증가하였다. 이 시기에 몇몇 유치원 및 초등학교를 짓기도 했지만, 이는 늘어나는 학생을

---

103) *Bulletin Municipal Officiel (BMO)*, avril 1952, p.2.

104) *Comptes administratifs de la ville de Boulogne-Billancourt*, 1949-1965 참조.

105) Département des Hauts-de-Seine, *Données rétrospectives locales, Boulogne-Billancourt en chiffres, 1946-1982* 참조.

106) Eun-gi EUN, "Une gestion socialiste……", p.37 참조.

107) 공산당 계열의 레땡셸지(L'Etincelle) 기자들이 밝힌 87번지 이브 께르만(rue Yves Kermen)가에 거주하고 있는 한 가족의 실례를 살펴보면 가구딸린 여인숙의 주거조건이 열악함을 잘 알 수 있다: "우리가 들어간 가구딸린 방에는 좌측에 17개월된 로제(Roger)의 요람과 그의 엄마가 있다. 방 끝에 아빠인 꼴레(Collet)씨가 있다. 우측에 4살된 끌레르(Claire)와 7살된 안—마리(*Anne-Marie*)가 자신들의 침대 위에 있다. 이어서 부모의 침대가 있다. 이 방은 모두 12 평방미터인데 꼴레씨 가족의 모든 주거 공간이다. 이 호텔은 2차 대전 이후 보수공사가 전혀 이루어지지 않았다. 방은 복도의 끝쪽에 위치하였고 벽은 습기가 찼다. 천장과 벽은 매년 도배를 해야 했다." *L'Etincelle*, no. 696, 22 octobre 1962, p.3.

수용하는데 주로 이용되었다. 이로 인해 1964년까지 학급당 학생수는 거의 감소하지 않아 여전히 과밀학급이 지속되었다.[108] 거의 모든 지역 신문들이 학교의 부족을 지적하고 있다. 심지어 시의 공식관보 (BMO)조차도 학교가 수요에 비해 크게 부족함을 지적하고 있다.[109]

결국 불로뉴에는 중도파에 시권력을 넘겨주게 되는 1965년까지 도시 기반시설, 주택, 학교 등 각종 시설이 크게 부족하였고, 이로 인해 꼬뮌 지출의 증대가 요청되었다. 그렇지만 꼬뮌의 실제 총지출액은 1960년이 되면, 〈표 1〉에서 알 수 있듯이, 가난한 공산주의 꼬뮌인 생드니나 부유한 우익 꼬뮌인 뇌이이의 총지출액에 못 미쳤다.

<표 1> 1931년과 1960년 사이에 3개 꼬뮌의 주민 일인당 지출의
발전 (1960년 불변 프랑으로 환산)

꼬뮌	시행정부 소속정당	인구(1954년)	1936	1946	1954	1960
불로뉴	사회당	93,998	260	114	132	229
생드니	공산당	80,705	465	175	175	376
뇌이이	드골파 정당	66,095	202	100	119	282

출처: Préfét du département de la Seine, "Un siècle d'évolution des budgets communales du département," *La conjoncture économique dans le département* de la Seine(이하 *La conjoncture économique*로 약함) (4e trimestre 1962), pp.722-724.

각종 지출 수요의 폭증에도 불구하고 지출이 한계를 보인 것은 수입 자체가 적었기 때문이다. 1950년대에 급격한 경제성장이 이루어졌으나 1960년의 수입은 〈표 2〉에서 알 수 있듯이 불변 프랑으로 환산해 볼 때 국가로부터 많은

---

[108] 1950년 유치원 및 초등학교 학급당 학생수는 1950년 32명이었고, 1964년에도 33명에 달하였을 정도로 별다른 개선을 보여주지 못하고 있다: *Annuaire statistique de la ville de Paris et des communes suburbaines du département de la Seine* (이하 *Annuaire statistique*로 약함), 1950-1963 참조.

[109] *BMO*, octobre 1965, p.1.

실업보조금을 받았던 1936년의 수준을 약간 넘어서는데 그쳤다. 그리하여 2차대전 이후 불로뉴시의 수입은 실제 지출액을 메우는데 급급하였던 것이다.

<표 2> 불로뉴의 총수입과 총지출의 발전
(1960년 불변 프랑으로 환산)

항목	1861	1936	1946	1954	1960
수입	1,360,000	21,088,000	9,180,000	11,334,984	21,911,190
지출	1,083,837	25,333,519	8,996,553	12,411,796	21,538,020

출처: *La conjoncture économique*, p.707.

결국 규모가 큰 각종 지출의 수요를 충족시키기 위하여 불로뉴는 기존 수입보다는 훨씬 많은 액수의 수입을 필요로 하였다. 그런데도 전술한 바와 같이 제2차 대전 이후 불로뉴의 실제 수입의 규모는 그리 크지 않았다. 그렇다면 불로뉴시가 막대한 지출의 수요를 감당할 수 있는 여력이 없었는가? 이를 파악하기 위해서는 꼬뮌의 과세가능한 부의 수준과 부채의 정도[110]를 규명할 필요가 있다. 과세가능한 부의 수준은 일반적으로 상띰가치로 측정된다. 상띰가치란 직접세의 가장 큰 비중을 차지하는 상띰의 납부를 보장할 수 있는 꼬뮌의 과세가능한 부의 정도를 의미한다. 도지사는 각 꼬뮌의 사회경제상황을 고려한 후 상띰가치를 결정하여 차기 회계연도 직전에 그것을 해당 꼬뮌의 시행정부에 통보한다.[111] 센느도의 꼬뮌과 파리시 통계연보는 1960년에서 1965년에 이르는 시기에 센느도의 80개 꼬뮌 및 파리의 상띰의 가치를 밝히고 있다. 보다 효과적인 비교를 위해 인구 5만 명 이상인 16개 꼬뮌과 파리시의 주민 100명당 상띰의 가치를 도출하였다.

---

110) 불로뉴시의 과세가능한 부의 수준과 부채의 정도는 은은기, 「프랑스 꼬뮌의 재정지출 자율성 제약 요인」, 『프랑스사 연구』, 제 11호 (2004년 8월), pp.118-120에서 이미 간략히 검토한 적이 있다.

111) François Giquel, *La commune, son budget, ses comptes: guide d'analyse financière*(Paris: Editions ouvrières,1983), p.124.

<표 3> 센느도의 인구 5만 명 이상인 16개 꼬뮌과 파리시의 주민 100명당 상띰의 가치의 변화

(단위: 프랑, 괄호안의 수치는 감소하는 방향으로의 순위를 나타냄)

꼬뮌(소속정당)	1961	1962	1963	1964	1965
아니에르(우익정당)	0,00458 (07)	0,00470 (07)	0,00451 (07)	0,00455 (07)	0,00460 (07)
오베르빌리에(공산당)	0,00394 (10)	0,00396 (10)	0,00377 (10)	0,00382 (11)	0,00375 (11)
불로뉴(사회당)	0,00763 (01)	0,00773 (01)	0,00692 (02)	0,00692 (02)	0,00688 (03)
끌리쉬(공산당)	0,00586 (05)	0,00572 (06)	0,00581 (06)	0,00592 (06)	0,00599 (06)
끌롱브(공산당)	0,00294 (14)	0,00316 (13)	0,00312 (13)	0,00315 (14)	0,00314 (14)
꾸르브브와(우익정당)	0,00569 (06)	0,00587 (05)	0,00595 (05)	0,00645 (04)	0,00674 (04)
드랑시(공산당)	0,00174 (17)	0,00188 (17)	0,00177 (17)	0,00181 (17)	0,00188 (17)
르발르와 페레(공산당)	0.00606 (04)	0,00614 (04)	0,00625 (04)	0,00616 (05)	0,00612 (05)
메종-알포르(우익정당)	0,00247 (16)	0,00260 (16)	0,00275 (16)	0,00283 (16)	0,00288 (16)
몽트뢰이(공산당)	0,00330 (12)	0,00336 (12)	0,00372 (11)	0,00387 (10)	0,00388 (10)
낭떼르 (공산당)	0,00340 (11)	0,00309 (14)	0,00298 (14)	0,00318 (13)	0,00346 (13)
뇌이이-쉬르-센느(우익정당)	0,00630 (03)	0,00643 (03)	0,00659 (03)	0,00690 (03)	0,00721 (02)
생드니 (공산당)	0.00400 (09)	0,00422 (09)	0,00432 (08)	0,00428 (08)	0,00422 (09)
생-모르-데-포스(우익정당)	0,00292 (15)	0,00298 (15)	0,00279 (15)	0,00285 (15)	0,00295 (15)
벵센느(우익정당)	0,00415 (08)	0,00423 (08)	0,00421 (09)	0,00427 (09)	0,00432 (08)
비트리-쉬르-센느(공산당)	0,00307 (13)	0,00339 (11)	0,00329 (12)	0,00352 (12)	0,00362 (12)
파 리	0,00740 (02)	0,00750 (02)	0,00771 (01)	0,00782 (01)	0,00797 (01)

출처: *Annuaire statistique*, 1961-1965(Eun-gi EUN, "Une gestion socialiste…", p.48에서 재인용).

　　1961년에 불로뉴의 주민 100명당 상띰가치는, 〈표 3〉이 보여주는 바와 같이, 센느도의 16개 꼬뮌과 파리 중에서 제1위를 차지하고 있다. 그것은 1965년에도 여전히 3위를 차지하였을 정도로 파리나 뇌이이와 같은 부유한 도시들에 가깝다. 이것은 불로뉴가 수입과 관련하여 센느도의 어떤 다른 좌익 꼬뮌보다도 더 큰 과세가능한 부를 보유하고 있었음을 말해주는 것이다.

〈표 4〉 센느도의 인구 5만 명 이상의 16개 꼬뮌과 파리의 주민 일인당
부채의 규모의 변화, 1961-1965

(단위: 프랑, 괄호안의 수치는 감소하는 방향으로의 순위를 나타냄)

꼬뮌 (정치성향)	1961	1962	1963	1964	1965
아니에르 (우익정당)	86 (15)	84 (15)	105 (16)	160 (14)	190 (14)
오베르빌리에 (공산당)	143 (08)	180 (08)	272 (06)	390 (04)	1424 (01)
불로뉴(사회당)	103 (13)	126 (11)	139 (12)	202 (11)	204 (13)
끌리쉬 (사회당)	215 (05)	215 (06)	219 (07)	246 (09)	231 (12)
꼴롱브 (공산당)	99 (14)	106 (14)	165 (09)	312 (07)	341 (06)
꾸르브브와 (우익정당)	111 (12)	117 (13)	137 (13)	178 (13)	261 (11)
드랑시 (공산당)	134 (09)	143 (09)	151 (10)	191 (12)	264 (10)
르발르와 - 뻬레 (공산당)	7 (17)	6 (17)	6 (17)	24 (17)	23 (17)
메종 - 알포르 (우익정당)	129 (10)	125 (12)	119 (14)	155 (15)	163 (16)
몽트뢰이 (공산당)	416 (01)	510 (01)	610 (01)	686 (01)	685 (02)
낭떼르 (공산당)	172 (07)	182 (07)	207 (08)	252 (08)	282 (08)
뇌이이 (우익정당)	284 (03)	288 (03)	300 (05)	329 (06)	339 (07)
생 - 드니 (공산당)	289 (02)	271 (04)	314 (04)	333 (05)	377 (05)
생 - 모르 - 데 - 포세 (우익정당)	48 (16)	57 (16)	105 (15)	106 (16)	178 (15)
뱅센느 (우익정당)	180 (06)	271 (5)	341 (03)	392 (03)	430 (04)
비트리 - 쉬르 - 센느 (공산당)	117 (11)	132 (10)	150 (11)	218 (10)	272 (09)
파 리	260 (04)	342 (02)	353 (02)	437 (02)	490 (03)

출처: *Annuaire statistique*, 1961-1965.

　　부채의 압박은 수입의 규모의 적정성을 파악하기 위한 또 다른 한 요

소이다. 센느도의 꼬뮌과 파리시 통계연보는 1961-1965년 사이의 시기에 센느도의 인구 5만 명 이상의 16개 꼬뮌과 파리의 주민 일인당 부채의 규모를 말해주고 있다.

〈표 4〉에서 알 수 있듯이, 1961년과 1965년 사이에 불로뉴시의 부채는 규모가 매우 적다. 불로뉴의 주민 일인당 부채는 1960년에 파리와 상기 16개 꼬뮌 중에서 13위 그리고 1964년에는 11위를 차지하였을 정도로 낮았다. 불로뉴의 주민 일인당 부채는 같은 시기에 아니에르, 꾸르브브와 그리고 생-모르-데-포세와 같은 부유한 도시들의 수준과 비슷할 정도로 낮은 수준에 머물렀다. 불로뉴시는 낮은 수준의 부채와 높은 수준의 과세가능한 부 덕분에 센느도의 공산주의 꼬뮌들보다 더 많은 세금을 징수할 수 있는 여력이 있었다. 그런데도 불로뉴의 실제 조세수입의 규모는 공산주의 꼬뮌들보다 훨씬 적었다. 이 때문에 불로뉴시는 제2차 대전 이후 주민들에게 매우 부족했던 공공시설을 제대로 제공할 수 없었다. 따라서 불로뉴의 사회주의 시행정부는 조세수입 정책에서 매우 소극적이었다는 비난을 들을 수밖에 없었다.

Ⅲ. 상띰의 변화

꼬뮌의 조세수입정책이 소극적이었던 이유를 알려면 꼬뮌의 수입 중에서 시행정부가 총액을 결정할 권리[112]를 가지고 있는 상띰의 크기의 발전을 검토할 필요가 있다. 상띰은 직접세의 대부분을 차지한[113] 반면, 상띰 이외의 여타 직접세[114]는 상대적으로 매우 적었다. 지출이 예정된 수입을 초과할 경우 그 차액은 일단 상띰에 의해 충당되었다.[115] 이와 같은 상띰에 대한 자치시 정책을 제대로 평가하기 위해 1949년과 1964년 사이에 간접세 중에서 가장 큰 비중을 차지하였던 지역세(taxe locale)[116]와 상띰을 비교하고자 한다. 지역세는 1941년 법에 의해 물품입시세(octroi)를 대신하여 제도화된 것으로 대규모로 소비되는 식료품을 제

---

112) *Ibid.*, p.113. 시행정부는 꼬뮌의 사회경제적 상황은 물론 예상되는 시의 수입 및 지출을 고려하면서 상띰의 수를 결정한다. 이어서 시행정부는 상띰수와 도지사에 의해 결정되는 상띰가치를 곱함으로써 상띰의 총액을 결정한다. 결국 꼬뮌이 거둬들여야 할 상띰 총액은 시행정부에 의해 결정되는 것이다.

113)

<표 5> 직접세(변동 프랑으로 표기)에서 차지하는 상띰의 비율

(단위: 천 프랑)

항 목	1958	1960	1962	1964
상 띰	3487 (76%)	7642 (86%)	8352 (87%)	10284 (89%)
직접세	4598 (100%)	8874(100%)	9639 (100%)	11615 (100%)

출처: *Comptes administratifs*, Boulogne-Billancourt, 1958-1964.

114) 기타 직접세는 건물순수입세(taxe sur le revenu net des propriétés bâties), 가정오물 수거세(taxe sur l'enlèvement des ordures ménagères), 하수구 이용세(taxe sur le déversement à l'égout), 하수구 연결세(taxe de raccordement au réseau d'égout)) 등이다.

115) François Giquel, *La commune, son budget*, p.112. 물론 꼬뮌의 수입이 되는 것은 상띰 이외에도 국가 보조금과 차용금을 들 수 있다. 2차대전 이후 프랑스의 거의 모든 지방자치단체들이 국가보조금을 필요로 하였기 때문에 개별 꼬뮌에 부여된 보조금은 매우 적은 수준이었다. 차용금이 상띰과 더불어 꼬뮌의 수입 규모를 증대시킬 수 있는 주요한 수단인데, 차용액 정도는 전술한 바와 같이 꼬뮌의 부채 현황을 통해 보다 명확히 알 수 있다.

116) *Ibid.*, pp.95-96: 1955년 4월 20일 법은 총매상고에 대한 지역세를 제도화하였다. 지역세는 소매품, 부가가치세(TVA) 대신에 지역세를 선택한 도매업자들의 판매액 그리고 수공업자들에 의한 매상고에 대해 2,75%의 비율로 징수되었다.

외한 모든 소매상품을 대상으로 징수되는 간접세이다.

<그래프 1> 불로뉴에서 상띰과 지역세의 발전 1949-1964 (1965년
불변 프랑으로 환산)

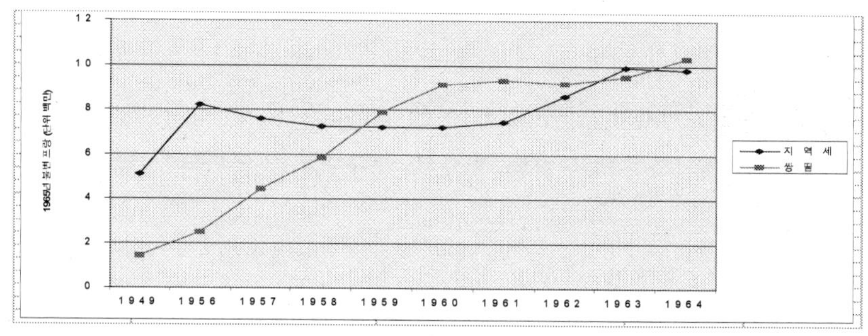

출처: *Comptes administratifs*, Boulogne-Billancourt, 1949-1964.

위의 〈그래프 1〉에서 알 수 있듯이 1956년에서 1960년까지 간접세
인 지역세는 1965년 기준 불변 프랑으로 환산시 다소 감소한 반면, 같
은 시기에 상띰은 크게 증가하였다. 1959년에 상띰액수는 1965년 불변
프랑으로 환산시 780만 프랑이었는데, 이 액수는 처음으로 지역세를 초
과한 것이다. 비록 간접세인 지역세가 1960년까지 여전히 큰 비중을 차
지하였고 1963년에는 상띰을 다시 넘어서기도 하였으나, 1959년 이후
조세수입 구조는 대체로 직접세인 상띰에 유리하게 발전하였던 것이다.
이처럼 1956년 이후 증가한 불로뉴의 상띰이 납세자들에게 어느 정도
의 부담이 되었는지를 파악하기 위해 정치색이 상이한 다른 꼬뮌들과
비교하고자 한다.

<표 6> 4개 꼬뮌의 총수입에 대비한 상띰액수(변동 프랑)의 변화,
1951-1965

(단위: 천프랑)

꼬 뮌	1951	1952	1953	1954	1955	1956	1957	1958	1959	1960	1961	1962	1963	1964	1965
불로뉴	689	692	697	699	709	1130	2272	3487	5321	7642	8071	8352	8848	10284	12270
생-드니	1383	2021	1978	2277	3280	4324	7136	8431	10661	15339	17462	19362	23022	25377	27200
뇌이이	543	479	465	760	575	84	870	989	1895	3655	4085	4071	3911	3956	4020
쉬렌느	647	637	647	888	959	1320	1809	2288	2940	4470	4507	4834	4983	5586	6120

출처: *Comptes administratifs*, Boulogne-Billancourt, St-Denis, Neuilly et Suresnes, 1951-1965.

〈표 6〉에서 알 수 있듯이, 상띰액수는 1951년에서 1955년 사이에 별다른 변화를 보여주지 못하고 있다. 그러다가 1955년 이후 빠른 속도로 증가하였다. 1955년 113만 프랑에서 1965년에는 1,227만 프랑으로 10.9배나 증가하였다. 이와 같은 증가는 주로 유치원 및 초등학교 학생수 증가에 따른 학교건설비로 소요되었다.[117) 문제는 상띰증가율이 높았다 할지라도 불로뉴의 상띰 총액이 센느도의 다른 꼬뮌에 비해 여전히 적었다는데 있다. 불로뉴의 상띰액은 1949년과 1965년 사이에 불로뉴보다 인구가 적었던 공산주의 꼬뮌인 생드니(1962년 인구 95072명)의 상띰의 절반에도 못미쳤다. 그리고 1959년 이후 사회주의 도시인 쉬렌느의 그것에 점차 접근하는데 그치고 있다. 이것은 불로뉴의 상띰의 납세부담의 정도가 공산주의 꼬뮌인 생드니의 그것에 비해 훨씬 낮았음을 말해주는 것이다. 상띰의 액수가 가장 증가하였던 시기인 1961년과 1965년 사이에 센느도의 80개 꼬뮌의 주민 일인당 상띰액수를 나타내주고 있는 센느도의 꼬뮌들 및 파리의 통계연보를 살펴보면 불로뉴의 상띰의 납세부담 정도를 더 잘 파악할 수 있다. 보다 효과적인 검토를 위해서 인구 5만 명 이상의 16개 꼬뮌을 추출하였다.

---

117) *BMO*, decembre 1965, p.3.

<표 7> 파리와 센느도의 인구 5만 이상 16개 꼬뮌의 주민 일인당
상띰액수의 변화, 1961-1965

(단위: 프랑)

꼬뮌 (정치성향)	인구(1962)	1961	1962	1963	1964	1965
아니에르 (우익정당)	82 201	86 (09)	88 (12)	94 (10)	95 (12)	109 (13)
오베르빌리에 (공산당)	70 836	149 (03)	161 (03)	187 (03)	214 (03)	246 (02)
불로뉴(사회당)	107 074	86 (10)	89 (10)	83 (13)	96 (11)	115 (11)
끌리쉬 (사회당)	56 495	173 (02)	169 (02)	183 (04)	186 (05)	189 (05)
꼴롱브 (공산당)	77 090	101 (08)	124 (06)	123 (06)	139 (06)	170 (06)
꾸르브브와 (우익정당)	59 941	102 (07)	105 (08)	107 (08)	116 (08)	128 (09)
드랑시 (공산당)	65 940	107 (06)	116 (07)	118 (07)	126 (07)	140 (07)
르발르와-뻬레(공산당)	61 962	79 (12)	89 (11)	91 (12)	89 (14)	95 (14)
메종-알포르(우익정당)	51 689	62 (15)	70 (14)	82 (14)	93 (13)	125 (10)
몽트뢰이 (공산당)	92 316	138 (04)	151 (04)	197 (02)	222 (02)	238 (04)
낭떼르 (공산당)	83 258	82 (11)	89 (09)	101 (09)	111 (09)	133 (08)
뇌이이 (우익정당)	73 315	55 (16)	55 (16)	53 (16)	54 (17)	55 (17)
생-드니 (공산당)	95 072	178 (01)	205 (01)	241 (01)	266 (01)	307 (01)
생-모르-데-포세 (우익정당)	70 681	62 (14)	63 (15)	68 (15)	79 (15)	83 (15)
벵센느 (우익정당)	50 499	67 (13)	82 (13)	94 (11)	109 (09)	110 (12)
비트리-쉬르-센느 (공산당)	67 373	122 (05)	150 (05)	165 (05)	203 (04)	243 (03)
파 리	2 811 171	44 (17)	52 (17)	+47 (17)	59 (16)	63 (16)

출처: *Annuaire statistique*, 1961-1965(Eun-gi EUN, "Une gestion socialiste…",
p. 49에서 재인용).

불로뉴의 주민 일인당 상띰액수는, 〈표 7〉에서 나타나는 바와 같이,
1961년과 1965년 사이에 오베르빌리에, 꼴롱브, 드랑시, 몽트뢰이, 생
드니, 비트리-쉬르-센느 등과 같은 공산주의 꼬뮌들의 상띰액수보다
더 낮았다. 불로뉴의 상띰액수는 오히려 아니에르, 뇌이이, 생-모르-
데 포세, 벵센느와 같은 부유한 꼬뮌들과 파리의 상띰액수에 가까웠다.
불로뉴의 상띰 수준이 상대적으로 낮은 것은 시의 수입이 미약한 수준
에 머물렀던 중요한 이유 중의 하나이다. 그런데도 불로뉴의 사회주의

시행정부는 상띰액수의 증가율(전술한 바와 같이 1965년과 1965년 사이에 10.9배 증가)이 높았다고 우려하였을 뿐, 그것이 여타 공산주의 꼬뮌에 비해 크게 적다는 사실을 염두에 두지 않았던 것이다.

결국 간접세율이 국가에 의해 결정되고 그리고 상띰이 직접세의 대부분을 차지하였다는 점을 감안한다면 낮은 수준의 상띰이 불로뉴의 지방세가 적었던 주된 이유가 되는 것이다. 그렇다면 불로뉴의 사회주의 시행정부의 상띰 정책이 어느 납세자 층에 유리하였는가?

Ⅳ. 상띰의 구조 분석과 시정책의 한계

상띰은 건물 지세(contribution foncière des propriétés bâties), 나대지 지세(contribution foncière des propriétés non bâties), 동산세(contribution mobilière) 그리고 영업세(patente)로 구성된다. 상띰에 속한 이 4개의 세금은 직접세를 내는 모든 종류의 납세자들을 그 징세대상으로 한다. 즉 주택소유주, 세입자, 상인, 기업가, 수공업자, 그리고 자유직업인 등이 그들이다. 상띰 체제는 이들 납세자들 가운데서 조세부담을 분산시키려는 것을 목적으로 한다.[118] 조세부담 분산 정도를 이해하기 위해서는 먼저 상띰에 속한 4개 납부금 각각의 납세자가

---

[118] François Giquel, *La commune, son budget*, p.115.

누구인지를 파악해야 한다. 건물의 지세와 나대지의 지세의 경우 납세자
는 주로 부유층으로 간주되는 소유주들이다. 동산세는 집주인과 세입자가
모두 납세자이기 때문에 앞의 두 지세보다 하층민에 덜 유리하다. 영업
세[119]의 납세 대상자는 대기업가, 또는 중·소기업가, 수공업자, 대·소
상인, 자유직업인을 포함한다.[120]

상띰을 구성하는 4가지 세금 중에서 일반적으로 가장 큰 비중을 차지
하는 것으로 여겨졌던 영업세가 불로뉴의 상띰에서 실제로 어느 정도의
비중을 차지하는 지를 파악하기 위해 영업세와 상띰의 발전을 분석하고
자 한다.

<그래프 2> 불로뉴의 영업세와 상띰의 발전, 1949-1964 (1964년
불변 프랑으로 환산)

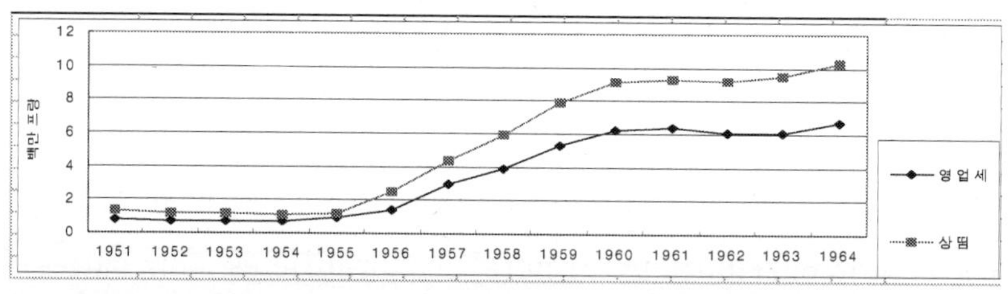

출처: Comptes administratifs, Boulogne-Billancourt, 1949-1964.
  Copie de la matrice générale, Boulogne-Billancourt, 1949-1964.

---

119) Jean Cathelineau, *La fiscalité des collectivités locales* (Paris: Armand
Colin, 1970), p.18. 영업세는 프랑스에서 상업, 공업, 그리고 수공업에 종사하는
사람과 전문직업인 등을 징세대상으로 한다. 영업세를 면제받는 자들은 예술가, 어
부, 조산부(sages-femmes) 등이다.

120) 일반적으로 시행정부는 상띰의 증가가 일반 주민에게보다는 영업세 납부자에게 보다
큰 영향을 미치기 때문에 상띰 증액을 보다 쉽게 추진한다. 물론 상인이나 기업가들
이 영업세 부담이 훨씬 큰 꼬믠에 상점을 열거나 공장을 짓기를 주저한다는 점을 고
려해야 한다.

불로뉴의 영업세는, 〈그래프 2〉에서 알 수 있듯이, 상띰과 마찬가지로 1955년까지 매우 낮은 수준에서 별다른 변화를 보이지 않았다. 이것은 영업세에 대한 불로뉴 납세자들 특히 상인 및 수공업자의 저항이 상대적으로 미약하였던 이유이다.[121] 그러다가 영업세는 1956에서 1960년 사이에 상띰과 마찬가지로 상당히 빠른 속도로 증가하다가 1961년 이후 커다란 변화를 보이지 않고 있다. 이것은 영업세가 상띰의 대부분을 차지하면서 상띰의 발전을 주도하였음을 말해주는 것이다. 따라서 영업세의 분석만으로도 시행정부의 상띰 정책을 가늠할 수 있을 것이다.

1956년 이후 영업세가 빠른 속도로 증가했다면 불로뉴의 영업세의 부담은 과중했는가? 불로뉴의 영업세를 인구가 불로뉴(1964년 주민수 107,074명)의 절반에 불과하였던 가난한 공산주의 꼬뮌인 젠느빌리에(1962년 주민 수 49,000명)와 비교해 본다면 영업세부담이 과중했는지를 잘 파악할 수 있을 것이다.

---

121) *BMO*, juillet 1953, p.1: 2차 대전 직후 상인 및 기업가들은 영업세의 폐지를 주장하였다. 특히 '상인 및 수공업자의 이익수호연합(l'Union de défense des commerçants et artisans)'에 의해 주도되는 푸자드운동(Mouvement poujadiste)은 1953년 자치시선거에서 영업세의 폐지를 슬로건으로 내세웠다. 상인 및 수공업자의 이익수호연합은 그 선거에서 전국적으로 12%의 득표율을 보여주었다. 이에 비해 불로뉴의 '상인 및 수공업자의 이익수호연합' 지부는 투표에 가담한 유권자들로부터 6%의 지지만을 얻는데 그쳤다. 이것은 불로뉴에서 상인과 수공업자에 대한 영업세의 부담이 1950년대 초반에 그렇게 크지 않았음을 말해주는 것이다.

<그래프 3> 불로뉴와 젠느빌리에의 영업세의 변화, 1949-1964
(1964년 불변 프랑으로 환산)

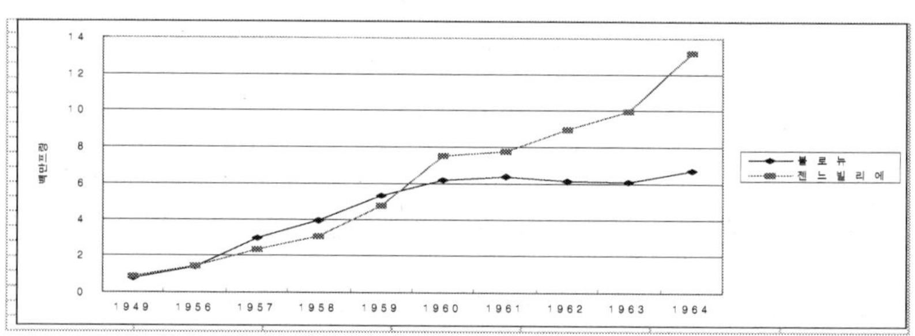

출처: *Comptes administratifs de Boulogne-Billancourt*, 1949-1964
Comptes administratifs de Gennevilliers, 1949-1964.

〈그래프 3〉에서 알 수 있듯이, 1956년까지 불로뉴와 젠느빌리에의 영업세 수준은 유사하게 낮은 수준에 머물렀다. 불로뉴의 영업세 징수액은 1949과 1959년 사이에 젠느빌리에의 그것과 유사한 속도로 증가하였다. 그렇지만 1960년 이후 젠느빌리에의 영업세는 불로뉴의 영업세를 크게 능가하고 있다. 불로뉴의 영업세는 1964년 불변 프랑으로 환산하여 볼 때 1956년 137만 프랑에서 1964년에 762만 프랑으로 4.9배 증가하였다. 이에 비해 불로뉴 인구의 절반에 불과한 가난한 노동자도시인 젠느빌리에의 영업세는 같은 기간에 9배나 증가하였다. 따라서 불로뉴의 영업세 수준은 빠른 속도로 증가하였지만 르노와 같은 대기업이 없는 가난한 노동자 도시인 젠느빌리에와 비교할 때 상대적으로 상당히 낮았다. 그러므로 불로뉴 시행정부는 꼬뮌의 높은 과세가능한 부의 수준을 고려하면서 영업세를 대폭 증액시켰어야만 했던 것이다. 특히 젠느빌리에가 영업세의 대폭 증액을 통해 서민주택과 학교를 건축하기 위해 부지매입에 상당한 금액122)을 투자한데 비해 불로뉴의 이른바 사회주의 시행정부는 1955년과 1965년 사이에 불과 371채의 서민주택만을 지었는데, 이는 프랑스 전체에 걸쳐 신축된 서민주택 비율에 크게 못미치는 것이다.[123] 또한 전술한 바와 같이 불로뉴의 유치원 및 초등학교도 1965년 현재 여전히 과밀학급에서 벗어나지 못하였던 것이다.

영업세의 크기가 각종 시설물을 위한 투자지출의 수요에 크게 못 미쳤다면, 영업세의 구조는 납세자간 부담의 균등화라는 목적에 기여하였는가? 1957년 1월 1일부터 적용된 영업세의 개혁은 알사스와 로렌지방에서 1945년 이래로 시행되어 오던 방식을 모든 도에 확대 적용하는데 있었다. 이 개혁의 목적은 대기업가와 대상인의 부담을 증가시키고 중·소기업가, 수공업자, 소상인 등 소득이 상대적으로 적은 층의 부담을 경감시키자는 것이었다.[124] 이러한 목적이 달성되었는지를 검토하기 위해 사회직업별 영업세 분포의 변화를 살펴볼 것이다.

---

122)

<표 8> 젠느빌리에의 건물 및 주택 신축을 위한 부지매입비와 신축비용

(단위: 천프랑)

지출내역	1960	1961	1962	1963	1964	1965
부지매입	1260	836	2593	5924	1724	3399
신 축	3464	2739	3910	2534	6783	6408

출처: *Comptes administratifs de Gennevilliers*, 1960-1965.

123) Eun-gi EUN, "Une gestion socialiste⋯", p.39.
124) *BMO*, janvier 1957, p.1.

<표 9> 불로뉴의 활동인구 분포와 사회직업별 영업세 분포의 변화

(단위: 1,000프랑, 1964년 불변 프랑으로 환산)

연 도	1952			1964		
구 분	인 구	영업세	영업세 비율	인 구	영업세	영업세 비율
기업가와 대상인	497	441	61%	521	3763	56%
수공업자와 소상인	4582	130	18%	3997	1411	21%
자유직업인	2981	108	15%	5698	1276	19%
기 타	1055	43	6%	1337	268	4%
활동인구 전체	52439			56323		
총인구 및 영업세 총액	93998	722	100%	107074	6718	100%

출처: INSEE, *Recensements*, 1954 et 1962.
Copie de la matrice générale, Boulogne-Billancourt, 1952 et 1964.

〈표 9〉에 따르면 1952년에서 1964년 사이에 기업가[125]와 대상인의 영업세 부담은 5% 감소하였다. 기업가와 대상인의 수적 증가를 고려한다면 개별 기업가 및 대상인의 평균 부담은 더 크게 감소하였다. 이와 같은 감소는 르노 자동차가 부담하는 몫이 늘어난 데도 기인한다. 꼬뮌의 전체 영업세 중에서 르노자동차공단이 납부한 영업세액은 1954년에 127,000프랑(17,6%)에서 1964년에는 1,528,000프랑(22,7%)으로 증가하였다. 물론 르노가 부담하는 비율의 증가는 다른 중·소기업가들의 부담을 줄이는데 기여한 것으로 보아야 할 것이다.

그렇다면 이와 같은 르노의 기여가 다른 납세자 층의 부담도 줄였는가? 1952년에서 1964년 사이에 수공업자 및 소상인이 부담하는 영업세 비율은 3% 증가하였다. 그렇지만 수공업자 및 소상인의 수가 감소

---

[125] 꼬뮌의 영업세대장에는 단지 상호명과 영업세부과액만이 기록되어 뿐이다. 따라서 그 수가 상당히 많았던 대기업과 중소기업이 각기 납부하는 영업세의 몫을 구별하는 것은 매우 어려운 과제라 할 수 있다. 이에 비해 대상인들은 그 수가 매우 적어 상점 간 판만으로도 쉽게 구별이 된다.

한 것을 고려하면 이들 개개인의 평균 영업세 부담은 더 늘어났다고 볼 수 있다. 의사, 변호사 등의 자유직업인 전체의 영업세부담은 같은 시기에 4%로 증가하였으나, 이들의 인구가 크게 증가했음을 고려한다면 자유직업인 개개인의 평균 부담은 어느 정도 감소하였다고 볼 수 있다. 결국 개별 수공업자 및 소상인의 부담 가중은 시행정부가 대기업이나 대상인들의 부담을 과감하게 증가시키려는 노력을 제대로 하지 않은데 주로 기인한다. 특히 르노의 영업세 납부액은 중·소기업가와 자유직업인의 수입을 다소 경감시키기도 하였으나, 르노가 도와 꼬뮌에 납부하는 전체 지방세126)에 비교해 볼 때 상당히 적은 수준이었다. 결국 불로뉴에서는 영업세 부담의 분포 변화는 대기업가 및 대상인의 부담을 증대시키고 수공업자 및 소상인의 부담을 경감시키려는 국가의 영업세 개혁 목적이 기대에 크게 못 미쳤음을 말해주는 것이다.

사실 납세자들 사이의 영업세 분포의 변화는 그 납세자가 아닌 하층민들의 부담을 가중시키거나 경감시키는 데는 별다른 영향을 미치지 못하고 있다. 그렇지만 영업세 액수의 증가는 꼬뮌의 조세수입을 증대시킬 수 있는 가장 중요한 요소이다. 조세수입의 크기가 증가할 경우 이는 하층민을 위한 과감한 시설 투자나 복지비의 커다란 증액을 도모할 수 있는 것이다. 그런데도 왜 사회주의 시행정부가 조세부담능력이 큰 르노 공단과 같은 대기업들에 대한 영업세 징수액을 크게 증가시키지 않았는가?

1947년 이래로 1965년까지 불로뉴의 시행정부를 장악한 사회당 소

---

126) 1962년 현재 르노자동차가 납부한 총 납세액은 513,193,191프랑이며, 이 중에서 도와 꼬뮌에 납부한 가장 중요한 지방세이며 직접세인 영업세 및 토지세는 16,586,108프랑에 달하였다(같은 해 불로뉴시의 총수입은 32,379,000프랑이었다): Régie Nationale des Usines Renault, *Rapport annuel de gestion du président directeur général pour l'exercice 1962* (1963), p.66.

속 선거리스트는, 〈표 10〉에서 알 수 있듯이, 시의회 선거의 1차 투표에서 공산당이나 우익의 드골주의 정당에 비해 유사한 득표를 하는데 그쳤다. 그런데도 지속적으로 집권할 수 있었던 것은 2차 결선투표에서 공산당과 드골정당이 서로 집권을 막기 위해 사회당을 지지하는 투표를 하였기 때문이다.[127] 이와 같은 꼬뮌의 정치적 상황 때문에 사회주의 시행정부는 노동자 계층의 눈치를 덜 보게 되었다. 게다가 불로뉴 시장인 알퐁스 르 갈로(Alphonse Le Gallo, 재임기간:1947-1965)에 의해 주도되는 이른바 사회당 소속 정권은 부유층에 유리하게 전개된 주민의 사회직업적 분포의 변화[128]에 의해 영향을 받았다. 이러한 변수는 시행정부로 하여금 특히 1959년 이후 노동자 계층을 위한 과감한 재정지출의 필요성을 크게 느끼지 못하게 만들었다. 이러한 변화들은 시행정부로 하여금 재정지출에 대한 수요가 그렇게 크지 않다고 생각하게 만들었다. 이로 인해 집권 사회주의 세력은 비록 SFIO에 소속되어 있었다 할지라

---

127) 드브레 법 (〈*Le Monde*〉, 1959년 2월 25일자 참조)에 따라 1959년 자치시 선거 때부터 비례대표제를 대신하여 채택된 '제 2차 결선 다수결 투표제 (système de vote plurinominal majoritaire de deux tours)'는 단지 하나의 선거리스트만 이 불로뉴의 시의회를 장악하도록 만들었다. 선거리스트가 결선투표에서 1위를 차지 할 가능성이 거의 없었던 지역 공산당 리스트는 1959년 이후 시의회에서 완전히 밀려 나게 되었다. 사회당 선거리스트는 1953년과 1959년 선거에서 공산당 선거리스트나 우익의 드골파 선거리스트와 비슷한 수의 득표율을 보였을지라도 제 2차 결선 투표에 서 공산주의자들과 드골주의자들의 상호 견제 때문에 시정권을 장악할 수 있었다.

128) Département des Hauts-de-Seine, *Données rétrospectives locales*: 1952년부터 많은 기업들이 불로뉴를 떠나 지방으로 향했다. 이러한 공장의 지방이 전에도 불구하고 1954년의 93,998명이었던 인구가 1968년에 109,380명으로 증 가하였다. 그러나 공장의 지방이전은 꼬뮌의 산업구조에 영향을 미쳤다. 수송, 상업, 보험, 공공서비스 및 공공 토목공사는 1954년 이래로 지속적으로 증가한 데 비하여 가공산업은 쇠퇴하였다. 이러한 산업발전은 사회직업적 계층에 따라 활동인구의 분 포의 변화를 초래하였다. 자유직업인과 상급간부들의 수가 1954년에는 2,981명이 었으나 계속 증가하여 1968년에는 8,184명에 달하였다. 반면에 노동자의 수는 1954년과 1968년 사이에 31% 감소하였다. 다른 사회계층에 속한 주민의 수는 대 체로 별다른 변화를 보이지 않았다.

도 영업세를 과감하게 증가시키기 위한 적극적인 조세정책을 추진하는데 소극적이었던 것이다. 그 결과 하층민들을 위한 투자 및 서비스 지출의 증대를 통한 사회적 격차 해소는 요원한 과제가 되고 말았다.

<표 10> 불로뉴의 시의회 선거에서 각 정당의 선거리스트가 1차 투표에서 얻은 득표수

선거리스트	1947	1953	1959	1965
사회당	6 119	11 395	13 177	14 812
공산당	14 279	13 197	12 792	
중도파				15 199
우익 드골주의당	12 246	11 239	12 497	12 233

출처: *BMO*, mai 1947, 1953, 1959 et 1965 (Eun-gi EUN, "Une gestion socialiste…", p. 36에서 재인용).

　영업세의 크기가 적었고, 이로 인해 상띰이 적은 수준에 머물렀던 또 다른 이유는 불로뉴의 사회주의 시행정부의 편협한 관행과 제한된 능력에 기인하였다. 사회주의 시행정부는 다른 꼬뮌들과 비교를 하면서 상띰의 수요와 수준을 정확하게 분석하려고 노력하지 않았다. 시행정부는 꼬뮌의 매우 큰 과세가능한 부의 수준, 낮은 수준의 부채 그리고 상대적으로 미약한 상띰 수준을 고려하지 않고, 상띰의 증가율에 대해 늘 걱정만 하였다.[129] 이 때문에 시행정부는 상띰 증액을 위한 과감한 정책을 제대로 추진하지 못하였다. 이것은 특히 1960년 이후 상띰을 과감히 증대시킨 센느도의 여타 공산주의 꼬뮌들과 비교해 볼 때 더욱 분명히 드러난다.

---

129) BMO, 1959-1965 참조; Compte rendu du Conseil Municipal de Boulogne-Billancourt, 23 mars 1964, p.14 참조.

V. 맺음말

1949과 1964년 사이에 불로뉴에서 도시기반시설, 주택, 학교 등 각종 시설이 크게 부족하였다. 이로 인해 수입에 대한 수요가 실제 거둬들인 수입보다 훨씬 더 컸다. 실제 수입은 르노 공단에서 나오는 수입의 기여에도 불구하고 공산주의 꼬뮌인 생-드니와 젠느빌리에의 수입의 규모보다도 훨씬 적었다. 이처럼 꼬뮌의 조세수입이 적었던 이유는 직접세의 대부분을 차지하는 상띰의 수준이 낮았기 때문이다. 꼬뮌의 과세가능한 부의 수준과 낮은 부채 수준을 고려한다면 불로뉴의 시행정부는 공산주의 꼬뮌들보다는 상띰을 더 많이 증가시킬 수 있는 여력이 있었으나, 실제는 그러지 않았다. 국가가 추진한 영업세의 개혁도 불로뉴에서는 부분적으로만 효과를 보았던 것이다. 물론 르노가 납부하는 영업세가 여타 중·소기업가 및 자유직업인과 같은 다른 영업세 납세자의 부담을 줄이기도 했으나, 그 규모가 작았기 때문에 르노의 기여도는 미미한 수준에 머물렀다. 게다가 꼬뮌의 총수입 규모가 작았기 때문에 불로뉴의 사회주의 시행정부는 하층민을 위한 과감한 재정지출을 하지 못하였다. 이것은 사회주의 시행정부의 조세수입 정책이 소극적이었음을 말해주는 것이다.

불로뉴의 소극적인 조세수입 정책은 공산당과 우익의 드골주의 정당이 상호 견제하는 가운데 사회당이 어부지리를 차지하면서 1965년까지 지속적으로 집권할 수 있었던데 기인한다. 또한 주민들의 사회직업적 구성의 변화, 사회주의 성향의 유권자의 감소 등이 꼬뮌의 수입의 크기 및 구조에서 획기적인 변화를 가로막았던 것이다. 이처럼 불로뉴의 특수한 사회적·정치적 상황은 이른바 사회주의 시행정부가 상띰 증액에 소극적이었던 주요한 요인이다. 또한 알랭 쉬바트가 지적하고 있듯이 시행정부의 소극적인 관행이나 제한된 능력이 꼬뮌의 수입의 크기와 구조에서 커다란 변화를 가져오는 것을 막은 또 다른 주요 요인이라고 볼 수 있다. 이것은 거대 기업인 르노 공단을 보유한 불로뉴의 사회주의 시행정부가 매우 적은 직접세를 징수하였고, 그로 인해 주민들을 위한 과감한 투자정책을 추진하지 못했던 이유에 대한 답이 되는 것이다.

제 3 편
유럽연합 정책에 대한 프랑스 국민의 태도 및 매춘 규제

제6장 공동농업정책에서 프랑스의 역할과 입장

제1절 머리말

농업 부문에서는 인위적으로 조작하기가 힘든 토양, 기후 등에 의해서는 물론 경작기술 격차로 말미암아 생산성이 지역적으로 매우 상이할 뿐만 아니라 수확 또한 불확실한 변동을 보이고 있다. 이처럼 구조적 문제를 안고 있는 농업은 대부분의 국가에서 보조금을 필요로 하는 영속적인 위기관리 대상 분야이다. 이 때문에 유럽 국가들은 대체로 관세부과 및 수입제한 등과 같은 정책을 통해 자국의 농업을 보호·유지하고자 했다. 특히 유럽공동체(EC: European Community) 회원국들은 공동체 차원에서 농업을 보호하기 위해 1957년 로마조약에서 공동농업정책(PAC: Politique agricole commune)의 추진을 결정하였다. 국내 생산가격의 보장과 수출가격의 보상제를 주 내용으로 하는 공동농업정책의 중요성은 그 재원인 '유럽농업지도 및 보장기금(FEOGA: Fonds Européens d'Orientation et de Garantie Agricole: 이하 공동농업기금으로 칭함)'이 1990년대까지 유럽공동체 전체 예산의 절반 이상을 차지하였다는[1] 사실에서도 잘 알 수 있다.

프랑스는 공동체 전체의 사용가능한 농지의 50%를 차지하였고, 기후, 토양 및 경작구조가 다른 회원국들에 비해 유리하였다. 이 덕분에 프랑스는 공동농업기금의 창설 이래 오늘날까지 가장 많은 농업보조금을 수령하고 있다. 그런데도 프랑스가 공동체 회원국들 중에서 가장 많은 농업보조금 혜택을 본다는 사실이 정당한지에 대한 평가가 지금까지 크게 미흡하였다. 그 주된 이유는 유럽공동체 회원국들이 독일과 더불어 가장 큰 발언권을 가지고 공동체를 주도해 온 프랑스의 위세에 눌렸기 때문이다. 영국을 제외한 어떤 다른 회원국도 프랑스가 공동농업기금의 가장 많은 부분을 가져간다는 점에 대해 불만을 공식적으로 표출하지 못하였다.[2] 평가가 미흡했던 또 다른 이유는 독일(이하에서 특별한 언급이 없는 한 서독을 의미함)을 비롯한 공동체의 다른 회원국과 미국을 비롯한 역외의

---

[1]

<표 1>유럽공동체 예산에서 공동농업기금이 차지하는 비율의 발전

(단위: 백만 에퀴)

년 도	1986	1987	1988	1989	1990	1991	2005
기금액수	22,911	23,877	28,830	27,225	28,300	34,514	478억 유로
비 율	65.1%	66.7%	67.3%	63.2%	59.6%	60.2%	45.0%

출처: Eve Fouilleux, *La Politique agricole commune et ses réformes*(Paris: Harmattan, 2003), p.21; Jean-Pierre Langellier, "Le Royaume-Uni multiplie ses attaques contre la politique agricole commune," 〈*Le Monde*〉, 2005년 7월 2일자.

[2] Ibid.: 2005년 5월 말 국민투표에서 유럽연합헌법안이 부결되어 프랑스가 유럽연합 내에서 수세에 몰린 틈을 타서 영국 수상 토니 블레어는 "여러 가지 상황이 변한 만큼 유럽연합 예산의 구조를 변경해야 한다"고 피력하면서 프랑스의 과도한 농업보조금 수혜를 공격하였다.

주요 농산물 수출국과의 관계 속에서 그 정당성을 밝혀야 했기 때문이다.

프랑스는 그 정당성을 내세우기 위해 "농업보조금을 철폐하거나 크게 삭감할 경우 프랑스 농민은 위기에 처하게 되어 격렬히 저항할 것"이라고 주장하였다.3) 이러한 주장의 타당성을 검토하려면 프랑스 농민의 계층분화를 밝혀야 하고 그리고 각 농민층이 프랑스 정부와 유럽공동체에 대해 어떠한 태도를 가졌는지를 규명해야 한다. 프랑스 농민들의 정치성향에 대한 연구는 주로 농민들이 주요 정치세력과 어떠한 관계를 유지했는가를 보여주는데 초점이 맞추어져 왔다. 실례로 휴게트(Frank E. Huggett)와 루이스-벡(Michael S. Lewis-Beck)은 물론 여론조사 기관인 소프레스(SOFRES)도 농민들은 보수적이기 때문에 1945년 이래로 각종 선거에서 우익 정당을 지지하였음을 지적하였다.4) 이에 비해 클라쯔만 (J. L. Klatzmann)은 농민들이 다른 부류의 직업인들에 비해 정당에 대한 뚜렷한 선호도가 없다는 점을 강조하고 있다.5) 이와 같은 연구들은 농민들의 정부에 대한 입장과 태도를 밝히는데 도움이 된다. 그렇지만 이 연구들은 농민을 하나의 집단으로 간주하였지, 농민이 중·대농과

---

3) Marion Demossier, "Rural France in Europe: new challenges," *Modern and Contemporary France,* vol. 11, no. 3(2003), p.265: 2002년 6월에 유럽의 공동농업 정책의 개혁에 관한 텔레비전 인터뷰에서 쟈크 시라크 대통령은 "정당화되지 않는 하나의 개혁을 위해 프랑스 농업을 희생시킬 수는 없다"는 논리를 내세우면서 개혁에 반대하였던 것이다.

4) SOFRES, *L'état de l'opinion, clés pour 1987*(1988), p.125; Frank E. Huggett, *The Land question and European society since 1650*(London: Thames and Hudson, 1975), p.141; Michael S. Lewis-Beck, *The French voter: before and after 2002 elections*(New York: Palgrave Macmillan, 2004). 이들의 주장과는 반대로 포베(J. Fauvet)는 농민들 사이에서 공산주의자의 영향이 강렬하였다고 보았다: Jacques Fauvet, "La représentation politique du monde paysan," in M. Duverger, *Partis politiques et classes sociales en France*(Paris: F.N.S.P., 1955), p.127.

5) J. L. Klatzmann, "Comment votent les paysans français," *Revue Française de Science Politique,* no. 8(1958), pp.39-40.

소농으로 계층분화되고, 이들 각 농민층을 대변하는 조직도 다르고 그리고 각 농민층의 저항 양상도 다를 수 있다는 점을 고려하지 못하였다.

이러한 한계를 극복하기 위해 본고에서는 먼저 프랑스가 공동농업정책을 제도화해 나가는 과정에서 자국 농민들의 이익을 극대화시키기 위해 어떠한 역할을 했는지를 검토할 것이다. 이어서 농민층 구조의 변천을 살펴보고 아울러 중·대농과 소농 중에서 어느 계층이 주로 농업보조금의 혜택을 보았는지를 고찰할 것이다. 나아가 이들 각 농민층이 자신들의 권익을 지키기 위해 농업보조금의 삭감을 주 내용으로 하는 공동농업기금의 개혁 움직임에 대해 어떠한 조직을 통해 어떠한 저항운동을 펼쳐나갔는지를 밝힐 것이다. 아울러 농민들의 저항이 프랑스 정부의 공동농업정책에 대한 입장에 어떠한 영향을 미쳤는지를 검토할 것이다. 끝으로 프랑스가 자국 농민들의 기득권을 지키기 위해 취하는 태도가 여타 회원국들이나 역외의 농산물 수출국들로부터 어떠한 평가를 받고 있는지를 고찰할 것이다. 본고에서는 공동농업정책의 추진이 결정된 로마조약이 체결된 1957년에서 유럽공동체와 GATT(General Agreement on Tariffs and Trade: 관세 및 무역에 관한 일반협정) 사이에 농업부문 협상이 타결된 1993년 이후의 시기까지 다루고 있다. 이와 같은 고찰은 공동농업정책의 개혁의 방향이 타당한지 그리고 개혁이 지연되었다면 주된 원인이 어디에 있는지를 밝히는데 커다란 도움을 줄 것이다.

제2절 공동농업정책의 제도화 과정에서
프랑스의 역할

1950년 5월의 슈만 선언(Schuman Plan)[6]이 있은 후 유럽공동체의 모든 잠정 가입국은 유럽의 실질적인 통합을 위해서는 경제통합이 선행되어야 한다는 기본원칙에 대해 인식을 같이 하였다. 그렇지만 유럽경제공동체(EEC)를 탄생시킨 1957년 3월의 로마조약[7]이 체결되기까지 거의 7년에 걸친 협상 기간이 소요되었다. 이와 같이 긴 기간에 걸친 협상을 요했던 것은 유럽공동체에 농업부문을 포함시킬 것이냐의 여부에 대해 회원국들 사이에서 첨예한 이견을 보였기 때문이다. 농업구조가 상대적으로 영세하고 많은 농산물을 수입에 의존해온 독일은 농업부문을 유럽공동체에 포함시키는 것을 반대하는 입장에 있었고, 역내에서 농업부문의 상대적 비교우위를 확보하고 있는 프랑스는 농업 부문을 제외한 유럽경제공동체는 결코 받아들일 수 없다는 입장을 고수해왔던 것이다. 이는 프랑스의 국민경제에서 차지하는 농업의 비중이 컸던데 주로 기인한다. 결국 정치 및 비농업부문에서의 유럽시장 통합을 절실히 필요로 했던 독일로서는 한 걸음 물러서지 않을 수가 없었다. 독일의 양보에 힘입어[8] 1957년 3월 25일 체결된 로마조약은 프랑스의 의도대로 제39조

---

6) 슈만 선언이란 프랑스 외무장관 슈만에 의해 1950년 5월 9일에 발표된 것으로, 그 기본적인 개념은 프랑스, 독일 및 다른 유럽 국가들의 석탄과 철강을 공동으로 관리할 고등관리청(Hign Authority)을 설치하고 이를 토대로 유럽공동체를 달성하자는 것이다.

7) 로마조약의 핵심 내용은 공동시장의 창설인데, 공동시장은 회원국들 간에 관세 및 교역량 제한의 철폐와 역외 공동관세율 설정을 근간으로 하는 관세동맹을 통해 완성된다는 것이다.

에서 농업생산성 향상, 농민들의 적절한 생활수준 보장, 농산물시장의 안정, 합리적인 가격의 농산물 공급 등을 공동농업정책의 목표로 명시하고 있고, 또한 40조에서 공동농업기금을 설치한다는 원칙을 밝혔다.[9]

드골은 1958년에 대통령이 된 직후 공동시장 참여를 위해서는 프랑스의 공업부문 무역 손실이 농업부문의 이익으로 상쇄되어야 한다고 주장하였다. 드골은 1961년까지 일반적인 농산물 가격지원 체계가 합의되지 않으면 공산품 관세 인하에 동의할 수 없다는 주장을 굽히지 않았다. 공동체 회원국 가운데서 가장 많은 공산품을 수출하고 있던 독일은 공산품 관세 인하가 이루어지지 않을 경우의 경제적 타격을 두려워했기 때문에 마침내 양보하였다. 그리하여 1962년 1월에 공동농업기금[10]이 설치되었고, 돼지고기, 낙농제품 등 유럽공동체 농산물의 40%가 동 기금의 수혜대상 품목에 포함되었다. 프랑스는 이에 만족하지 않고 자국이 가장 많이 생산하였고 또한 통상적인 식료품의 재료일 뿐만 아니라 동물 사료로서 중요했던 곡물 특히 밀이 공동농업기금의 지원대상 품목으로 선정되어야 한다고 고집을 부렸다. 그 결과 유럽공동체는 프랑스의

---

8) Douglas Webber, "Franco-German bilateralism and agricultural politics in the European Union: the neglected level," *West European Politics*, vol. 22, no.1(1999), pp.49: 상이한 농업구조를 가진 독일과 프랑스의 이해관계가 충돌할 때 유럽공동체가 위기에 직면하였고, 반면에 양국이 힘을 합칠 경우 하나의 정책을 채택시키거나 철회시킬 수가 있을 정도였다. 그러므로 유럽공동체의 농업정책을 이해하기 위해서는 독일과 프랑스 사이의 관계를 파악해야만 되는 것이다.

9) Pierre Drouin, "Il y a trente ans, les traite de Rome", 〈*Le Monde*〉, 1987년 3월 22일자.

10) 공동농업기금은 보장부문과 지도부문의 두 부문으로 대별된다. 보장부문(section de garantie)은 농산물의 가격을 보장하고 농산물의 역외수출시 수출보조금을 지급하여 농민들의 생활수준을 향상시키는 것을 목표로 삼았으며, 지도부문(section de guidance)은 농지개량, 새로운 농사기술채택의 지원, 유통구조 및 가공 저장시설의 개선, 농촌지역의 사회간접자본 확장, 사회구조의 발전 등 농업 및 농촌의 구조개선을 목표로 설정하였다.

입장을 받아들여 곡물에 대해 적절히 수매하고 역외 수출 곡물의 가격을 일정수준으로 보장해주기로 하였다.

그렇지만 지원대상 품목의 가격을 어느 수준으로 설정할 것인가라는 문제에 직면하자 독일과 프랑스는 또 다시 대립하였다. 곡물가격은 회원국들 사이에서 매우 큰 차이가 났다. 소규모·고비용 생산구조를 가진 서독은 자국 농민들의 이익을 대변하여 농산물 수매 시 높은 가격 수준을 요구하였고 벨기에와 이탈리아도 여기에 동조하였다. 그러나 프랑스는 농산물 생산량이 공동체의 회원국들 중에서 가장 많았고 생산단가도 고비용 생산구조를 가진 독일에 비해 훨씬 낮았기 때문에 수매가격이 낮을수록 유리하였다. 이 때문에 프랑스가 저가수매를 내세우게 되 자 문제는 복잡하게 얽혀들었다.[11] 무엇보다도 독일의 강렬한 반대에 직면한 프랑스는 1964년 12월 21일 최후통첩을 보내며 만일 "6개 회원국에 의해 합의된 대로 하나의 공동 곡물가격이 정해지지 않는다면 프랑스는 유럽공동체에서 탈퇴할 것"이라고 위협하였다.[12] 사실 독일은 만일 자국이 공동 곡물가격의 결정을 막는다면 프랑스가 GATT의 공산물수출자유화협정의 타결을 저지할 것이라는 두려움을 품고 있었다. 이 때문에 다급해진 수상 에르하르트가 농민단체의 반대에도 불구하고 농업장관이 불참한 가운데 독일 재무장관에게 집행위원회가 제시한 새로운 협상안을 받아들이도록 지시하였다.[13] 독일은 공산품시장의 관세철폐를 위해 농업 부문에서의 양보를 감수하지 않을 수 없었던 것이다. 그 결과 각국의 농업장관은 매년 목표가격, 개입가격, 경제가격을 설정하고, 만약 시장이 생산량을 다 흡수하지 못할 경우 유럽공동체가 개입가격으로 잉여농산물을 모두 구입하

---

11) Sicco Mansholt, *La crise*(Paris: Stock 1974), p.110.
12) Webber, "Franco-German bilateralism……," p.50.
13) *Ibid.*, p.52.

기로 결정하였다.

그리하여 곡물과 가공농산물(돈육, 우육, 그리고 닭고기) 시장이 단일화되었다. 곡물가격은 밀의 경우 톤당 425 마르크(106.25 달러)로 설정되었다. 1966년에 우유, 낙농제품, 쇠고기, 설탕 및 올리브유에 대해 그리고 1967년에는 밀에 대해 공동가격이 각기 합의되었다. 1970년에는 유럽공동체 농산물의 87%가 공동농업기금의 수혜대상 품목에 속하게 되었다.14) 결과적으로 우유 및 곡물 같은 주요 농산물 가격이 크게 상승하게 되었다. 이처럼 공동농업정책의 가격지원 체계는 세계 가격보다 높은 농산물 가격을 농민에게 보장하였다.15) 이에 곡물을 사료로 사용하여 기르는 가축의 가격도 덩달아 올라, 공동농업기금의 지원은 처음부터 고비용 정책으로 출발하였다.

공동가격의 타협에도 불구하고 공동농업기금의 재원 조달이라는 측면에서 공동체 회원국들은 또 다시 난관에 직면하였다. 유럽공동체 집행위원회는 1965년 6월에 할슈타인(Hallstein) 방안으로 알려진 재정충당 방안을 제시하였다. 그것은 농업부문의 수입과징금과 관세수입을 유럽공동체 예산에 편입시키고, 이 예산으로 공동농업기금의 재원을 충당하자는 것이다. 집행위원회는 재정충당을 위한 할슈타인 방안을 공동체의 정치적 통합에 유리한 다수결제도의 채택에 연계시켜 하나의 패키지식 안건으로 만들었다. 이 패키지식 안건은 프랑스에 의하여 제동이 걸렸다. 집행위원회가 제시한 재정충당 방안은 프랑스에게 매우 유리하였지만,

---

14) Richard Sinott and Nessa Winston, "Neofunctionalism and the legitimacy of integration," *European Integration*, vol. 22(2000), p.360: 1970년에 포도주, 담배, 양, 마, 감자, 대마, 식초, 알콜, 맥주원료 등은 공동농업기금의 수혜 대상에서 제외되었다.

15) D. Swann, *The economics of the Common Market*(London: Penguin, 1992), pp.222-31 참조.

드골은 재정충당 방안과 다수결투표제 채택을 연계시키는 것에 반대하고 만장일치제를 유지할 것을 고집하였다. 프랑스는 자국의 주장을 관철시키기 위하여 협상자리에 참석을 거부하는 이른바 '공석(chaise vide)전술'을 채택하였다.16) 이러한 프랑스의 압박에 굴복한 공동체 회원국들은 마침내 1966년 7월 이른바 룩셈부르크 타협을 보게 되었다. 이 타협에서 공동체 집행위원회는 다수결 투표제의 채택을 포기하고 프랑스에 유리한 공동농업기금의 재정충당방안을 채택하게 만들 수 있었다.

제3절 공동농업기금의 운용과
농민의 계층분화

프랑스 농민들은 공동체에 의한 농산물의 고가수매에 힘입어 토지이용합리화, 비료사용, 농기구개량 등을 통해 생산성을 높이고 생산량을 증가시켰다. 공동농업정책의 시행이 결정된 지 30년 만에 프랑스의 농산물은 과잉생산되어 3배나 증가하였다. 특히 곡물의 생산량이 1980년에 4,460만 톤에 달하였는데, 이것은 유럽공동체 전체 생산량의 40%에 달하였다.17) 이 덕분에 곡물, 육류, 유제품 등에서 가장 많은 생산량

---

16) 〈*Le Figaro*〉, 2005년 5월 8일자.
17) Laurence Estival, "La fin de la PAC à la française," *Alternatives Economiques*, no. 192(mai 2001), p.43: 프랑스는 유럽공동체 6개 회원국 중에서 공동체의 수매 대상이 된 밀은 물론 보리, 설탕 그리고 쇠고기를 가장 많이 생산하

을 자랑하고 있던 프랑스의 농민들은 유럽공동체의 어떤 다른 회원국 농민들보다도 더 많은 농업보조금을 받을 수 있었다.

농민들은 또한 농산물을 보다 많이 역내·외에 수출함으로써 더 큰 수출보조금 혜택을 볼 수 있었다. 공동체 역내 시장은 프랑스 국외 판매량의 2/3를 보장해 주었다. 이에 비해 프랑스의 역내 수입은 역내 수출액의 40-45%에 불과하였다. 프랑스의 역내 밀수출은 1958년의 34%에서 1988년에 45.7%로 증가하였다. 이와 더불어 공동농업기금은 역외 수출의 증가에도 크게 기여하였다. 비록 유럽의 농산물 가격이 세계시장의 농산물 가격보다 훨씬 높았을지라도 농민들이 세계시장 가격으로 농산물을 수출할 경우 공동농업기금이 그 차액을 보전해 주었다. 이로 인해 농민들은 농산물의 역외 수출에 전력을 기울였다. 이 덕분에 농산물 '전체의 수출'은 1958년과 1988년 사이에 24.7%에서 52.2%로 증가하였다. 프랑스의 농산품 교역 흑자액은 1963년에 9억 프랑에 불과하였으나, 공동농업기금이 본격적으로 배분되고 있던 1977년에 96억 프랑으로 증가하였다. 이제 유럽공동체 시장의 첫 번째 농산물 공급국가가 된 프랑스는 또한 세계 제2의 농산물 수출국이 되었다.[18]

고 있었다. 밀의 생산량은 1960년에는 헥타르당 2.5톤에 불과하였으나 2001년에는 7.4톤에 달하였다. 같은 기간에 소 한 마리당 우유의 연평균 생산량은 1,377리터에서 5,079리터로 증가하였다.

[18] Webber, "Franco-German bilateralism……," pp.60-62: 1950년대에 식량 순수입국이었던 프랑스는 이제 1990년대에 세계 제 2의 식량수출국이 되었다.

<표 2> 유럽공동체 회원국별 공동농업기금 수혜액수와 그 비율

(단위: 백만 에퀴)

국 가	1980		1987	
	수혜액수	비 율	수혜액수	비 율
벨기에·룩셈부르크	598	5.0%	850	3.9%
덴마크	637	5.3%	1,091	5.0%
독 일	2,552	21.4%	4,118	18.8%
프랑스	2,982	25.0%	5,945	27.2%
아일랜드	614	5.2%	1,059	4.8%
이탈리아	1,995	16.7%	4,043	18.5%
네델란드	1,565	13.1%	2,762	12.6%
영 국	983	8.2%	1,994	9.1%
계	11,926	99.9%	21,862	99.9%

출처: *Rapport 1988 sur la situation de l'agriculture dans la communauté*, Commission des Communautés européennes.

  결국 생산량의 증가와 수출의 증대 덕분에 프랑스 농민들은 〈표 2〉에서 알 수 있듯이 다른 회원국의 농민들보다 보다 많은 농업보조금을 받았다. 1987년에 프랑스가 수혜 받은 농업보조금의 액수는 59억 에퀴(ECU: European Currency Unit: 유로화 이전 유럽공동체의 공동 화폐 단위)에 달하였고, 그것은 공동농업기금 전체 할당액의 27%를 차지하였다. 프랑스는 1990년대는 물론 오늘날까지도 공동농업기금으로부터 회원국들 중에서 가장 큰 비율의 농업보조금을 지급받아오고 있다.

  생산량 및 수출의 증대는 농민들에게 보다 많은 보조금 혜택을 가져다주었지만, 농업보조금의 지출 증대는 공동농업기금의 재정위기를 초래하였다. 공동농업기금의 재정적자액은 1970년에 31억 유로였으나 1988년에는 263억 유로에 달했을 정도였다.[19] 이와 같은 내부적인 재정 위기로 말미암아 공동농업기금은 농업보조금의 축소를 주 내용으로 하는 개혁이 필요로 하게 되었다. 또한 개혁의 필요성은 미국을 중심으로 한 역외의 주요 농산물 수출국들이 유럽공동체의 보호주의적 가격지원정책의 철폐를 요청한데서도 비롯되었다. 이와 같은 내·외부적 요인들로 인해 개혁이 추진될 경우 유럽공동체 회원국의 농민들 중에서 가장 커다란 혜택을 받아왔던 프랑스 농민들의 양보가 불가피한 것이다. 이러한 상황에 직면하여 프랑스 농민들이 순순히 양보하였는지 아니면 적극적인 저항을 통해 자신들의 권익을 최대한 지키고자 하였는지를 알아보기 위해서는 먼저 프랑스 농민이 어떠한 계층분화 과정을 거쳐 왔는지를 밝혀야 한다.

역내에서 생산된 농산물에 대한 최저가격보장제 및 수출가격보상제의 실시로 인해 경작지 면적이 넓어 생산량이 많은 중·대농들이 소농들보다 더 많은 농업보조금을 받았다.[20] 특히 기업의 형태를 띤 대농은 가격보장제를 핵심으로 하는 공동농업정책 덕분에 더욱 많은 보조금을 받았다. 이렇게 얻은 이윤은 경쟁력을 개선하는 영농현대화에 투입되었다. 1983년에 유럽공동체 자체의 설문조사에 의하면 공동농업기금 지원금의 13%만이 영세농에 분배되었고, 전체 농가의 1% 미만인 대농(매상고 150만 프랑 이상인 농가)이 지원금의 14% 이상을 수령한 것으로 나타났다.[21] 결국 20%의 가장 부유한 농민층이 보조금의 80%를 수령하게 되었던 것이다.[22] 이것은 농업보조금이 경지면적에 비례하여 지급되었기 때문이다.

농업보조금이 대농들[23]에게 유리하게 배분됨에 따라 소농들은 점차

---

19) Estival, "La fin de la PAC……," p.44.
20) Swann, *The economics*, p.233.
21) 〈*La France agricole*〉, 1983년 10월 28일자.
22) Estival, "La fin de la PAC……," p.45.

경작을 포기하고 전업하는 경우가 많아졌다. 전업하는 소농들의 경작지는 주로 이웃의 농가들에 의해 흡수되었다. 이와 같은 소농들의 전업은 공동농업정책 이전부터 있어 왔던 농민수의 감소를 가속화시켰다. 농민의 수는 1851년에 2천만 명에 달하였으나, 1960년에는 410만 명으로, 1970년에는 280만 명으로 감소하였다. 1962년에서 1968년 사이에 매년 8만 8천 명이 감소하였으며, 1970년대 중반에는 매년 16만 명이 줄어들었다. 국민 전체에서 차지하는 활동농민수의 비율은 제 2차 세계대전 이전인 1930년에는 36%, 1960년에는 17%, 1975년에 10%, 그리고 1983년에는 단지 8%에 불과하였다.[24] 〈표 3〉에서 알 수 있듯이 1929년에 396만 호에 달했던 농가 수는 1970년에는 155만 가구, 나아가 1995년에는 73만 5천 가구로 줄어들었다. 2002년에는 66만 호로 감소하였다.[25] 이와 같은 전체 농가 수의 감소에도 불구하고 중·대농의 수는 증가하였다. 특히 100ha 이상을 가진 농가수가 1970년에 3만 호였으나, 1995년에는 7만 호로 증가하였다.[26]

---

23) 최저가격보장제로 가장 큰 혜택을 본 지역은 대규모의 기업농이 집중되어 있는 프랑스의 북부나 이탈리아의 롬바르디아(Lombardie)였다. 프랑스의 경우 방데(Vendée)와 아르덴느(Ardennes) 노선 북부의 25개 도의 농업생산량은 프랑스 본토 전체에 속한 96개 도의 농업생산량의 절반 이상을 차지하였다.

24) Sally Sokoloff, "Socialsim and the farmers," in Philip G. Cerny and Martin A. Schain, (ed.), *Socialism, the state and public policy in France*(London: Frances Pinter, 1985), p.246.

25) Estival, "La fin de la PAC……," p.42.

26) *Ibid.*: 경작지의 평균 면적도 1955년의 14ha에서 1988년에 25ha로 증가하였다.

<표 3> 1929년에서 1995년 사이에 프랑스 농가 호수의 변천

(단위: 1,000호)[27]

경작지 규모	1929		1955		1970		1981		1995	
5 ha 미만	2,160	54.5%	800	35.0%	422	27.1%	340	28.0%	201	27.3%
5-20 ha	1,310	33.1%	1,013	44.3%	606	39.1%	385	31.7%	158	21.5%
20-50 ha	380	9.6%	377	16.4%	394	25.4%	339	27.9%	177	24.1%
50-100 ha	81	2.0%	75	3.4%	101	6.5%	117	9.6%	128	17.4%
100 ha 이상	32	0.8%	20	0.9%	30	1.9%	34	2.8%	70	9.6%
합 계	3,963	100%	2,285	100%	1,553	100%	1,215	100%	735	99.9%

출처: *Eurostat Agriculture*, Sèrie 5A, 1998.

결국 공동농업기금은 재정위기에도 불구하고 중·대농들에게 유리하게 분배되어 왔고, 이는 중·대농수의 증가와 소농의 지속적인 감소를 초래하였다.

제4절 공동농업정책의 개혁과
농민들의 집단저항

프랑스의 중·대농과 소농은 공동농업보조금의 삭감을 목표로 하는 유럽공동체의 공동농업기금 개혁안에 대하여 각기 상이한 조직을 통해 저항하였다. 프랑스에서 2차대전 이후 농민을 대변했던 주요 노조는 전국농민조

---

27) Kim, *L'Etat et la politique agricole*, p.146.

합연맹(FNSEA: Fédération nationale des syndicats d'exploitants agricoles)과 전국청년농민연맹(CNJA: Centre national des jeunes agriculteurs)이었다. 1953년 이래로 지속적으로 제휴해 온 두 연맹은 일부 소농들을 회원으로 받아들였다 할지라도 대농들에 의해 주도되었다. 두 연맹의 지도자들은 대규모로 생산하는 대농들에 상대적으로 유리한 곡물가의 인상과 보호주의적인 보조금 지원정책에 주된 관심을 기울였다. 이들 지도자들은 주로 북부나 파리 주변 지역의 중·대농 출신이었기 때문에 농민들을 위한 사회보장제도의 확립에는 소극적이었고 오히려 부유한 대농들에 유리한 정책을 추구해왔다.[28] 이들의 세력 분포는 1989년 실시된 농업위원회 (Chambres d'Agriculture) 위원 선거에서 얻어낸 득표율을 보면 잘 알 수 있다. 프랑스 전역에 걸쳐 3만 2천 개의 지역 농민조합을 거느리면서 60만 명의 농민을 대변하였던 전국농민조합연맹과 5만 명의 농민을 대변하였던 전국청년농민연맹은 64.4%의 득표율을 보이기까지 하였다.[29] 이에 비해 좌익 성향의 주요 농민조직으로는 1987년 초에 결성된 농민동맹 (Confédération paysanne)을 들 수 있다. 1989년에 가입자의 수가 4만 명에 달하였던 농민동맹이 1989년의 농업위원회 위원 선거에서 18.5%의 득표율을 나타내었다. 그리고 역시 좌익성향의 가족경작옹호운동(Mouvement de défense des exploitations familiales)과 프랑스농업연맹(Fédération française de l'agriculture)은 각기 7.6%와 5.1%를 차지하는데 그쳤다.[30] 본고에서는 농민들의 지지를 많이 받았던 전국농민조합연맹, 전국청년농민연맹 그리고 농민동맹을 통한 농민들의 저항 운동을 주로 고찰하고자 한다.

---

28) Eve Fouilleux, *La Politique agricole commune*, pp.94-97.
29) 〈*Le Monde*〉, 1992년 1월 25일자.
30) *Ibid.*, 1993년 6월 26일자.

　　유럽공동체는 농산물 과잉생산을 억제하고 공동농업기금의 재정위기를 극복하기 위해 1983년에는 '보증의 한도(seuil de garanties)'제도를 채택하였다. 이 제도에 따르면 공동체는 바람직한 생산수준을 결정하고 이 수준을 초과하는 생산물에 대해 가격 보증을 철회하여 과잉생산을 막는다는 것이다. 그러나 이와 같은 정책은 보호주의적인 유럽공동체 농업정책의 기본 골격을 바꾸기보다는 이를 보완하는 차원에서 추진된 것에 불과하였다. 이처럼 자체의 개혁이 미진한 가운데 GATT를 등에 업은 미국31)을 중심으로 한 역외의 주요 농산물 수출국들이 유럽공동체의 보호주의적 가격 정책의 철폐를 요구하고 있었다.32)

　　유럽공동체는 미국의 압력에 굴복하거나, 그렇지 않을 경우 치즈, 포도주 그리고 꼬냑 등의 농산품은 물론 상당수 공산품의 대 미국 수출을 포기해야만 하는 상황에 직면하였다. 미국에 대한 많은 수출 품목을 포기할 경우 유럽공동체의 경제가 커다란 타격을 받을 것이 자명하였다. 이 때문에 유럽공동체는 농산품 수입관세 인하와 수출 농산품에 대한 보조금 축소를 강요하고 있는 GATT와 협정을 체결하지 않을 수 없었다. 이와 같은 상황에 대해 프랑스의 주요 일간지인 르몽드는 "미국의 덫에 걸린 유럽농업"33) 이란 제목의 기사를 게재하기까지 하였다. 이제 유럽공동체에게 남은 것은 양보를 하되 어떻게 하면 역외수출품에 대한 공동체의 농업보조금 특히 수출보조금을 최대한 유지하면서도 GATT와의 협상을 타결짓느냐는 것이었다. 협상에 앞서 유럽공동체는 협상 전략의 일환으로 수출보조금의 축소를 포함하는 자체의 개혁을 도모하기도 하였다. 그렇지만 공동농업정책의 보

---

31) 1981년에서 1986년 사이에 미국의 곡물수출 시장점유율은 57%에서 37%로 줄어든 반면 유럽공동체의 시장점유율은 10%에서 15%로 증가했던 것이다.
32) Sinott and Winston, "Neofunctionalism and the legitimacy……," p.362.
33) 〈Le Monde〉, 1987년 1월 28일자.

호주의 색채를 후퇴시키는 근본적인 개혁의 움직임은 1985년 제 1차 개혁안의 제출에서 비롯되었고, 이 개혁안은 3년간의 협의를 거쳐 타결되었다.

제1차 개혁안이 1988년 2월에 통과되기 이전인 1987년 말부터 이미 농민들은 개혁반대 시위를 벌였다. 수천 명의 농민들이 1987년 12월 1일 중대농의 입장을 주로 대변하였던 전국농민조합연맹 및 전국청년농민연맹의 주도 하에 루앙(Rouen)에서 공동농업정책에 반대하여 시위를 전개하였다.34) 1988년 2월 9일에는 역시 상기 두 연맹의 주도 하에 8천 명의 농민이 앙제(Angers)에서, 3천 명의 농민이 렝스(Reims)에서 공동농업보조금의 삭감에 반대하는 시위에 가담하였다. 이에 반해 소농의 입장을 주로 대변하고 있던 농민동맹은 공동농업정책의 개혁은 대농과 농산물가공 회사에게만 이득을 가져다주었다고 주장하면서 1988년 2월 11일 끌레르-몽페랑(Clermont-Ferrand)에서 약 3천 명에 달하는 농민들의 개혁 반대 시위를 주도하였다. 이 시위의 목적은 쀠-드-돔(P uy-de-Dome)도의 우유생산자들에게 타격을 주게 될 우유생산할당제의 폐지를 목표로 삼았다.35)

이와 같은 반대 시위에도 불구하고 유럽공동체 집행위원회는 제 1차 개혁안을 1988년 2월 20일에 통과시켰다. 이 개혁안은 농업부문에 대한 지출을 억제시키기 위해 곡물, 유채류, 두류 등에 대해 가격의 보장 한도를 설정하는 동시에 공동농업기금 가운데 가격 보장부문의 증가율을 유럽공동체 국민총생산 성장률의 74% 이내로 제한하자는 것이다. 또한 그 개혁안은 가격보장한도량 이상 생산된 경우에는 생산 농민에게 추가로 공동책임부과금을 추징하며 아울러 수매가격을 점차 인하해 나가는 것을 목표로 삼았다. 그렇지만 이러한 공동농업기금 보장부문에 대한 개

---

34) *Ibid.*, 1987년 12월 2일자.
35) *Ibid.*, 1988년 2월 13일자.

혁은 근본적인 문제들을 일시적으로 완화시켰을 뿐 큰 성과를 거두지 못하였다. 이와 같은 유럽공동체의 개혁안에 대해 우익의 시라크 내각은 불이익을 당하게 될 소농들이나 소외된 지역의 농민들을 위해 1988년 2월 27일 30억 프랑을 배당하였다. 이중 10억 프랑은 가장 소외된 소농들, 특히 산악지대의 농민들을 대상으로 하였다.[36]

제2차 개혁안이 제시되기에 앞서 전국농민조합연맹과 전국청년농민연맹의 촉구로 1990년 8월 29일 프랑스 전역에서 농민들의 대규모 시위가 벌어졌다. 꼬뜨-도르(Côte-d'Or)도에서 200명의 부르고뉴 농민들이 고속도로 A6를 양 방향에서 차단하여 6km에 걸친 정체를 야기했다. 수 톤에 달하는 토마토가 고속도로에 내버려졌다. 또한 농민들은 45대의 트랙터 및 견인차를 동원하여 방데(Vendée)의 여러 간선 도로를 마비시켰다. 프랑스의 서남부 해안도시인 라호셀(La Rochelle)에서는 200명의 농민이 도청을 장악하였다. 스트라스부르(Strasbourg)에서도 농민들이 유럽연합의회 건물 앞에서 시위를 전개하였다.[37]

유럽공동체 집행위원회는 미국의 압력을 외면할 수 없었기 때문에 농민들의 저항에도 불구하고 1990년 10월 5일 제2차 개혁안을 제시하였다. 그렇지만 프랑스의 반대로 그 개혁안은 곧 무산되고 말았다. 이어서 1991년 초에 유럽공동체 집행위원회의 위원인 맥쉐리(MacSharry)가 '농업발전과 농업의 미래'라는 제목으로 광범한 개혁안을 제시하였다. 공동체 집행위원회는 보장가격을 크게 낮추고, 그리고 생산을 포기하는 농민들에게 직접 보상할 것을 제안하였다.[38] 미국에 대한 양보를 전제로 하는 집행위원회의 주장에 대해 농민들은 굴복하지 않았다. 20만 명의

---

36) *Ibid.*, 1988년 2월 27일자.
37) *Ibid.*, 1990년 8월 30일자
38) *Ibid.*, 1991년 1월 20일자.

농민이 1991년 9월 30일 전국농민조합연맹과 전국청년농민연맹의 촉구로 프랑스 전역에서 시위에 가담하였다. 2만 5천 명의 농민이 1992년 4월 6일 스트라스부르에서 그리고 4월 16일에는 8천 명의 농민이 알비(Albi)에서 각기 반미 시위를 전개하였다.[39]

1992년 5월 유럽공동체 이사회는 그 때까지의 보장부문의 가격지원정책을 소득지원정책으로 전환하여 더 많은 양을 생산한 농민에게 더 많은 기금이 돌아가는 것을 막고자 하였다. 아울러 지원가격을 곡물, 육우, 그리고 버터에 대해 각기 33%, 15%, 그리고 5%씩 삭감하기로 결정하였다. 이에 반발한 수천 명의 농민이 1992년 6월 9일 전국농민조합연맹과 전국청년농민연맹의 주도 하에 50여 대의 트랙터를 앞세운 채 베르사이유 궁전 정문 앞에서 시위를 하였다. 같은 해 6월 29일에는 상기 두 연맹의 촉구로 85개 도에서 전국적인 농민 시위운동이 벌어졌다.[40] 이에 비해 농민동맹은 상기 두 연맹이 부농들의 입장을 옹호하면서 지난 30년 동안 소농들의 퇴출에 동조해왔다고 주장하면서 두 연맹이 주도하는 시위와는 별도의 시위를 주도하였다.[41]

이 당시 유럽공동체 집행위원회는 우루과이 라운드 협정이 붕괴할 경우 초래될 경제적 위기와 2년 후인 1994년에 치르게 될 총선 패배 등을 두려워한 독일 정부로부터 협정의 타결을 위해 보다 많은 양보를 하도록 압력을 받았다. 독일은 농업보조금 축소 문제를 둘러싸고 북유럽 국가 및 이탈리아의 입장을 옹호하면서 유럽공동체로 하여금 미국에 대해 보다 유화적인 태도를 취하도록 촉구하였던 것이다. 그 결과 불과 4개월 후에 총선을 치러야 했던 프랑스 정부만이 홀로 GATT와의 협정에 반대하고

---

39) *Ibid.*, 1992년 4월 18일자.
40) 〈*Le Figaro*〉, 1992년 7월 2일자.
41) 〈*Le Monde*〉, 1991년 10월 2일자.

있었다. 이러한 반대에도 불구하고 유럽공동체의 집행위원회와 GATT 사이에 유럽공동체의 보조금 축소를 주 내용으로 하는 '블레어 하우스(Blair House: 미대통령의 영빈관)협정'이 1992년 11월 20일에 체결되었다. 블레어 하우스 협정은 유럽공동체의 농업수출품에 대한 보조금의 21% 삭감과 유실수의 재배면적 제한을 포함하고 있었다. 프랑스는 블레어 하우스 협정을 유럽공동체에 상당히 불공평한 것으로 보았다.[42] 특히 전국농민조합연맹과 전국청년농민연맹은 그 협정에 반대하는 유럽차원의 농민시위를 촉구하였다.[43] 그리하여 같은 달 26일 의회에서 블레어 하우스 협정에 관한 논의가 진행되는 동안 농민들이 파리와 지방에서 시위를 전개하였다. 끌레르 몽페랑에서는 타이어를 태우면서 미국을 비난하였다. 샤또브리앙(Châteaubriant)이나 알랑송(Alençon) 등 지방의 여러 도시에서 농민시위가 벌어졌고, 북부지방의 빠-드-깔레(Pas-de-Calais)에서는 농민들이 파리-브뤼셀 구간의 고속도로를 봉쇄하였다. 프랑스 국민들도 1993년 3월에 출범한 중도 우익의 발라뒤르(Edouard Balladur) 내각으로 하여금 블레어 하우스 협정을 거부하도록 압력을 가하고 있었다.

농민동맹은 GATT 협정이 소농들의 이익을 크게 저해할 것임을 강조하면서 정부가 30년 전부터 대농의 이익을 대변해온 전국농민연맹의 주장만 수용한다고 비난하였다. 1993년 7월 9일 농민동맹 소속 수십 명의 농민이 농업장관이 시장으로 재직하고 있는 리냑(Rignac) 시청 앞에서 프랑스 정부로 하여금 GATT의 주장에 굴복하지 말도록 촉구하였다.[44]

---

42) D. Webber, "High midnight in Brussels: an analysis of the September 1993 council meeting on the GATT Uruguay Round," *Journal of European Policy*, vol 5, no. 4(1998), pp.578-94.
43) 〈*Le Figaro*〉, 1992년 11월 24일자.
44) *Ibid.*, 1993년 7월 10일자.

발라뒤르 내각은 회원국 중에서 프랑스의 입장을 지지할 세력을 확보하기 위해 적극적인 외교적 노력을 기울였다. 수상인 발라뒤르는 블레어 하우스 협정의 수정을 얻어내지 못한다면 자신의 내각이 실각당하고 블레어 하우스 협정을 거부하려는 보다 민족주의적인 우익정당에 의해 대체될 것이라 예상하고 그 협정을 적극적으로 반대하였다.[45] 이로 인해 유럽연합(EU: European Union)[46] 회원국의 대부분이 블레어 하우스 협정을 기정사실로 받아들이는 상황에서 프랑스만이 홀로 그 협정을 반대하는 상황이 연출되었다. 이러한 불리한 여건 가운데서도 프랑스는 집요한 막후교섭과 외교활동을 통해 공동체 집행위원회와 미국 간에 체결되었던 블레어 하우스 협정이 1993년 9월 20일 유럽공동체 이사회(회원국 정상들의 회의체)의 동의를 받지 못하게 만드는데 성공하였다. 그렇지만 프랑스는 유럽연합 집행위원회가 수일 이내에 미국과 농업부문의 교섭을 재개하는 것을 막지 못하였다. 협상의 재개 덕분에 유럽연합은 1993년 12월 15일 GATT와 농업부문 협상을 타결지었다.[47] 그로 인해 유럽연합 국가들은 블레어 하우스 협정안보다 더 많이 수출하고 더 적게 수입할 수 있게 되었다. 결국 프랑스의 그와 같은 외교적 노력은 자국 농민들의 이익을 지키는데 상당히 기여하였던 것이다.

농업 부문 협상의 타결 이후에도 농민들의 저항은 계속되었다. 1994년 3월 30-31일 농민동맹이 주도한 시위에 수천 명의 소농들이 가담하였다. 농민동맹은 공동농업정책을 신자유주의 정책에 물들어 있다는 이유로 비난하

---

45) Thompson, "Protest politics and violence……," p.293.
46) 유럽연합이란 유럽공동체가 1992년 마스트리히트 조약에 따라 새로이 취한 이름이다.
47) 이 협상에서 1995-2000년 사이에 보장부문 수출보조금은 1986-90년 평균치에 비해 가격기준으로 36%, 수량 기준으로 21%를 감소하기로 합의되었다. 유럽공동체의 역내 보조금도 1986-1990년 기준으로 평균 20% 삭감하기로 하였다.

면서 개별 농민에 대한 지원액의 상한선을 설정할 것을 주장하였다.[48] 이러한 소농들의 불만에 직면하여 발라뒤르 내각은 청년농민에 대한 기부금과 산악지역에 대한 특별 보상금과 같은 구체적인 보조금을 부여하는데 그쳤다.

이상에서 살펴보았듯이 공동농업기금의 배분으로 주로 혜택을 보았던 중·대농들은 전국농민조합연맹과 전국청년농민연맹을 통해 집단투쟁을 하면서 자신들의 권익을 지키고자 하였다. 이 양대 연맹을 통한 중·대농들의 투쟁은 프랑스 정부로 하여금 공동농업정책의 개혁을 최소화시키도록 함으로써 자신들의 이익을 옹호하는데 앞장서도록 만드는 중대한 계기가 되었다. 물론 소농들도 농민동맹을 통해 저항함으로써 정부의 정책결정에 영향을 미치기도 하였다. 그러나 소농들은 공동농업기금의 혜택을 별로 보지 못했다. 소농들은 단지 몇 차례에 걸쳐 자신들의 불만을 무마시키기 위해 지급된 정부 보조금의 혜택을 받는데 그쳤다.

제5절 개혁에 반대하는 프랑스의 태도

프랑스는 농업보조금의 철폐나 축소를 목표로 삼고 있는 공동농업정책의 개혁안에 대한 자국 농민의 저항이 국민들의 커다란 지지를 받고 있다고 주장하였다. 농업인구수가 계속 감소하여 2000년에는 전 인구의 3.5%에 불과하였고 또한 농업생산량이 GNP의 1.9%를 차지하는데 그쳤을지라도

---

48) ⟨*Le Monde*⟩, 1994년 4월 5일자.

상당수의 프랑스 국민들이 농민들의 입장을 지지해 왔다. 프랑스 국민들의 농민들에 대한 지지도는 유럽연합 회원국 국민들을 대상으로 실시한 공동농업정책의 중요성에 대한 인지도 조사에서도 잘 나타난다.

<표 4> 유럽공동체 회원국 국민들의 공동농업정책의
중요성에 대한 인지도

국 가	인지도(%)
프 랑 스	69
오 스 트 리 아	64
독 일	49
스 페 인	46
영 국	41
이 탈 리 아	41
네 델 란 드	36
포 르 투 갈	34
그 리 스	23
유 럽 전 체 평 균	48

출처: *Eurobarometre Flash 85*(2000년 9월 27일에서 10월 15일 사이에 유럽연합의 주민 15,996 명을 대상으로 실시한 설문조사).

〈표 4〉에서 알 수 있듯이 프랑스 국민들은 유럽공동체 회원국 중에서 공동농업정책의 중요성을 가장 잘 인식하고 있었다. 2001년에 행하여진 프랑스 농업에 관한 소프레스(SOFRES)의 여론조사[49]에서도 대다수의 프랑스 국민들(전국민의 75%)은 자신들이 농업에 상당히 결부되어 있다고 여겼다. 이것은 농업이 경제에서 중요하고 결정적인 역할을 하고 있다는 인식에서 비롯되었다. 또한 그들은 "농업이 바로 프랑스인의 공동체 의식의 산물이며, 프랑스의 국민적 유산"[50]이라고 생각하였다. 이

---

[49] http://www.SOFERES.fr/etudes/pol/120101 agri n.htm을 참조할 것.

와 같은 인식을 가졌기 때문에 대다수 프랑스 국민들은 농업 부문에서 프랑스가 상대적으로 큰 혜택을 누리는 것은 당연하다고 보았던 것이다. 이러한 국민들의 태도를 근거로 내세우면서 프랑스 정부는 농민들의 입장을 옹호하는 것이 정당하다고 주장하였다.

프랑스가 회원국 중에서 가장 많은 농업보조금을 수혜 받는 것이 비록 프랑스 국민들의 지지를 받고 있다 할지라도, 다른 회원국들과의 형평성을 고려했을 때 정당한가? 이에 답변하기 위해서는 유럽공동체 예산[51])에 가장 많은 출연금을 내고 있는 독일이 프랑스가 상대적으로 적은 부담을 지면서도 가장 많은 농업보조금을 수령해 가는데 대해 어떤 태도를 취하고 있는지를 밝혀야 한다.

<표 5> 유럽연합 예산에 대한 각 회원국의 순 기여액(2003년 기준)

(단위: 1억 유로)

국 가	액 수	국 가	액 수
독 일	77	덴마크	2
영 국	28	룩셈부르크	1
네 델 란 드	20	핀란드	0
프 랑 스	19	아일랜드	-16
스 웨 덴	10	포르투갈	-35
이 탈 리 아	8	그리스	-37
벨 기 에	8	스페인	-87
오스트리아	3		

출처: http://www.eu.int/eur-lex/budget/www/index-fr.htm.

---

50) Demossier, "Rural France……," p.278에서 재인용.

51) 공동농업기금이 위기에 처한 것은 수입이 줄고 지출이 크게 늘었기 때문이다. 수입 측면을 살펴보면 과잉생산으로 인해 농산품의 역외수입이 격감했기 때문에 농업과징금 수입이 감소하였으며, 관세율도 국제적 협상으로 인해 인하됨으로써 관세수입도 줄어들었다. 지출 측면에서는 과잉생산된 곡물의 수매보조금과 수출지원금으로 말미암아 지출은 크게 증가하였다. 이로 인해 공동농업기금의 예산 확보에 비상이 걸렸다.

〈표 5〉에서 알 수 있듯이 프랑스의 유럽연합 예산에 대한 순 기여액[52]은 독일의 1/4에 불과하며 그리고 네델란드와 비슷한 수준이다. 이것은 주로 프랑스가 공동농업기금으로부터 보조금을 가장 많이 수령하기 때문이다. 순 기여액의 비교는 독일의 부담의 정도를 나타내줄 뿐 그 부담이 정당한지는 말해주지 않고 있다. 독일이 가장 많은 부담을 지는 것이 당연하다는 주장의 타당성을 밝히기 위해 유럽공동체 회원국별 전체 생산품 및 농산품의 교역의 결과를 살펴보기로 한다.

〈표 6〉에서 알 수 있듯이 1985년 현재 독일의 역내 농산물의 무역수지 적자가 73억 에퀴였으나 역내 전체 무역수지 흑자는 262억 에퀴에 달하였다. 이것은 독일이 농산품 무역수지 적자에도 불구하고 공산품 수출 덕분에 막대한 흑자를 보고 있음을 말해주는 것이다. 이에 비해 프랑스는 같은 해 45억 에퀴의 농업무역수지의 흑자를 보았으나 전체 무역수지는 147억 에퀴가 적자였다. 프랑스의 농업수지가 흑자이지만 무역수지 전체는 이보다 규모가 훨씬 큰 규모의 적자를 보이고 있으며 그리고 이러한 적자가 주로 독일과의 무역수지 적자에서 비롯되고 있음을 고려한다면, 프랑스가 상대적으로 적은 공동체 예산의 분담금을 납부하면서도 보다 많은 농업보조금을 수혜 받는 것이 정당하다는 것이다. 사실 독일은 통일 이전에 상대적으로 우수했던 자국의 공산품을 무역적자에 시달리던 프랑스에 대거 판매하는 대신에 프랑스가 독일의 농산물 시장을 장악하는 것은 물론 가장 많은 농업보조금을 수령해가는 것을 묵인하였던 것이다. 그렇지만 프랑스로서는, "독일은 열심히 물건을 팔아서 돈을 벌지만 프랑스는 농업 보조금이라는 현금을 가만히 앉아서

---

[52] 순 기여액이란 각 회원국이 EU 예산에 기여하는 연 분담금(각 회원국 GNI의 1%) 중에서 농업보조금 등 도로 가져가는 각종 수혜액을 뺀 금액임.

챙긴다"[53)]는 비난을 듣지 않을 수가 없었다.

<표 6> 유럽공동체 회원국별 전체 생산품 및 농산품 교역의
대차대조표(1985년)

(단위: 1억 에퀴)

국 가	전체 교역품의 역내 수출액	농산물 역내 수출액
독 일	+262	-73
아 일 랜 드	+17	+17
네 델 란 드	+124	+85
덴 마 크	-10	+26
벨기에 및 룩셈부르크	+9	+3
포 르 투 갈	-17	-2
그 리 스	-31	-4
이 탈 리 아	-48	-78
스 페 인	-35	+16
프 랑 스	-147	+45
영 국	-130	-46

출처: *Rapport 1988 sur la situation de l'agriculture dans la communauté*, Commission des Communautés européennes.

또한 독일은 1990년대 이후 막대한 통일비용을 부담할 수밖에 없었기 때문에 공동농업정책에 대한 출연금의 부담을 줄이기를 원했다. 독일은 사실 1993년 유럽공동체 예산에 23%나 기여한 반면, 공동체로부터 16%의 보조금만을 받는데 그쳤다. 통일 독일은 이제 프랑스의 농업 구조가 상당히 변한 만큼 프랑스의 농업보조금 독점은 불합리하다고 판단하고 있다.[54] 그렇지만 프랑스는 독일이 중·동부 유럽의 많은 국가들에게 공산품을 판매하는 대가로 이들 국가들의 농산품을 대거 싼값에 매

---

53) Estival, "La fin de la PAC……," p.43. 독일은 농민들에게 높은 농산물 가격을 보장함으로써 경쟁력이 거의 없는 독일 농업의 생존을 또한 보장받았다.
54) Estival, "La fin de la PAC……," p.44.

입함으로써 프랑스 농산품시장이 크게 잠식될 것이기 때문에 독일이 가장 많은 유럽공동체 예산 분담금을 지속적으로 부담하는 것은 당연하다고 주장하였다.[55] 근거가 확실치 않은 프랑스의 이와 같은 주장의 옳고 그름은 2004년 중반 동유럽 농산물이 독일시장에 대거 유입되었을 때 판명되었다. 왜냐하면 동유럽 농산품은 대체로 질이 낮아 프랑스 농산품과 거의 경쟁상대가 되지 않았기 때문이다. 농업대국인 폴란드를 비롯한 구소련권 국가들에는 영세 농가가 많고 비효율적으로 경영되는 대규모 집단 농장이 많이 남아 있다. 또한 신규 회원국은 이제까지 기존의 EU 회원국들이 오랜 시간에 걸쳐 구축해 온 각종 농업제품 제조 기준을 단기간에 충족시켜야 한다. 식품위생 기준 하나만 보더라도 2004년 현재 폴란드에 있는 3,300개의 식품가공 공장 중 EU가 요구하는 기준을 충족시키는 공장은 단지 70개에 불과하다.[56] 이러한 사실을 고려한다면 독일 국민들 중 프랑스 요구르트나 치즈 대신 그보다 가격이 훨씬 저렴한 폴란드의 요구르트나 치즈를 구입하려는 자가 거의 없었음은 당연하다 하겠다. 따라서 프랑스가 독일의 농산품 시장을 상실해가고 있기 때문에 독일이 여전히 가장 많은 분담금을 지속적으로 떠맡아야 한다는 주장은 독일을 설득하지 못하고 있는 실정이다.

더욱이 프랑스가 2004년에 유럽연합에 신규 가입한 중·동부유럽 및 지중해 10개 국가에 대해 공산품 판매를 크게 증대시켜 나가고 있는 상황에서 자국의 농업보조금 혜택을 줄이고 이들 신규 가입국에 공동농업보조금의 혜택을 늘려주는 것이 타당한 것으로 보인다. 그런데도 프랑스는 지금까지 자국의 보조금 수혜액의 비율을 줄이려는 어떠한 뚜렷한 조처도 취하지 않고 있다.

---

55) Thompson, "Protest politics and violence……," p.296.
56) 김태곤, 〈EU, 가맹국확대와 농업보조금〉, 《세계농업정보》, 제 47호(2004), p.10 참조.

제6절 맺음말

프랑스는 유럽공동체를 탈퇴하겠다는 위협을 하거나 '공석전술'을 활용하면서 자국에 유리하게 공동농업정책을 제도화시켰다. 프랑스는 또한 공동농업정책의 운용 과정에서도 가장 큰 혜택을 보았다. 그렇지만 농업보조금의 지급으로 초래된 농산물 과잉생산으로 인해 공동체 내부적으로 공동농업기금의 재정위기가 초래되었고 외부적으로는 미국을 중심으로 한 GATT의 주요 농산물 수출국들이 유럽공동체의 보호주의적 농업정책을 철회하도록 압력을 가해 왔다. 이와 같은 내·외부적 압력에 직면하여 유럽공동체는 농업보조금의 삭감을 목표로 하는 각종 개혁을 추진하지 않을 수 없었다. 농민들은 그와 같은 개혁에 대해 계층별로 별도의 조직을 통해 저항하였다. 중·대농들은 전국농민조합연맹과 전국청년농민연맹의 주도 아래 농업보조금의 삭감을 목표로 하는 공동농업정책의 각종 개혁에 저항운동을 벌렸다. 그들의 투쟁 목적은 주로 보장가격의 유지였다. 이와 같은 집단적인 저항은 프랑스 정부로 하여금 공동농업정책의 개혁에 반대하게 만든 중요한 요인이 되었다. 이에 더해 농업에 대한 프랑스 국민들의 높은 지지율도 프랑스 정부가 공동농업정책의 개혁에 소극적이게 만든 중요한 이유이기도 하다.

그렇지만 농민들의 저항과 국민들의 농민 지지가 곧 바로 프랑스가 가장 많은 농업보조금을 수령해가는 것을 정당화시켜 주는 것은 아니다. 공동농업기금의 재정위기가 지속된 주된 이유는 농업보조금의 삭감을 주 내용으로 하는 개혁이 철저하지 않았기 때문이며, 그 책임의 상당 부분은 개혁의 강도를 약화시키는 주범이었던 프랑스에게 돌아가게 되는 것이다. 유럽공동체의 농업보조금의 가장 많은 비율을 프랑스가 차지하였고, 또한 그것들이 주로 중·대농에게 주로 돌아갔다는 사실은 "공동체의 농업보조금을 없앨 경우 프랑스 농민이 위기에 처할 것이라는"프랑스 정부[57]의 주장이 설득력이 없음을 말해준다 하겠다. 이러한 이유 때문에 프랑스 정부는 공동농업정책의 개혁에서는 물론 GATT와의 협상에서 부유한 농민들의 이익을 옹호하기 위해 농업보조금 사수에 앞장서 왔다는 비난을 받고 있다. 이러한 비난에 대한 하나의 타개책으로 프랑스는 소농의 범주를 기존의 5ha를 이하의 농지를 보유한 농민에서 이제는 50ha 이하의 농지를 보유한 자로 확대해야 한다고 주장하기도 하였다.[58] 그렇지만 5-50 ha의 농지를 보유한 자는 전통적인 소농 개념에서 크게 벗어나기 때문에 그와 같은 소농의 범주 확대는 부농에 편중된 지원을 정당화하는데 별다른 도움이 되지 못하고 있다.

거기다가 독일 통일 이후에 엄청난 통일 비용을 감당해야 하는 독일이 프랑스가 가장 많은 혜택을 가져간다는 점에 대해 눈에 보이지 않는 불만을 품고 있음이 확인되고 있다. 또한 프랑스가 2004년에 추가로 유럽연합에 가입한 후진 농업국인 중동부 유럽 및 지중해의 10개 국가[59]에 대해 공산품을 대거 판매하는 대신에 자국에 돌아오는 공동농업기금

---

57) 프랑스 정부의 공동농업정책 개혁을 최소화시키려는 입장은 그 정치성향이 어떠하든 간에 일관성을 지녔기 때문에 우익정권과 농민들이 긴밀히 제휴하였다는 기존 연구 결과는 설득력이 약하다고 하겠다.

58) Kim, L'Etat et la politique agricole, p.247 참조.

59) 동구 10개국의 가입으로 약 4천만 ha의 경작가능 토지가 증대한다. 그러나 이들 국가들은 유럽공동체의 기존 회원국에 비해 소득수준이 낮고 농업부문 비중도 높아, 1995년 기준으로 농업총생산이 GDP의 9%를 차지하고 있으며, 노동자의 22%인 9백 50만 명이 농업부문에 고용되어 있다. 이들 국가들은 농산물 공급관리의 미숙과 낮은 농업기술, 낙후된 기계설비 등으로 인해 비효율적이며, 농산물 가격은 서유럽국가들에 비해 매우 낮은 수준에 머물러 있다.

의 몫을 크게 양보하는 것이 당연하다고 하겠다. 그렇지만 프랑스는 농민들의 저항 때문이라는 이유를 들면서 이들 후진 농업국들에 대한 농업정책상의 여러 특권들을 실질적으로 양보하기를 차일피일 미루고 있다. 이처럼 프랑스는 부담은 적게 지면서도 유럽공동체에 대한 주도권을 포기하지 않으려는 모순적인 입장을 취하고 있는 것이다. 결국 농민의 저항 때문에 프랑스가 기존의 혜택을 크게 양보할 수 없다는 논리는 오늘날 유럽통합을 심화시키는데 하나의 중요한 걸림돌이라 하겠다. 그와 같은 프랑스의 자세로 인해 유럽공동체 내에서 프랑스의 입지는 축소되었다. 그러므로 프랑스는 "전투에는 승리하였지만 전쟁에는 승리하지 못했다"[60]라는 평가를 들을 수밖에 없다.

---

60) Estival, "La fin de la PAC……" p.44.

제7장 유럽헌법 부결에 대한 프랑스 여론 추이

Ⅰ. 서 론

  1951년 파리조약에 따라 유럽석탄철강공동체(ESEC: European Coal and Steel Community:)로 출범한 유럽공동체는 유럽의 정치· 경제 통합을 실현하려는 노력을 기울여 왔다. 1968년 회원국간의 관세장벽을 철폐하고 대외공동관세정책을 마련함으로써 관세동맹(Customs Union)을 창설하였으며, 1969년 대외정책에 대한 정기적인 자문을 수행하는 유럽정치협력체(EPC: European Political Cooperation:)를 설치하였다. 이어서 유럽공동체는 1993년 11월 1일 발효된 마스트리히트 조약에 따라 유럽단일통화의 창출을 추진하고 그리고 유럽연합(EU)으로 이름을 바꾸게 되었다. 1991년 마스트리히트 조약의 체결 이전까지 유럽통합의 중심논리는 무역장벽의 제거, 탈규제와 자유화를 통한 경쟁 도입 그리고 단일시장 건설이었다. 그러나 마스트리히트 조약에 의해서 유럽공동체는 정치적 통합과 한층 심화된 경제통합을 지향하게 되었다. 마스트리히트 조약의 가장 두드러진 특징은 경제·통화연합(Economic and Monetary Union)과 단일통화를 2002년까지 도입하기 위한 조건과 시간표를 제시한 것이었다. 하지만 마스트리히트 조약은 본래 제기된 문제, 즉 동유럽 국가들의 가입, 독일을 유럽에 더욱 통합할 필요성, 단일통화로 나아가기 위한 조건 등을 해결하지 못한 채 남겨두었다. 따라서 조약 개정에 대한 요구가 계속 나왔고, 1996-97년 정부간 협상을 통해 법과 제도 및 정책과정을 바꾸는 논의가 진행되어 1997년 암스테르담 조약이 체결되었다. 이런 과정을 통해 유럽통합은 계속 심화하여 재정, 예산, 사회, 통화 정책을 모두 아우르는 수준까지 확대되었다. 그리하여 지난 2000년 프랑스의 니스협상과 2001년 벨기에의 라에켄(Laeken)협상을 통해서 유럽헌법의 구체적인 일정과 계획이 제시되었다. 라에켄에 모인 회원국 대표들은 EU를 민주적으로 효율성 있게 구성하여야 한다는 인식을 바탕으로 EU의 개혁이 필요하다는 점을 천명하였다. 또한 그러한 개혁을 위하여 니스에서와 유사한 내용의 중요 의제를 설정하고 헌법회의가 다루어야 하는 60여 개의 구체적인 사항도 제시하였다.[61] 헌법회의가 마련한 초안에 대해서는 수많은 수정안이 제출되었으며, 산고의 고통을 거친 후에 2004년 10월 29일에 EU 25개국 정상들은 수정된 유럽헌법안(Treaty Establishing a Constitution for Europe)에 대해 서명하였다.

유럽헌법은 전문과 4개 부(部), 5개 기록서와 3개의 설명서로 구성된다. 유럽헌법은 EU 내 기존의 모든 조약들과 법률들을 대치할 수 있는 최상위법으로 EU의 정치적 통합을 이끌어 낼 수 있는 체계다. 유럽

---

61) "L'Europe se penche à Laeken sur son avenir constitutionnel", ⟨Le Monde⟩, 2001년 12월 14일.

헌법이 EU 소속 국가들에서 전부 통과되면, 회원국 모두는 실질적으로 동일 헌법을 갖게 되기 때문에 EU 전체가 하나의 국가라는 모습을 보일 수 있게 된다. 이처럼 유럽 헌법은 기존의 EU를 규정해온 연합 구성국 간의 조약을 하나로 묶는 동시에 미흡했던 내용을 새롭게 추가한 '조약 위의 조약'이라고 볼 수 있다. EU 대통령 및 외무장관직 신설, 이중 다수결제도 도입, 유럽의회 강화 등 헌법의 주요 내용은 진정한 연방국가를 향해 나아가기 위한 밑거름이 될 것으로 기대되었다.[62] 특히 '경제 대국, 정치 난쟁이'라는 오명을 뒤집어썼던 EU의 외교력과 정치력 강화를 위해 2년 6개월 임기의 대통령직과 5년 임기의 외무장관직을 신설하는 등 EU의 정치적 통합이 미국식 강대국을 꿈꾸는 '유럽연합'의 토대가 될 예정이었다.

유럽헌법조약이 발효되기 위해서는 EU 25개 全회원국의 비준이 필요하며, 각 회원국들은 자국의 국내법에 따라 의회결의나 국민투표를 통해 유럽헌법안에 대한 비준 절차를 2006년 10월 말까지 마치도록 되어있었다. 그러나 유럽헌법조약의 비준작업은 EU의 핵심국가인 프랑스와 네덜란드에서 급제동이 걸리게 되었다. 2005년 5월 29일 실시된 프랑스 국민투표에서는 찬성 45.1%, 반대 54.9%(투표율 69.8%)라는 큰 차로 유럽헌법이 부결되었다. 이어 6월 1일 네덜란드의 국민투표에서도 찬성 38.4%, 반대 61.6%(투표율 62.8%)로 역시 부결되었다. 유럽헌법이 부결된 것은 유럽통합의 진전에 부정적인 영향을 미쳤다고 볼 수 있다. EU 집행위원회는 프랑스의 국민투표 결과와 상관없이 다른 회원국의 비준 절차는 정상적으로 진행돼야한다는 점을 거듭 강조해 왔다. 같은 해 5

---

62) The European Convention, *Draft Treaty establishing a Constitution for Europe*(Brussels, July 2003), p.6.

월 27일 최종 비준한 독일까지 이미 9개국 2억 2천만 명이 유럽헌법을 승인한 마당에 EU 시민의 절반 가까운 사람들의 목소리가 무시될 수 없다는 것이 집행위의 입장이었다. 그렇지만 프랑스의 부결은 그 뒤를 이은 네덜란드의 부결에 영향을 미치면서 유럽헌법의 비준 자체를 사실상 중단시켰다. 프랑스 국내적으로도 자크 시라크(Jacques Chirac) 대통령의 위신이 손상되고 내각 개편과 정계 역학구도 변화가 초래되었다. 이미 여론 지지도가 바닥이었던 장-피에르 라파랭(Jean-Pierre Laffarin) 총리가 경질되고 후임으로 도미니크 드 빌팽(Dominique de Villepin) 내무장관이 총리로 취임하였다.[63]

　프랑스 유권자들은 국내외적으로 미치는 파장이 매우 큰데도 불구하고 왜 유럽헌법의 비준을 부결시켰나? 이 문제에 답하기 위해 주로 유권자를 설문조사에 토대를 둔 수많은 연구가 이루어져 왔다. 이러한 연구들은 정치권과 일반국민들의 입장 차를 정확히 분석해 내지 못하였다. 이 때문에 정치엘리트와 대중들 사이의 의사소통의 중요성을 제대로 인식하지 못하였다.[64] 이러한 한계를 극복하기 위해 본고에서는 정치권의 입장과 일반국민들의 입장으로 대별하여 고찰하고자 한다. 우선 정치권의 입장을 파악하기 위해 유럽헌법 비준에 찬성한 자들과 반대한 자들로 나누어 고찰할 것이다. 먼저 비준에 찬성한 자들인 정부 및 집권여당과 사회당(Parti socialiste) 그리고 녹색당의 입장을 살펴보고 이어서 극좌에서 극우에 이르기까지 다양한 스펙트럼의 정치세력들로 구성되

---

63) 프랑스의 유럽헌법 찬반 국민투표 거부 후인 30일 프랑스 주요 일간지들은 대체로 "이 사건이 유럽헌법에 치명타를 가했을 뿐만 아니라 시라크 프랑스 대통령에게도 치욕을 안겨줬다"고 평했다.
64) Gilbert Wasserman, *Référendums: les conséquences du non*(Paris: Edtions d'organisation, 2005).

어 있는 반대세력의 입장을 살펴볼 것이다. 이어서 일반국민들이 왜 헌법비준을 반대하였는가를 검토할 것이다. 이러한 분석은 유럽헌법 수정안을 준비할 정치엘리트와 일반 국민들 사이의 견해차를 해소하는데 필요한 밑거름이 될 것이기 때문에, 차후 수정될 헌법의 비준을 위해 선행되어야 한다.

Ⅱ. 유럽헌법에 대한 프랑스 정치권의 인식

1. 유럽헌법 주요 내용 및 주류 정치권의 비준 찬성

2006년 11월 1일 발효를 목표로 하였던 유럽헌법은 '유럽합중국'이라는 정치 공동체로 나아가기 위한 첫 걸음이다. 총 191쪽 분량의 헌법안은 EU 대통령 및 외무장관직 신설과 유럽의회 강화 등을 통해 EU를 국제사회에서 법적 지위를 갖는 존재로 끌어올리는 것을 목표로 삼고 있다. 법안은 언론, 출판, 종교, 난민, 교육, 근로조건 등의 권리도 보장해 EU 각국의 사회통합을 가속화하려는 의도도 담고 있다. 이와 같은 일반적 내용에도 불구하고 국민투표를 앞두고 프랑스의 정치권은 유럽헌법의 성격을 둘러싸고 분열되어 있었다. 프랑스의 정부와 우파 집권 여당인 대중운동연합(UMP), 제1야당인 좌파 사회당 등 프랑스의 주류 정치권과 주요 언론들은 국민투표에 대해 공식적으로 찬성한다는 입장을 천명하였지만, 유럽헌법에 대한 반대진영은 극좌에서 중도좌파 그리고 극우까지 다양하게 포진하고 있었다.

유럽헌법을 지지하는 자들 프랑스의 우익 정권은 유럽헌법이 노동대중을 비롯한 소외된 계층의 입장을 더 잘 반영하고 있다고 주장하였다.[65] 사회당과 녹색당도 당의 공식 표결을 통해 유럽헌법을 지지하는 성명을 발표하였다. 이에 반해, 헌법에 반대하는 세력들은 주로 사회당 및 녹색당의 좌파 세력과 공산당 및 노동계 그리고 극우 세력을 들 수 있다. 이들은 헌법이 신자유주의적 성격으로 점철되어 있다고 주장하였다. 특히 반대표를 던진 자들의 상당수가 유럽통합이 너무 빨리 진행되고 있기 때문에 통합속도의 완급을 조절할 필요가 있다는 이유도 내세웠다.

유럽헌법을 찬성하는 자들이 헌법의 사회적 성격이 강하다고 주장하는 근거로 다음과 같은 조항들을 들고 있다. 크게 4부로 구성된 유럽헌법에서 국제노동기구(ILO) 기본협약이 강조하는 "강제노동의 금지" 조항도 들어 있다. "집회와 결사의 자유" 조항에는 "누구나 자신의 이익을 보호하기 위해 노동조합을 결성하고 가입할 권리가 있음"을 분명하게 밝혀놓고 있다. 또한 헌장은 "연대"라는 제목의 장을 따로 두고 "노동자나 노동자대표의 정보권과 협의권"을 규정하고 있으며, "단체교섭권과 단체행동권" 조항에선 "이익분쟁이 발생할 경우 자신의 이익을 지키기 위해 파업을 포함한 단체행동에 나설 권리"를 인정하고 있다. 특히, '파업'을 헌법 조문에 구체적으로 명시한 점이 흥미롭다. 그밖에도 "부당해고 시 보호"받을 권리, "공평하고 공정한 노동조건"에서 일할 권리, "유급육아

---

65) "RÉFÉRENDUM DU 29 MAI-2. Économie Le débat sur le libéralisme", 〈Le Monde〉, 2004년 10월 26일.

휴직"을 가질 권리, "사회보장과 사회원조"를 받을 권리가 눈길을 끈다. 이러한 내용들만 보면 헌법은 '노동자의 권리와 연대'를 잘 규정해 놓은 것처럼 보인다.

유럽헌법을 찬성하는 자들은 또한 EU가 노동정책에서 근로시간을 법적으로 규제하지 않고 있는 미국·영국식 자유주의 모델보다 근로시간을 법적으로 제한하고 있는 프랑스·독일식 사회주의적 모델을 선택해왔다는 점을 근거로 들고 있다. EU는 1993년에 이미 노동자의 건강과 안전을 위해 주당 근로시간을 48시간 이내로 제한하는 근로시간 지침을 마련하였다. 전통적으로 노조파워가 강한 프랑스 독일 등은 의료보건이나 계절을 타는 업종을 제외하고 EU 근로시간 지침을 지켜왔다.[66] 파이낸셜 타임스(Financial Times)는 이날 유럽의회의 결정에 대해 "앞으로 각국의 자유주의적 경제입법 행위에 제동을 거는 발판을 마련했다"고 평가했다. 영국은 "근로시간을 엄격히 통제해온 프랑스·독일식 노동시장 모델이 실업과 경기침체를 불렀다"고 주장하며 EU 지침이 시대착오적인 것이라고 비판하고 있다.[67]

이처럼 EU는 앵글로색슨식 신자유주의적 노동시장 정책 대신 프랑스·독일식 사회주의적 노동시장 정책을 채택해온 것은 분명하다. 문제는 프랑스·독일식에도 변화가 생기고 있다는 점이다. 프랑스는 일자리를 나눠 갖자는 취지로 도입했던 주 35시간 근무제가 기업 경쟁력 약화를 초래하자 시행 5년 만인 2005년 2월 9일 이를 완화하는 법안을 통과시키기도 했다. 1999년 프랑스에서 사회당 소속인 리오넬 조스팽(Lionel Jospin) 전 총리가 주당 근무시간을 35시간으로 단축했을 때 대다수는

---

66) "La nouvelle directive sur le temps de travail, un échec pour l'harmonisation sociale", 〈Le Monde〉, 2004년 4월 5일.
67) 〈Financial Times〉, 2005년 5월 2일.

이를 진지한 노동정책이라기보다 대중영합적인 정치적 제스처라고 평가했다. 사실 근무시간 단축은 노동비용을 증가시킨 반면 새로운 일자리를 만드는 데는 실패했다. 그리하여 주당 35시간 근무제는 유럽 노동시장의 경직성과 높은 노동비용을 나타내는 상징으로 자리 잡았다. 마침내 프랑스의 시라크 정부는 영·미식의 노동시간제한 철폐에 반대하면서도 35시간 노동제의 완화를 내세웠다.

시라크는 자신의 노동시장정책이 국민들의 적극적인 지지를 받을 것으로 예상하였다. 그리하여 그는 유럽헌법의 비준을 의회에서 하지 않고 국민투표를 거치도록 하도록 하는데 주도적 역할을 하였다.[68] 유럽헌법 조약의 비준 방식은 의회 방식과 국민투표 방식이 있는데, 25개 회원국의 국내헌법상 조약의 비준에 관한 규정에 따라 전자 내지는 후자, 혹은 두 가지 방식을 혼용하고 있다. 사실 국민투표는 제도 자체의 신뢰도 문제를 안고 있다. 실제로 이번 헌법안을 제대로 읽고 이해한 국민이 11% 정도에 지나지 않는다는 조사 결과는 결국 국민투표가 해당 이슈에 대한 것이었다기보다는 다른 정치적 요인에 의해 영향 받았다는 것을 의미한다. 프랑스에서도 슬로베니아, 리투아니아, 헝가리에서처럼 의회표결을 통해 비준을 할 수도 있었으나, 대통령인 시라크가 국민투표를 선택한 것은 자신의 정치적 입지를 공고히 하기 위해서였다. 그는 유럽헌법안이 국민투표에서 압도적 표차로 통과될 것이고, 이것은 대통령 3선을 노리는 자신의 정치적 입지를 공고히 해줄 것으로 믿었다. 이러한 사실은 시라크가 2005년 초까지도 국민들이 원하는 것이 무엇인지를 간파하지 못했음을 말해주는 것이다.

그러나 5월 29일 실시될 국민투표에 앞서 3월 중순부터 실시된 20차

---

68) "Jacques Chirac, risque-tout de la politique", 〈*Le Monde*〉, 2005년 5월 18일.

례의 여론조사에서 헌법비준 반대 여론이 51-58%로 우세하게 되자 시라크 정부는 매우 곤혹스런 입장에 처했다. 유럽헌법에 대한 반대여론이 높아지자 시라크는 유럽헌법이 비준되면 외국인투자로 일자리가 창출되고 실업률은 줄어들 것이라고 역설하였다. 그리고 외국인 직접투자 유치를 위해 국가 이미지 고양 캠페인 등 다양한 대책을 시행하였다. 유럽 헌법의 주요 주창자인 프랑스가 헌법 비준에 실패할 경우 EU 내에서 입지가 약화될 것이 분명하기 때문이다. 프랑스 정부는 라파랭 총리가 직접 나서 프랑스 투자청을 종용해 2004년 외국인투자로 인해 창출된 일자리를 예정보다 서둘러 발표하였다. 동 발표에 따르면 2004년 프랑스는 외국인투자로 3만 개의 일자리를 창출하였다. 이는 2003년의 27,335개보다 2,500개 이상 증가한 수치로 영국과 비슷한 수준이다. 프랑스가 외국인 투자로 인해 고용을 최대로 창출한 해는 2000년으로 당시 3만 5천 개의 일자리가 창출되었다는 것이다.

전국 슈퍼마켓과 우체국에는 유럽헌법 홍보책자 300만 부가 무료 비치되었고, 각급 학교에도 해설책자가 배포되었다. 시라크 대통령은 "국민투표에 찬성표를 던지는 것은 "더욱 강한 유럽", "더욱 강한 프랑스"를 선택하는 것이다"라고 강조하면서 유럽헌법 비준통과의 중요성을 강력하게 역설하였다.[69] 시라크는 국민투표 실시 직전에 "EU의 조직화를 위해 필요한 규칙들이 헌법에 들어 있다면서 프랑스가 헌법을 거부하면 유럽 건설이 중단될 것"이라고 강조했다. 또한 그는 "현 정부를 지지하지 않더라도 이 헌법만은 찬성해 달라"[70]고 마지막으로 호소했다. 시라크와 프랑스 정부의 노력에 대해 집권 여당(UMP)은 대체로 지지하는

---

69) "Après mai, le déluge'?", 〈*Economist*〉, 2005.4. 30
70) "Chirac lance l'ultime appel pour le oui", 〈*Le Figaro*〉, 2005년 5월 26일.

입장을 취하였다.

프랑스 제1야당인 사회당도 지난 2005년 5월 1일 실시한 유럽헌법 찬반 당원 투표에서 찬성 진영이 승리했으며 유럽헌법 지지를 당 강령으로 채택하였다. 프랑소와 올랑드(François Hollande) 제1서기는 기자회견에서 투표권을 가진 당원 12만 명 중 80% 이상이 참여한 표결에서 유럽헌법은 59%에 가까운 확실한 과반의 지지를 얻었다고 밝혔다.[71] 그렇지만 헌법안이 부결된 다음날 제1TV에 출연한 그는 시라크 정부의 실정 때문에 부결되었다고 주장하면서 자신의 책임을 회피하였다. 그는 헌법안이 통과되었을 경우 그 공은 자기에게 돌리고 부결되었을 경우는 정적의 탓으로 돌리는 전형적인 무책임한 태도를 보여주었다.[72]

프랑스의 녹색당은 다양한 운동 간의 연대 모색을 포기하고, 정치참여 과정에 있어서 점진주의 원리를 통한 전통적 권력 추구 정당으로 급속히 변모해왔다. 녹색당은 1999년 하원의원 선거에서 유권자의 6.8%의 지지를 얻어 9석을 차지하는 성공을 거두었다. 녹색당은 유럽통합이라는 문제와 관련하여 회원국간 상이한 입장을 보여 왔다. 이데올로기적 측면에서 녹색당은 개별국가 수준에서 해결할 수 없는 환경보호를 유럽 수준에서 주도하여야 한다는 찬성의 입장과 EU의 정책결정 과정에서의 '민주성 결핍'에 대해 깊은 회의주의의 입장을 견지한다. 이처럼 녹색당 지지자들은 헌법비준 찬성파와 그 반대파로 나뉘어 진다. 그럼에도 불구하고 녹색당은 사회주의자 혹은 급진사회주의 정당들보다는 유럽연합 지

---

71) "Elus de gauche pour le 'non'", 〈L'Humanité〉, 2005년 5월 6일.
72) 사실 올랑드는 2005년 2월 25일 헌법안 비준 실패는 정권의 실패가 아니라 프랑스의 실패가 될 것이라고 주장하기까지 한 바가 있다: "François Hollande, premier secrétaire du Parti socialiste « L'échec du référendum ne serait pas un échec du pouvoir mais de la France »", 〈Le Monde〉, 2005년 2월 25일.

지자의 세력이 우세하였다. 이로 인해 녹색당은 당 내 좌파의 반대에도 불구하고 공식적으로 헌법안 비준에 찬성하였던 것이다.[73]

결국 프랑스의 주류 정치인들이 헌법안 비준 찬성을 주도하였으나, 그들의 속셈은 여야를 막론하고 각기 헌법안 비준을 계기로 자신들의 정치적 입지를 강화시키려는 것이었다. 특히 시라크 정부는 자신들의 각종 정책이 국민들의 지지를 얻지 못하고 있음을 제대로 깨닫지 못했고, 2005년 3월 이후 여론조사에서 헌법비준에 반대하는 유권자의 비율이 우세하자 헌법통과로 인한 고용창출 효과를 강조하는 등 몇몇 대책을 세우기도 했으나 이미 시기를 놓쳤던 것이다.

2. 유럽헌법 비준을 반대한 정치세력

집권여당과 제1야당 및 녹색당의 공식적인 지지에도 불구하고 헌법비준에 반대하는 세력도 만만치 않았다. 먼저 프랑스 내 좌파의 반대론자들은 유럽통합 진전으로 신자유주의 경제체제 부상과 복지정책 약화를 이유로 유럽헌법을 거부해왔다. 반대론자들은 "유럽통합에 반대하는 것이 아니라 현재 구상과 다른 '또 다른 유럽'을 원할 뿐"이라고 입을 모은다. 고용보호 등 보다 노동자 친화적인, 보다 사회복지를 강화한 유럽헌법을 요구하는 등 사실상 좀 더 좌파적인 유럽을 원한다는 얘기다.

먼저 노조 및 공산당 등 좌파 강경세력들은 유럽헌법이 영미식 자본주의에 치우쳐 있으며 실업과 복지 문제를 악화시킬 것이라고 주장하면서 헌법 비준을 반대하였다. 이들 좌파세력들은 경제·복지 부문에서

---

73) "UE: les Verts pour la Constitution à 88,5%", 〈*Le Monde*〉, 2005년 2월 26일.

'앵글로색슨 자본주의'라는 신자유주의의 침투를 경계했다. 보조금 폐지, 규제 철폐, 노동의 유연성, 자본 개방 등을 내용으로 하는 유럽통합은 곧 '미국·영국식 자본주의로의 예속'을 뜻하는 것으로 받아들여져 복지와 고용을 근간으로 하는 유럽 전통 좌파들의 반발을 샀다. "유럽이 창출하려는 거대 시장이 프랑스의 사회보장을 파괴한다"는 것이다.[74] 프랑스 좌파들은 유럽헌법의 비민주성, 191쪽에 이르는 유럽헌법에 대한 일반 민중들의 접근 부재, 일단 통과되었을 경우 수정되는 과정이 결코 쉽지 않다는 점 등을 지적했고, 특히 이 헌법이 유럽을 단일시장화함으로써 경쟁을 강화하고 노동유연화를 강화함으로써 노동자들의 삶의 질이 하향 평준화되는 결과를 초래할 것이라는 점에서 반대를 표했다.[75] 노동총동맹(CGT)과 프랑스공산당은 사회당이나 녹색당의 공식적 찬성 입장과 결별하고 본격적인 반대 캠페인에 나섰다. 더불어 공산당 외부의 급진좌파인 혁명적 공산주의자동맹(LCR: 트로츠키주의계열), 반세계화운동 연대체인 아탁(ATTAC: 투기과세 시민연합) 등 강력한 범좌파 통일전선이 형성되었다. 특히 아탁 대변인은 "이번에 부결된 유럽헌법안이야말로 신자유주의적 세계화 시도의 표본이었다"고 주장했다. 그는 "유럽헌법안은 사회 보장이나 공공 부문, 교육 부문을 모두 사유화해 시장 논리에 맡기자는 내용이 담겨있어 사회적 약자들에게는 큰 타격이 예상됐으나 이 부분은 의도적으로 부각되지 않았다"고 지적했다. 국민투표에서 실제 표를 던질 유권자들을 대상으로 아탁 프랑스가 220개 지부 3만 명의 회원을 동원해 프랑스 전국에서 주최한 모임과 토론회 회수만 무려 1천 회에 달하였다. 아탁 회원들은 정치를 전혀 모르는 작은 시골

---

74) "Constitution européenne", 〈*Le Monde*〉, 2005년 1월 22일.
75) "Nous appelons à voter 'non'", 〈*L'Humanité*〉, 2005년 5월 2일.

마을의 '마담 뒤퐁, 무슈 뒤퐁(갑남을녀)'를 모아놓고 일대 일로 달라붙어 헌법 조항을 한 문장씩 읽어가며 각 조항들이 그들에게 어떤 영향을 미치며 왜 반대해야 하는지를 설득하려고 끈기 있게 노력하였다. 프랑스의 법조계, 정계, 경제계에서 일하는 아탁 회원들이 헌법안의 주요 조항을 요약한 팸플릿도 수십 종이다. 스페인 등 유럽의 대부분의 국가들이 모두 찬성하는데 왜 프랑스가 반대하느냐는 질문에는 "스페인은 법안 설명도 제대로 하지 않고 날치기로 국민투표에 부쳐 통과시킨 것"이라며 "영국, 프랑스, 독일 등 이른바 빅3 국가 중 독일은 국민투표가 아닌 의회 비준만 받았을 뿐이며, 영국은 국민투표 일정조차 잡지 못하고 있지 않느냐"고 반문했다.[76)]

공산당과 노동계 그리고 아탁과 같은 시민단체들의 반대에 더해 사회당 내에서도 40%가 넘는 당내 유럽헌법 반대파들이 비준 부결 전선에 합류했다.[77)] 그리고 녹색당의 경우에도 지도부의 찬성입장에 반발한 좌파세력이 반대캠페인에 합류하였다.[78)] 유럽헌법에 반대하는 자들은 대체로 이른바 '유럽통합 속도조절론'을 주장하는 자들이다. EU의 통합 과정을 살펴보면, 그 동안 신규 가입국을 받아들일 경우 1개국에서 3개국을 넘지 않는 범위 내에서 그 확대가 이루어져 왔다. 그런데 2004년 5월 1일자로 중·동부 유럽 및 지중해 10개국이 대거 EU에 가입함으로써 EU는 일시에 15개국에서 25개국으로 늘어났다. 더욱이 앞으로 2~3년 이내에 불가리아, 루마니아 및 터키 등이 가입하게 되면 28개국의

---

76) "Dans les villes et les campagnes, les militants d'Attac et des collectifs s'activent pour le non", 〈*Le Monde*〉, 2005년 5월 1일.
77) "Elus de gauche pour le 'non'", 〈*L'Humanité*〉, 2005년 5월 6일.
78) "Divisés sur la Constitution, les Verts le sont aussi sur les suites à donner au scrutin", 〈*Le Monde*〉, 2005년 6월 4일.

거대 유럽으로 거듭나게 될 전망이다. 온건적 유럽통합론자들은 최근 진행되는 급속한 유럽확대의 흐름에 대해 속도를 조절할 필요가 있다고 주장하고 있으며, 프랑스를 비롯한 EU의 일부 회원국 시민들의 상당수가 이에 동조하고 있는 실정이다. 유럽헌법이 발효하게 되면 사실상 미국과 같은 유럽연방주의 체제로의 이행을 위한 법적 근거가 마련되는 것이므로 소위 '유럽정치공동체'의 결성이 졸속으로 이루어지는 데 대한 어느 정도의 회의와 거부감을 갖고 있는 것이다.79) 사실 유럽통합속도조절론이 헌법안 비준을 위한 국민투표 때까지 찬반에 대한 결정을 미루고 있었던 상당수의 부동층으로 하여금 반대표를 던지도록 만든 계기가 된 것으로 보인다.80)

끝으로 쟝 마리 르펜(Jean-Marie Lepen)이 이끄는 국민전선(FN)은 유럽헌법이 주권 약화를 가져올 뿐만 아니라 프랑스의 영향력이 약화되고 통합의 실익이 없을 것이라고 비판하고 있다. 극우파는 동구권의 값싼 노동력이 밀려들어와 가뜩이나 불안한 고용시장을 더욱 나쁘게 할 수 있다고 경고했다. 역시 이민자 수용에 반대하는 다른 국수주의 우파정당인 '프랑스운동'(MPF)의 필립 드 빌리에 당수(Philippe de Villiers)도 프랑스를 보호하기 위해서 EU헌법이 부결돼야 한다고 주장하였다.81) 프랑스 내 우파의 반대론자들은 주로 동구권의 저가 노동력 유입에 따른 국내 일자리 감소 등이 우려된다며 헌법을 반대하였다.

---

79) Slavo Radosevic와 Frédérique Sachwald는 속도조절론을 내세우는 이유를 잘 설명하고 있다: Slavo Radosevic and Frédérique Sachwald, *Does enlargement conceal globalisation?*(Paris: Institut des relations internationales, 2005) 참조.

80) Aleks Szczerbiak and Paul Taggart, *EU enlargement and referendums*(New York: Routledge, 2005) 참조.

81) "PHILIPPE DE VILLIERS, président du Mouvement pour la France « A un immense cri de détresse, Jacques Chirac a répondu par un bricolage institutionnel »", 〈*Le Monde*〉, 2005년 6월 8일.

이상에서 살펴본 바와 같이 프랑스정치권은 국민투표를 앞두고 찬반 진영간에 대립양상을 보였다. 프랑스의 주류 정당(집권 우파 여당과 주요 야당인 좌파 사회당 및 녹색당)이 공식적으로 찬성 당론을 채택하였지만 소속 정치세력의 목소리를 하나로 결집하는데 실패하였다. 한 목소리로 비준 찬성에 동조해온[82] 시라크 대통령, 사르코지(Nicolas Sarkozy) 집권 여당인 대중운동연합 총재뿐만 아니라 올랑드 사회당 제 1 서기 등 야당 지도부의 주요 인사를 포함한 대다수의 주류 정치지도자들은 반대 여론의 득세를 이해하기 어렵다고 주장하였다. 그들은 그때까지 비준 반대를 주장해온 유권자들이 주로 극우파나 공산당 지지자 등 EU의 존재 자체를 부정하는 성향의 특정 계층으로 치부해왔을 뿐 경제위기, 무능한 정권 그리고 신자유주의 확산에 대한 국민들의 광범한 불만이 누적되어 왔다는 점을 제대로 파악하지 못하였다. 이처럼 프랑스의 주류 정치지도자와 일반 국민들 사이에는 인식의 커다란 격차가 크게 존재하였다.

이에 비해 좌파 엘리트들은 설득력 있는 논리로 무장하고 그리고 각종 조직을 통해 주민들에게 파고드는데 성공하였다. 이들이 구사한 논리 중에서 커다란 설득력을 가진 것이 유럽통합속도조절론과 반 신자유주의론이었다. 이러한 반대 논리 덕분에 좌파세력은 좌파성향 유권자들 특히 사회당 중도좌파 성향 유권자들의 표를 끌어 모으는 데 성공하였다. 결국 프랑스의 경우 유럽헌법 반대 진영은 뚜렷한 정치세력이 이끌고 있었다기보다는 극좌에서 극우까지 다양하게 분포되어 있었다. 극우파를 비롯한 우파진영 반대 세력들은 국가주권의 이양과 초국가적 EU의 등장에 대해 특히 우려한 반면, 좌파 반대 세력들은 EU 내 신자유주의의 확산에 적극적으로 대항하였다고 할 수 있다. 이들의 주장은 국내 경제

---

82) 〈*Libération*〉, 2005년 6월 3일.

부진과 집권 우파 정부의 신자유주의적 정책에 불만을 가진 프랑스 유권자들에게 상당한 공감을 주게 되는 것이다. 이 점은 헌법안 투표에서 반대한 유권자들의 반대 사유를 분석해 본다면 알 수 있을 것이다.

Ⅲ. 유럽헌법 부결 이유와 프랑스 시민 여론

국민투표가 필요한 EU의 기본조약에 대한 프랑스 국민들의 반대는 유럽헌법 비준 부결이 처음이 아니다. 1992년 현행 유럽연합체제와 유로라는 단일통화제도 출범의 법적 근거가 된 마스트리히트조약의 비준 과정에서도 프랑스에서는 국민투표 결과 찬성 51%, 반대 49%, 즉 2%라는 극히 미미한 차이로 통과되었다. 그렇지만 마스트리히트 조약은 통과된 이후 더 이상 논란의 대상이 되지 않았다. 이에 비해 유럽헌법안은 비준이 부결됨으로써 유럽공동체 내에서는 물론 프랑스 내에서도 커다란 영향을 미쳤다. 프랑스 유권자들이 왜 유럽헌법의 비준을 부결시켰는지를 분석해 본다면, 유권자들과 주류 프랑스 정치 엘리트들의 거리를 좁힐 수 있는 답을 얻을 수 있고, 나아가 헌법안 부결에 다른 파장을 극소화하고 유럽통합을 심화해나갈 수 있을 것이다.

그렇다면 헌법비준 부결의 주요 요인은 무엇인가? 이에 답하기 위해서는 프랑스 유권자들에게 영향을 미친 주요 요인을 밝혀야 한다. 이를 위해서는 재정적자를 극복하기 위해 재정긴축 정책을 내세우는 유럽연합과 프랑스 정부에 대한 프랑스 국민들의 장기간에 걸친 투쟁노력이 유럽헌법 비준에 대해 미친 영향을 검토할 것이다. 노동자 투쟁에 대한 국민들의 지지가 지속되고 있는 와중에 유럽헌법의 신자유주의적 기조[83]가 확인되면서 유럽헌법에 대한 국민들의 불만이 고조되었던 것이다. 2005년 2월까지 각종 여론조사에서 유럽헌법의 비준 투표에 반대표를 행사하겠다는 유권자의 비율은 40%에 가까웠고, 3월 들어 한 여론조사에서 51대 49의 근소한 차로 반대 비율이 찬성 비율을 앞질렀다. 그 이후 매주 이어지는 각종 여론조사 결과에서 유권자의 약 55%가 헌법비준에 반대의사를 표명하였다. 이같은 국민들의 불만이 어디에서 비롯되었는가를 규명하기 위해 유로바로미터의 설문조사를 토대로 헌법안 비준에 반대표를 던진 유권자들이 어떤 이유로 반대표를 던졌는가를 살펴보고, 이들의 투표행태가 사회직업별, 지역별 그리고 연령별로 각기 차이점을 노정하고 있는 지를 고찰하고자 한다.

---

83) *Ibid.*, pp. 92-93 : 유럽헌법의 성격을 밝히기 위해 헌법의 주요 세부 조항을 살펴볼 필요가 있다. 제 III부 "연합의 정책분야 및 운영방법" 제 II장 "경제·통화정책"을 보면, 제 77조에서는 가맹국이 "역내시장 및 공동목표의 결정에 기초하고, 또한 개방적 시장경제의 원칙"이라는 경제정책을 추진할 의무를 과하고 있다. 나아가, 제 79조 (4)에서는 "가맹국의 경제정책이 가맹국 정상(頂上)으로 구성되는 유럽이사회가 정하는 대강(大綱)에 부적합하고, 경제·통화동맹의 기능을 해칠 염려가 있을 때", 경고와 필요한 권고를 하고, 그것을 공표할 권한을 유럽위원회에 부여하고 있다. 가맹국들은, 자신들이 EU에 머무는 한, 독자적인 경제·사회정책의 입안과 수행을 포기하고 EU의 정책을 따름으로써 노동대중의 근본적인 사회 변혁 요구를 사전에 미리 막으려는 신자유주의적 정책의 추구를 허용하였다.

<표 1> 유럽헌법 비준 국민투표에서 프랑스 국민이 반대표를
던진 주된 이유 분석

반대표를 던진 사유	비율
고용에 부정적인 효과 초래, 기업이전 및 실직 우려	31%
어려운 경제상황과 높은 실업률	26%
경제적인 측면에서 헌법 초안은 너무 신자유주의적이다	19%
시라크 대통령과 집권여당에 반대하기 위해	18%
사회정책의 불충분	16%
헌법초안이 너무 복잡함	12%
터키의 가입을 원치 않음	6%
국가주권 상실 우려	5%
헌법에 대한 정보 부족	5%
유럽과 유럽통합에 반대하기 위해	4%
헌법안에서 긍정적인 것을 찾지 못했다	4%
헌법안은 유럽통합을 너무 빠르게 진행시킨다.	3%
회원국의 추가 확대 반대	3%
EU 민주성 결핍	3%
너무 관료주의적이고, 너무 불법적이며 규제적임	2%
서비스의 자유로운 이동	2%
유럽 연방국가를 원하지 않는다	2%
헌법안은 유럽통합의 진전에 별 도움이 안 된다	1%
총계	100%

출처 : *Flash EB171 "The European Constitution: Post-Referendum France"-Report*, p.15.

〈표 1〉에서 알 수 있듯이, 헌법안에 대해 "No"라고 대답한 이유는 매우 다양하며, 유럽전체의 이익에 앞서는 국가적 사회적 주제에 주로 토대를 두고 있다. 반대표를 던진 자 중에서 유럽헌법이 프랑스에서 고용에 부정적인 효과를 미칠 것이라고 생각한 자의 비율은 31%였고, 프랑스의 경제상황이 더욱 악화되고 실업률이 보다 더 증가할 것이라고 우려한 자의 비율은 26%에 달하였다. 이어서 반대한 사유가 '경제적인 측면에서 헌법 초안은 너무 자유주의적이기 때문에', '시라크 대통령과 집권여당에 반대하기 위해', '사회정책의 불충분 때문에'가 각기 19%, 18%, 그리고 16%로 뒤를 이었다. 프랑스 정치지도자들에 대한 반대를 하기

위해 반대표를 던진 자들은 18%였고 헌법초안이 너무 복잡하다는 데는 12%가 그 반대 이유로 내세웠다. 끝으로 터키의 가입을 반대하기 위해 반대표를 던진 자는 단지 6%에 불과하였다. 이와 같은 분석만으로는 유럽헌법의 신자유주의적 성격 때문에 주로 반대했다고 단정지울 수는 없다. 왜냐하면 헌법 비준 반대자들의 반대 사유가 사회직업별, 연령별, 지역별로 크게 상이할 수가 있기 때문이다.

<표 2> 연령, 직업, 지역 및 정당별로 유럽헌법 비준 투표에
참가한 자들 중에서 반대표를 던진 자의 비율

연령		직업		지역		정당	
18-24세	59%	자영업자	52%	대도시	47%	공산당	94%
25-39세	57%	사무직노동자	55%	농촌	61%	사회당	61%
40-45세	63%	육체노동자	76%	수도권	45%	우익 집권당	25%
55세 이상	46%	실업자	50%	지방	57%	극우파	95%

출처 : *Flash EB171 "The European Constitution: Post-Referendum France"-Report,*
pp. 13-14.

위의 〈표 2〉에서 알 수 있듯이 연령별로는 18-24세 그룹과 40-54세 그룹이 가장 높은 비율의 반대표를 던졌다. 이는 취업을 하려는 연령층과 퇴직을 앞두고 있는 세대들이 실업에 대한 우려를 가졌기 때문이라 볼 수 있다. 육체노동자들이 자영업자나 사무직 노동자에 비해 훨씬 높은 비율의 반대표를 던졌는데, 그 주된 이유는 이들 육체노동자들이 실업을 당할 가능성이 상대적으로 높았고 또한 동구의 노동력이 대거 몰려올 경우 직격탄을 맞을 가능성이 가장 컸기 때문이다. 또한 대도시 거주자들보다는 농촌 거주자들이 그리고 수도권 거주자보다는 지방 거주자들이 훨씬 높은 비율의 반대표를 던졌다. 정당별로는 공산당과 극우파인 국민전선(Front National)을 지지하는 자들의 반대비율이 압도적으로 높았다. 이상의 분석에서 국민전선 지지자들을 제외한다면 40-45세 그룹, 육체노동자, 농촌 및 지방 거주자 그리고 공산당원은 모두 사회적인 약자로서 실업이나 경제위기 등에 상대적으로 크게 취약한 자들이다. 이 것은 프랑스 노동자계급의 절대다수가 유럽헌법이라는 신자유주의 프로젝트를 거부하고 있음을 명확히 보여 주었다. 특히 40-45세 그룹의 65%, 육체노동자의 60%, 농촌 거주자의 67%, 지방 거주자의 59% 그리고 공산당원의 63%가 실업이나 고용 등 경제 위기의 심화를 초래할 가능성 때문에 유럽헌법을 반대하였다.[84] 대체로 사회적인 약자들인 이들은 노조나 공산당 지지자, 그리고 사회당 및 녹색당의 좌파계열의 지지를 받았다. 이들 사회계층은 유럽헌법의 신자유주의적 정책 특히 주 35시간 법정노동시간제 완화 등 노동시장 유연화 공세, EU 집행위의 서비스 부문 역내 자유화의 제안은 고용불안 및 서비스 질의 악화, 그리고 곧 삶의 질 악화로 이어질 것임을 깨닫고 유럽헌법 비준에 반대하였던 것이다.

실업률이 정부 공식통계만으로도 10%에 가까운 경제상황에서 동구권 국가들이 EU에 가입함으로써 경제수준을 떨어뜨리고 일자리를 뺏을 것이라는 우려가 노동자들 의식 속에 만연하였다. 그래서 국가의 주권을 강화하고, 반 이민 정책 등을 통해서 강력한 규제를 해야 한다는 등의 논리가 작용한 것이다. 그러나 외견상 보이는 이런 경향은 최근 프랑스에서 실업률 증가와 싼 임금을 찾아 공장을 해외로 이전하면서 더욱 조장되고 있다. 이것은 최근 몇 년 사이에 프랑스를 휩쓸고 있는 사회적 불안, 세계화 바람에 유럽이 방패막이가 되어 주기는커녕 좀 더 값싼 노동력을 찾아 해외

---

84) *Flash EB171 "The European Constitution: Post-Referendum France" -Report*, p. 18.

로 이전하는 공장들이 급격히 늘어나면서 실질적으로 프랑스인의 실업이 가중될 것이라는 위기감에 기인하는 것으로 해석할 수 있다. 이러한 주장이 프랑스 국민들에게 상당히 설득력 있게 들린 것은 사실이다. 그렇지만 프랑스의 노동대중이 경제·통화동맹의 결성을 명시한 마스트리히트 조약 이래로 유럽연합 및 프랑스 정부의 신자유주의적 정책에 대해 주로 저항해 왔다는 점에서 좌익의 주장이 헌법 비준 부결에 보다 큰 영향을 미친 요인이었다고 볼 수 있다. 특히 이상의 여러 반대 요인 중에서 주 35시간 법정노동시간제 완화 등 노동시장 유연화 공세, EU 집행위의 서비스 부문 역내 자유화 등이 유럽헌법의 부결에 미친 가장 직접적 요인이자 잠재적 요인인 것이다.

결국, 프랑스 국민들이 유럽헌법안의 비준을 부결시킨 것은 유럽연합 그 자체에 대한 반대가 아니라 유럽연합 및 프랑스정부의 정책에 대한 불만에서 비롯된 것이다. 극우민족주의 논리와 신자유주의 심판이라는 주장 모두 프랑스 국민들의 헌법 비준 반대 사유에 해당된다. 그렇지만 신자유주의에 대한 반대가 유럽헌법의 비준 부결을 초래한 가장 중요한 요인인 것이다. 이것은 프랑스 국민들이 오랫동안 정부의 산자유주의 경제 정책에 대해 투쟁을 지속해 왔다는 사실에서도 잘 알 수 있다. 그들은 유럽헌법의 신자유주의적 성격을 간파하였으며 그리고 신자유주의적 경제 정책으로 인해 야기될 실업이나 해고 등의 각종 문제를 두려워했기 때문이다. 이중에서도 프랑스정부가 노동대중의 적극적인 반대에도 불구하고 입법화한 35시간 노동제의 완화와 임금동결 내지 삭감 등 경제적 문제는 노동대중의 누적된 불만을 초래한 가장 직접적인 요인이었다. 따라서 유럽헌법의 부결 원인을 이해하기 위해서는 부결 이후 행하여진 설문조사에만 의존할 것이 아니라 35시간 노동제 완화 및 임금동결 등과 같은 정부의 신

자유주의적 정책에 대한 대중들의 누적된 불만이 좌익세력들의 선전활동
과 맞물려 헌법안이 부결되는 데 중요한 역할을 했음을 잊어서는 안 될 것
이다.

유럽통합으로 앵글로색슨식 자유시장 경제체제가 가속화되면서 경쟁이
심화되고 프랑스가 높은 가치를 부여해온 복지사회 모델이 침해당할 것
이라는 우려도 컸다. 이와 함께 인기가 바닥인 라파랭 총리 정부가 그 동
안 추진해온 노동시간 연장, 공기업 민영화 등 각종 개혁정책에 대한 노
동계의 불만이 유럽헌법 거부로 이어진 것으로 분석된다. 유럽 헌법이 도
입되면 유럽 경제 전체가 '앵글로색슨 체제(신자유주의 경제)'로 바뀔 것
이라는 불안이 확산된 탓도 있다. 프랑스의 정치적 좌파들은 유럽 헌법이
EU 내에 '초(超)자유시장 경제'를 가져올 것으로 우려했다. 그들은 새로
운 경제체제가 지금까지 누려온 전통적 사회보장망을 파괴할 것으로 걱
정했다.[85]

전술한 바와 같이 유럽연합은 영미식 대신 프랑스 독일식의 노동시장
정책을 취해왔으나, 후자의 방식도 점차 변해왔음을 지적하였다. 2005
년 현재 실업률이 10%를 넘고 경제성장률(GDP) 예상치는 1.4%에
불과하다. 이런 상황에서 프랑스 정부가 주당 35시간 노동제 폐지 등을
골자로 하는 '노동시장 유연화정책'을 실행함으로써 프랑스 국민들의 유
럽통합에 대한 걱정과 불만이 최고조에 이르게 되었고 이런 생각이 이
번 유럽헌법 비준안 부결로 표현되었다고 할 수 있다. 2005년에 접어들
면서 프랑스와 독일에서 주 35시간 근무제에 대한 논란이 뜨겁게 일고
있다.[86] 보쉬도 프랑스에서 노동시간을 연장하려는 움직임에 나섰다. 보

---

85) "La Constitution européenne est-elle libérale", 〈*Le Monde*〉, 2005년 4월 19일.
86) "Les ambiguïtés du « modèle allemand", 〈*Le Monde*〉, 1995년 2월 23일.

쉬는 프랑스에 위치한 공장에 있는 820명의 노동자들에게 추가 임금 없는 노동시간 연장을 요구하고 나섰다.[87] 프랑스의 사르코지 재무장관 역시 주 35시간 근무규정 법률을 개정하길 원하고 있다. 그는 현재의 주당 35시간 근무가 노동자들을 도덕적 해이에 빠뜨리고 사회보장비용을 증가시킨다고 주장한다. 앞으로 프랑스 기업들이 임금인상 없는 노동시간 연장을 노조와 합의하기 위해서는 넘어야 할 산이 많다. 하지만 노동시장 연장은 불가피한 선택으로 보인다. EU가 확대되면서 상대적으로 임금수준이 높은 독일 기업들은 저임금으로 무장한 아시아 기업은 물론 동유럽 기업들과의 경쟁에서 불리한 상황에 놓여 있다. 이미 많은 일자리가 동부 유럽으로 이전했으며 독일 정부도 이를 잘 알고 있다. 하지만 단순히 주당 근무시간을 늘린다고 해서 유럽 노동시장에 만연해 있는 경직성이 단숨에 해소될 것이라고 기대하기는 어렵다. 노동시간 연장은 문제의 시작일 뿐이다. 유럽 국가들이 정부규제 완화는 물론 임금삭감 등 구조적인 경제개혁에 박차를 가한다면 유럽의 성장에 긍정적 영향을 미칠 것이다

이처럼 신자유주의 노선의 강화와 사회복지모델의 약화로 직접 피해를 보는 계층은 주로 사회적 약자들이다. 이들이 신자유주의 노선의 강화와 사회복지모델의 약화로 특징져지는 유럽헌법을 반대한 것은 자명하다 하겠다.

---

87) "Une filiale de Bosch propose à ses salariés de travailler plus sans contrepartie", 〈*Le Monde*〉, 2006년 2월 14일: 독일의 경우 지멘스, 로버트보쉬, 다임러크라이슬러 등 대기업들이 노동비용을 줄이기 위해 근로시간을 늘려야 한다고 주장하고 있다. 지멘스는 이미 자국내 무선전화 제조공장에서 일하는 4,000명의 노동자들과 추가적인 임금인상 없이 주당 근무시간을 35시간에서 40시간으로 늘리는 데 합의했다. 지멘스는 만약 노조가 근무시간 연장을 받아들이지 않을 경우 일자리의 절반을 임금이 저렴한 헝가리로 옮길 것이라고 경고했다.

결국 앞서 언급한 〈표 1〉에서 알 수 있듯이 헌법비준 반대자들은 주로 프랑스의 어려운 경제상황과 높은 실업률, 시라크 대통령과 집권여당에 대한 반대, 유럽사회복지모델의 약화 등을 이유로 반대 이유로 들었다. 이 3가지 사유로 헌법안 비준을 거부한 자의 비율은 61%에 달하고 있다. 이것은 정부와 집권여당의 실정이 사실상 프랑스 국민들이 헌법비준에 반대한 가장 큰 이유임을 말해주는 것이다. 이와 같은 불만이 폭발한 배경을 이해하려면 헌법안에 대한 여론의 변천 추이를 살펴보면 잘 알 수 있을 것이다.

<표 3> 2005년 3-4월의 헌법비준 찬반 여론조사 추이

	2004.11. 8-9	2005.3.9-10	2005.4.1-2	2005.4.15-18	2005.5.29
찬 성	68%	56%	47%	45%	45.1%
반 대	32%	44%	53%	55%	54.9%

출처: http://www.tns-sofres.com/etudes/pol/300405_baroref_r.htm (SOFRES가 *Le Monde*지의 의뢰를 받아 실시한 여론조사의 결과이며, 2005년 5월 29일의 결과는 실제 상황임)

위 〈표 3〉에서 알 수 있듯이 프랑스의 유권자들은 헌법안이 최종 확정된 직후인 2004년 11월 9-11일 68%라는 압도적 다수로 헌법 비준에 찬성하는 입장을 보였으나 그 이후 점차 반대하는 방향으로 돌아섰다. 그러다가 4월에 접어들면서 반대자의 비율이 찬성자의 비율보다 더 우세하게 되었다. 이처럼 여론이 급격히 악화된 요인은 바로 정부의 실정에서 찾을 수 있다.

2004년 봄에 우익의 라파랭 내각은 재정적자를 줄이기 위해 국민저항[88]을 무시하고 의료보험법을 노동자들에게 불리하게 개정하였다. 이와

---

[88] 2003년 5월 13일 구매력을 보장하는 연금수준의 확보, 60세에 연금 전액을 받을 권리,

같은 국가 및 자본의 신자유주의 개혁 공세에 대해 프랑스 국민들은 선거를 통해 자신들의 불만을 표출하였다. 그리하여 2004년 3월의 지방선거와 6월의 유럽의회 선거에서 사회당을 필두로 한 좌파의 압승이 이루어졌다. 설상가상으로 2005년에 들어와서도 노동시장의 유연화 및 탈규제화 그리고 고용불안이 확산되는 가운데, 공공서비스와 사회복지는 후퇴하고, 임금은 제자리걸음이었다. 특히 라파랭 정부는 주 35시간 노동제 완화, 사회보장 축소 등을 포함한 각종 개혁을 추진하였다. 이와 같은 정부의 시도에 대항하여 2005년 1월 18~20일 3일에 걸쳐 전국적인 규모의 파업과 시위가 벌어졌다. 1월 18일, 우편노동자들이 우편서비스 민영화의 예비조치인 인원감축과 우체국 폐쇄계획에 맞서 파업에 들어갔다. 1월 19일 철도 및 전력 노동자들도 인원감축 및 민영화계획에 항의하여 파업에 가담하였다. 1월 20일에는 공공부문 전체의 노동자들이 투쟁에 참여했고, 전국 70개 도시에서 30만 명 이상이 시위에 참여했다.[89] 특히 2003년 투쟁의 주역이었던 교사들이 2003년 패배 이후 최대 규모로 가두시위에 참가했다. 2005년 2월 5일 공공 및 민간부문 노동자 50만 명이 프랑스 전역의 120개 도시에서 시위를 벌었다. 전국 동시다발 시위는 우익 정부의 각종 신자유주의 정책에 대해서는 물론 주 35시간 노동법을 '완화'하여 장시간 노동을 가능하게 하려는 우파 정부의 계획에 맞선 투쟁이었다.[90]

고용확대를 기초로 하는 연금제도의 유지 등의 공동요구 하에 노동총동맹(CGT), 민주노동연맹(CFDT), 노동자의 힘(FO) 등 6개의 전국조직이 총파업에 나섰다. 전국 100개 이상의 도시에서 200만 명이 참가하는 대시위가 전개되었다. 25일의 집회와 데모는 100만 명이 모여, 파리를 노동자들의 데모 대열로 메워졌다. 이와 같은 저항에도 불구하고 정부가 의회에 제출한 연금개혁법안은 7월 24일 가결되었다.

89) 〈*L'Humanité*〉, 2005년 1월 21일.
90) 〈*L'Humanité*〉, 2005년 2월 7일.

이와 같은 노동대중의 저항에도 불구하고 2005년 2월 9일 프랑스 하원에서 우익의 집권여당은 주 35시간 노동시간완화안를 포함한 개혁 관련 법률안을 370대 180으로 통과시켰다. 이로 인해 사용자가 원한다면 노동자들은 더 높은 임금율로 추가 '근로시간'을 일할 수 있게 되었고, 220시간의 연간 잔업 한도를 넘어 주당 48시간까지 추가로 근무하게 되었다. 법안 상정을 앞두고 노동자 수십만 명이 반대 시위에 가담하는 등 사회적으로 진통을 겪었지만, 날로 증가하는 실업률 앞에서 노동계의 저항은 역부족이었다.[91] 노동시간연장 법안이 의회를 통과하긴 했지만, 불만에 찬 여론은 쉽게 수그러들지 않았다. 3월 10일의 투쟁은 주요 노총이 공동으로 기획한 전국 동시 투쟁이었다. 2003년 투쟁을 방기했던 중도 좌파 계열의 프랑스노동자민주동맹(CFDT) 외에도, 중도 좌파 노동총동맹(CGT)과 노동자의 힘(FO), 진보적 교원노조(FSU), 그리고 전투적 좌파 계열인 연대노조 등 거의 모든 노조가 결집한 공동투쟁은 프랑스 노동운동의 부활 가능성을 보여주는 주요한 특징이다. 또한 이런 전국석 차원의 투쟁만이 아니라 지역적 또는 사업장 수준에서도 노동자투쟁이 빈번해졌다.[92] 대표적인 예로는 파리 북부의 올네(Aulay-sous-Bois)에 위치한 시트로앵 자동차공장 파업을 들 수 있다. 이러한 노동자 투쟁에 대한 국민들의 지지도는 2/3를 넘어섰다.[93] 강력한 반대 입장을 표명했던 국민들은 정부의 노동시장 유연화 정책이 결국 미국식의 신자유주의 노동정책으로 전환하기 위한 신호탄이 아닌가에 대한 의구심을 떨치지 못하였다. 이러한 분위기가 곧바로 유럽헌법 비준에 대한 반대 여론이 점증하게 된 주요 요인인 것이다. 더욱이 주당 35시간 노동시간[94] 연장법의 통과는

---

91) 〈*L'Humanite*〉, 2005년 2월 10일.
92) 〈*Le Monde*〉, 2005년 3월 11일.
93) 〈*L'Humanité*〉, 2005년 2월 7일.

정년퇴직 나이 연장, 각종 사회보장 혜택 축소, 민간 연금 확대 등 최근 우파 정부가 잇따라 추진하고 있는 신자유주의적 정책 도입과 맞물려 여론을 더욱 악화시켜 5월 치러진 유럽헌법 비준 투표를 부결시키는데 커다란 영향을 미쳤다.

이에 더해 비관적인 경제 전망도 유권자들의 불만을 가중시켰다. 유럽 집행위원회(EC)는 2006년 프랑스의 경제성장률 전망치를 2.2%에서 2%로 낮췄다. 그나마 프랑스의 기업실사지수는 2004년 말 이후 줄곧 감소하는 추세인데다 제조업 생산도 줄고 있어 2006년 경제성장률이 더 떨어질 것이란 관측이 제기되었다. 프랑스의 EU헌법 부결 여파는 곧 유로화 가치 하락으로 이어졌다. 프랑스 국민들이 유럽 헌법에 반대 표를 던진 가장 큰 이유는 무엇보다도 시라크 대통령을 비롯한 현 정권의 '경제 실정'에 대한 불만에서 비롯됐다는 것이 중론이다. 프랑스의 실업률은 10%에 육박하고 있고 경기침체에서 벗어나지 못하고 있다. EU 경제운영의 기본 방향에 대한 부정적인 보고서와 함께 유로화 가입국가들의 일인당 GDP 증가율을 EU 평균과 비교한 발표 자료에 따르면, 주요 유로존 국가들의 성적 역시 부진하다. 프랑스의 경우 일인당 GDP

---

94) 애초 1998년 사회당 정부는 1인당 노동시간을 줄여 더 많은 일자리를 창출하자며 주 35시간제 법안을 도입했고, 법안은 2000년부터 단계적으로 각 사업장에 적용되었던 것이다. 그렇지만 주 35시간 노동이 경제성장이나 경기부양에 궁극적으로 기여했는지에 대해서는 평가가 엇갈리고 있다. 한편에서는 고용증대→소비촉진→경제성장→고용증대로 이어지는 선순환 구조를 정착시킬 수 있는 법안이었다고 평가하면서 90년대 말부터 2000년대 초까지 이어진 호황에 상당히 기여한 것으로 보고 있다:"Les 35 heures toujours populaires", 〈*Libération*〉, 2005년 1월 31일. 반면, 다른 쪽에서는 주 35시간 노동이 그 이후 지속되는 불황의 주범이라고 몰아붙이고 있다; 주 35시간제를 정착시키는 데 소요된 사회적 비용이 너무 컸고 이것이 오늘날 과도한 재정적자를 낳고 잠재적인 성장 동력을 잠식함으로써 90년대 말과 2000년 초의 호황을 반짝 경기에 그치게 했다는 것이다. 여기서 분명한 사실은 주 35시간 노동제의 채택에도 불구하고 프랑스의 실업률이 10%(2005년 8월 현재 9.9%)에 가까이 머물러 있으면서 떨어질 줄 모른다는데 있다: 〈*Le Figaro*〉, 2005년 9월 1일.

가 지난 2001년 EU 평균에 비해 15% 이상 상회하던 것이 2002년 13%로, 2003년에는 11%로 연속 하락하고 있다. 독일 역시 지난 1995년 EU 평균 대비 19% 상회하던 일인당 GDP가 2004년에는 8% 상회하는데 그칠 정도로 급락했다. 유로화에 가입하지 않은 영국의 경우 상반된 결과를 보여주고 있는데, 지난 1995년 10%에서 작년에는 18%로 증가했다. 프랑스 국민 65%는 노동계의 파업을 지지했다.

결국 심각한 시라크 정부의 경제실정에 노동 대중이 지속적으로 저항해왔고, 이에 대해 일반국민들의 상당수가 지지하는 가운데 유럽헌법 비준의 국민투표가 이루어진 것이다.

V. 맺음말

프랑스 정치권은 국민투표를 앞두고 찬반을 둘러싸고 대립양상을 보였다. 특히 프랑스의 주류 정당(집권 우파 여당과 주요 야당인 좌파 사회당 및 녹색당)이 공식적으로 찬성 당론을 채택하였지만 이들 주류정당은 소속 정치세력을 한 목소리로 결집하는데 실패하였다. 또한 그들은 일반국민들이 진정으로 원하는 것이 무엇인지를 정확히 파악해내지 못하였다. 단지 프랑스 정치엘리트들은 헌법 비준 이전의 각종 여론조사에서 나타난 반대 여론의 우세에 대해 납득하기 어렵다는 반응을 보였다. 그들은 그 동안 비준 반대를 주장해온 유권자들이 주로 극우파나 공산당 지지자 등 EU의 존재 자체를 부정하는 성향의 특정 계층으로 치부해왔을 뿐 프랑스 경제와 정권 그리고 신자유주의 확산에 대한 국민들의 광범한 불만이 누적되어왔다는 점을 제대로 파악하지 못하였던 것이다. 이로 인해 주류 정치인들은 일반국민을 설득하여 격차를 좁히는데 실패하였다.

이에 비해 좌파 엘리트들은 설득력 있는 논리로 무장하고 그리고 각종 조직을 통해 주민들에게 성공적으로 파고들었다. 이들이 구사한 논리 중에서 커다란 설득력을 가진 것이 유럽통합속도조절론과 신자유주의반대론이었다. 이러한 반대 논리 덕분에 좌파세력은 좌파성향 유권자의 표 특히 사회당 중도좌파 성향 유권자의 표를 끌어 모으는데 성공하였다. 결국 프랑스의 경우 유럽헌법 반대 진영은 뚜렷한 정치세력이 이끌고 있었다기보다는 극좌에서 극우까지 다양하게 분포되어 있었다. 극우파를 비롯한 우파진영의 반대세력들은 국가주권의 이양과 초국가적 EU의 등장에 대해 특히 우려하였고, 한편 좌파 반대세력들은 EU 내 신자유주의의 확산에 적극적으로 대항하였다고 할 수 있다. 그리고 이들의 주장은 각종 선전활동에 힘입어 국내 경제부진과 집권 우익정부의 신자유주의적 정책에 불만을 가진 프랑스 유권자들에게 상당한 공감을 불러일으켰던 것이다.

프랑스 유권자들이 헌법안 비준에 반대한 이유는 매우 다양하며, 유럽헌법안과 꼭 연관이 된 것이 아니라는 점이다. 반대표를 던진 프랑스 유권자들이 반대 이유로 가장 많이 응답한 것은 자국의 경제 및 정권에 대한 불만이었다는 점에 주목할 필요가 있다. 프랑스 국민투표결과는 유럽헌법안 그 자체에 대한 거부라기보다는 프랑스의 경제부진과 정부의 신자유주의 정책에 대한 국민들의 심판 성격을 많이 띠고 있다고 할 수 있다. 헌법안 부결 직후인 2005년 5월 31일 영국 BBC의 지적은 시사하는 바가 크다고 하겠다. BBC는 유럽헌법이 프랑스에서 비준 받지 못한 요인을 몇 가지로 정리했다. 우선 "시라크 대통령의 현 정부에 대한 국민적 불만이 반대표로 표출됐다. 시라크 정부가 다수 유권자의 지지를 잃은 것은 국내 경기가 심한 침체에 빠졌고, 실업률이 무려 10% 대에 달했기 때문이다. 유럽헌법에 대한 반대표는 시라크 정부에 대한 저항의 표현인 셈이다." 르몽드지도 국민투표 결과에 대해 "시라크 정권에 대한 항의와 유럽통합 반대 여론이 합쳐져 표출된 민심"이라고 평가했다. 그러나 무엇보다 정부가 원대한 목표를 떠들면서 경제를 비롯한 일상 정치에서는 실패했다는 반감이 주된 요인이라는 지적이다. 프랑스 국민은 유럽헌법이 아니라 시라크 대통령 정부를 거부했다는 것이다. 또한 유럽의회가 최근 강화되기는 했지만 소수 엘리트 집단에 의한 EU의 정책결정은 대중이 접근하기 어려운 것이었다. 이러한 의사소통의 단절이 '그들만의 게임'이 되어버린 EU에 대한 대중의 누적된 불만을 국민투표라는 매체를 통해 폭발하게 된 것이다. 성공적인 지역통합을 위해서는 국민적 합의 형성이 지속적으로 유지되어야 한다는 교훈을 남겨준 사례이다.

프랑스의 국민투표 비준 실패는 EU 전체의 이익을 고려하기보다는 개별국의 이해관계가 우선적으로 고려된 것이다. 소득수준이 EU의 40%에 불과한 동구권 국가들의 가세가 자신들의 경제상황을 악화시킬지도 모른다고 지레 짐작한 것이다. 결국 유럽헌법안 부결의 속내는 프랑스 국민들이 통합에 따른 이득을 챙기기를 원하면서 통합비용 지불을 거부한 것으로 볼 수 있다. 물론 유럽헌법이 끝내 비준되지 않는다고 해서 EU가 당장 붕괴되는 것은 아니다. 유럽헌법이 부결되면 EU는 유럽통합에 관한 기존의 '니스조약'에 따라 움직이게 된다. 다만 완전한 정치적 통합을 통한 '강한 유럽', 즉 유럽합중국(United States of Europe)을 이루고자 하는 목표가 삐거덕거릴 뿐이다. 이러한 지연이 유럽통합의 심화를 막고 있는가에 대해서는 평가가 엇갈린다. 특히 유럽헌법 비준을 반대한 유럽통합 속도조절론자들은 오히려 헌법안을 재검토함으로써 통합을 보다 알차게 심화시킬 수 있다는 평가를 내렸다. 물론 그 반대의 평가도 있겠지만 중요한 것은 EU 회원국들이 비준거부의 교훈을 되새기기 위한 "숙고의 시간"을 상당 기간 가질 것으로 예상된다.

유럽헌법은 수정될 가능성에 대해 그동안 EU는 '재협상은 없다'는 입장을 고수해왔다.95) 부결하는 국가가 늘어날 경우 일일이 재협상을 벌일 수도 없다. 게다가 강국과 소국, 자유시장주의와 사회복지 등 이해관계의 충돌 속에 EU의 틀을 또 수정한다는 자체가 고난도에 가깝다. 하지만 재협상이 없을 경우 재투표는 불가능하다. 딜레마로 떠오른 유럽헌법 수정 여부에 대해서는 아직 확실한 일정이 잡힌 것은 없지만 언젠가는 수정이 이루어질 것으로 기대된다. 만일 재투표가 안 된다면 헌법안의 주요 골자를 별도 협약으로 채택하는 방안이 가장 현실적이다. 유럽통합의 속도가 너무 빠르다는 대중들의 불만을 수용해 EU의 권한을 조금 줄이고 회원국 주권을 좀 더 인정하면서 한 단계 낮은 정치적 통합도 가능하다. 그렇지만 그 가능성은 헌법안 비준에 반대한 자들의 대부분이 헌법안에 내포된 주요 정책에 반대하였지 유럽헌법 제정의 당위성에 대해서는 반대한 적이 없다는 여론조사 결과에서도 알 수 있듯이 희박하다 하겠다.

---

95) "Conséquences d'un non français: Il n'y a pas de plan B", 〈*Le Monde*〉, 2005년 4월 10일.

끝으로 통합 주도국으로서의 프랑스의 책임 문제이다. 1954년 자국이 제안한 유럽군사·정치공동체를 부결시킨 것도 프랑스였고, 이번에도 역시 프랑스가 주축이 되어 만들어 낸 유럽헌법을 자신들의 손으로 부결시킴으로써 EU의 진전에 큰 걸림돌을 만들었다. 통합 주도국은 자국의 이익을 뛰어넘어 보다 원대한 비전을 실현시키는 포용력이 있어야 한다. 그렇지 않을 경우 지역통합은 언제나 암초에 걸릴 수밖에 없다.

제8장 유럽연합 정책에 대한 프랑스 국민의 태도

Ⅰ. 머리말

유럽연합 회원국 국민들이 유럽공동체의 결성을 지지한 이유는 단일 유럽시장의 달성이 가져다주는 경제적 이득을 기대하였기 때문임을 부인할 수 없다. 특히 회원국 국민들은 단일 통화인 유로화의 등장이 유럽 시장의 통합을 촉진하는 역할을 하게 될 것으로 보았다. 단일 통화의 등장으로 유럽 전역에 걸쳐 상품가격이 전반적으로 하향 균등화될 것이고, 또 이러한 현상은 생필품이나 소비자들이 자주 구매하는 상품의 유통을 원활히 해줄 것으로 여겼다. 사실 단일통화의 도입으로 기업과 가계는 환전거래 수수료를 크게 절약할 수 있었다. 단일통화가 도입되는 해(2002년)에 회원국들은 유럽연합 GDP의 0.5%에 달하는 약 300억 달러에 달하는 외환중개수수료를 절약할 수 있게 되었다. 또한 단일통화로 환율변동의 불확실성이 제거되면 역내교역량이 크게 늘어나고 국제적인 직접투자에 의하여 자본이동이 촉진되어 경제의 효율성이 높아지게 된다. 그리고 단일통화권 형성으로 역내 각 회원국의 통화정책 권한이 유럽중앙은행으로 집중되어 그동안 각 회원국이 실시해오던 개별적인 통화정책이 제한을 받게 됨으로써 역내 물가가 안정될 것으로 여겨졌다. 그 외에도 역내 금융기관들의 인수합병으로 인한 경쟁력 증대 등을 통해 경제적인 혜택의 증가가 이루어질 것이 기대되었다.[96] 이와 같은 기대에도 불구하고 유럽연합 회원국 국민들은 근자에 들어와서 통합의 진전과정에 대해 상당한 불만을 품고 있는 것으로 각종 여론조사 결과 확인되고 있다.

물론 1980년대까지 유럽통합의 문제는 회원국 국민들의 별다른 관심을 끌지 못한 가운데 진행되어 왔다. 그 문제는 유럽회원국의 국내정치에서 쟁점으로 부상되지 않고 국민들의 묵시적 동의라는 환경 속에서 진행되어 왔다. 이것이 가능했던 이유는 유럽통합이 고도로 기술적인 문제에 대한 법과 규정의 제정이라는 형태로 진행되어 왔다는 데서 그 이유를 찾아볼 수 있다. 즉 유럽연합의 기구에서 결정되는 정책의 파급효과에 대한 일반 대중의 관심을 환기할 계기가 없었다고 할 수 있다. 이 때문에 국민들의 불만이 크게 노정되지 않았다. 하지만 1992년 6월 2일 덴마크의 유권자들은 마스트리히트 조약[97]에 대해 찬반을 묻는 국민투표에서 근소한 차이(찬

---

[96] Pierre Du Bois, "Euro comme Ulysse", *Relations Internationales*, no. 100, 1999, pp. 393-396 참조.

[97] 유럽은 1993년 1월 1일 유럽공동체(EC)는 단일시장을 형성하기에 이르렀다. 그러나 1989년부터 동구권의 변혁이 본격화되었고, 1990년에는 독일이 통일되었으며 1991년에는 소련이 붕괴되어 냉전시대에 종지부를 찍었다. 특히 독일의 통일은 다른 가맹국들에게 위협을 느끼게 하였고, 이런 상황에서 들로르(Jacques Delors) 유럽공동체 집행위원회 위원장은 유럽통합을 더욱 가속화하려고 노력하였으며 특히 통화통합과 정치연합에 주력하였다. 그로 인해 유럽공동체 회원국들은 1991년 12월 9~10일간 마스트리히트(Maastricht)조약에 합의하고, 1992년 2월 7일 정식으로 체결함으로써 유럽연합이 탄생하게 되었다. 이렇게 유럽연합을 탄생하도록 만든 마스트리히트 조약은 또한 경제·통화동맹의 결성을 약속하고 있다.

성 19.7%, 반대 50.3%)로 조약비준을 거부하였다. 마스트리히트 조약은 그 해 12월 에딘버러 정상회담에서 약간의 수정을 거친 후 다음 해 5월 18일 2차 투표에서 덴마크 국민들에 의해 찬성 56.7%와 반대 43.3%로 결국 수용되기는 하였지만, 1차 투표에서의 비준거부는 마스트리히트 조약의 비준일정에 크나큰 차질을 빚게 되었을 뿐만 아니라 유럽통합의 심화의 가능성과 정당성에 대한 심각한 논쟁을 촉발시키는 계기가 되었다[98]. 그 결과 회원국 국민들이 유럽연합 자체에는 반대하지 않지만 유럽연합의 정책에는 반대할 수 있다는 점이 분명히 인식되었다. 유럽연합 회원국 특히 프랑스 국민들은 마스트리히트 조약의 체결 이래로 유럽연합의 각종 정책에 대한 불만을 지속적으로 표출하여 왔다.[99] 프랑스 국민들은 급기야 2005년 5월 29일 국민투표에서 유럽연합 헌법안의 비준을 거부하였고, 그 결과 유럽연합의 통합 심화과정은 커다란 타격을 받게 되었다.

프랑스가 독일과 더불어 유럽통합을 사실상 주도해 왔다는 점을 고려한다면 프랑스 국민들의 불만이 어디에서 비롯된 것인가를 파악해야만 유럽통합을 심화시켜 나갈 수 있을 것이다. 지금까지 프랑스 국민들에 대한 불만의 원인에 대해서는 각종 여론조사를 통해 연구가 이루어져 왔다. 이러한 연구들은 국민들의 불만이 유럽연합의 하나의 주요한 정책에 대한 불만에서 비롯되었다고 보았을 뿐 그러한 불만이 장기간 누적되어 온 것이라는 점을 간과하였다. 따라서 본고에서는 국민들의 불만이 유럽연합의 주요 정책인 경제·통화통합과 유럽헌법의 비준을 둘러싸고 어떻게 표출되고 누적되어 왔는지를 살펴보고자 한다. 특히 우익 시라크 정부가

---

98) 박명수, 〈유럽통합의 발전과 EU의 제도개혁연구〉, 충남대석사논문, 2001, p. 20.

99) 프랑스가 유럽통합을 해나가는 과정에서 유럽공동체와 프랑스의 관계를 다룬 것으로는 Florence Chaltiel, *La souveraineté de l'Etat et l'Union européenne, L'exemple français*, thèse de doctorat, Université de Grenoble II (2000)을 들 수 있다.

유럽헌법 비준 부결에서 국민들의 핵심 요구사항으로 드러난 실업문제를 해소하기 위해 어떤 정책을 실시하였으며 그리고 그 정책이 국민들의 불만을 해소하였는지를 검토할 것이다. 이를 위해 EU 자체의 설문조사, 주요 언론기관의 설문조사의 결과 그리고 필자가 포함된 학술진흥재단 후원 연구팀에 의해 이루어진 설문조사의 결과를 이용할 것이다.

Ⅱ. 유럽연합에 대한 국민들의 지지여부

정체와 답보를 거듭하던 유럽통합의 프로젝트가 80년대에 들어서면서 갑자기 활력을 띠게 된 것은 무엇보다도 유럽경화증[100]에 대한 초조감과 절박함 때문이었다. 성장과 복지를 동시에 조화시키는 유럽모델의 성가는 70년대 이후 유럽경제가 저성장을 계속하면서 급격히 잠식되었다. 70년대 중반 이후 유럽은 미국이나 일본경제에 비해 훨씬 낮은 성장률과 높은 실업률을 보였고 이는 세계시장에서 유럽의 지위를 위협하였다. 그러나 미국모델이나 일본모델은 유럽적 맥락 속에서는 모방될 수 없는 것들이었다. 여기서 대안으로 떠오른 것이 유럽차원에서의 협조와 협력을 통해

---

[100] 70년대 중반 이후 세계자본주의체제가 장기적인 구조적 불황에 빠져들면서부터 이전의 일국 단위의 케인즈주의적 성장-축적모델이 한계에 부딪치게 되었다. 경제영역에서 70년대 중반 이후부터 제기되어온 서유럽의 국제경쟁력 약화 및 성장률 둔화 등으로 특징지워지는 '유럽경화증'으로 말미암아 유럽의 경제통합 없이는 미국과 일본과의 경쟁에서 유럽이 패배할 수밖에 없다는 위기감이 경제통합에 다시 박차를 가하도록 만든 직접적인 배경을 이룬다.

규모의 경제를 달성하자는 것, 곧 단일시장의 창출이었다. 각종 비관세 장벽들의 철폐를 통한 단일시장의 완성은 유럽자본들에게 안정적 판매시장과 유리한 투자거점을 확보할 수 있게 해주고 그리고 공동의 연구개발 투자를 가능케 함으로써 소규모로 분열된 유럽경제의 고질적 약점을 극복할 수 있게 해줄 것으로 기대되었다. 일단 합의가 되자 단일시장 프로젝트는 빠른 속도로 진행되었다. 1983년 슈투트가르트에서 유럽공동체 이사회가 유럽연합으로의 이행을 엄숙히 선언한데 이어 1985년 선출된 새 집행위원회는 단일시장 백서를 내놓았다[101]. 이처럼 유럽연합의 우선적 목표가 규모의 경제의 실현을 통한 공동이익을 달성하려는 것이었기 때문에 회원국 국민들은 유럽연합을 점차 지지하는 방향으로 나아갔다.

　여론조사 결과를 살펴보면, 유럽인들의 유럽통합에 대한 반응은 국가 및 시기별로 어느 정도의 편차는 있었지만 초창기부터 대체로 호의적이었다. 유럽통합에 대한 호의적인 여론은 적극적이고도 자발적인 지지였다기보다는 대체로 묵시적인 동의의 수준에 머물러왔다. 유럽인들은 유럽통합 과정에서 적극적인 참여자가 아니었으며 오히려 방관자적 관망자세를 취하는 가운데 엘리트 주도의 유럽통합과정에 암묵적인 지지를 보내왔다[102]. 이와 같은 호의적 반응은 유럽연합에의 가입으로 이득을 보았다는 생각에 기초하고 있다. 필자가 포함된 학술진흥재단의 재정지원을 받은 해외지역연구팀(과제명: 유럽통합의 쟁점에 대한 프랑스의 인식과 대응)이 2003년 1월에 실시한 파리 지역에 거주하는 1162명의 프랑스 시민들을 대상으로 실시한 설문조사 결과인 〈표 1〉에서 알 수 있듯이, 2003년 현재 프랑스 시민의 대부분이 유럽

---

101) 김영순, 〈지역통합과 역내지역불균형: 유럽연합의 경우〉, 《지역연구》, 제5권 3호, 1996, p. 214.
102) 박재정, 〈현단계 유럽연합의 정체성과 통합의 미래〉, 《사회과학논총》(충남대), 제9권, 1998, 전게논문, p. 310.

연합 가입으로 프랑스가 혜택을 보았다고 생각하고 있음을 알 수 있다.

<표 1> 프랑스는 유럽연합에 가입함으로써 이득을 얻었다고
생각하십니까? (단위: %)

	응답자 수	①그렇다	②그렇지 않다	무응답	계
전 체	1,162	80.4	18.4	1.3	100.0
학력별	1,074				
중졸이하	85	69.4	30.6	-	100.0
고 졸	287	76.7	23.3	-	100.0
대 재	242	84.7	15.3	-	100.0
대졸이상	460	86.7	13.3	-	100.0
무 응 답	88			7.6	7.6

그렇다고 해서 그들이 유럽연합의 운영이 민주적으로 이루어지고 있다고 믿었으리라 속단할 수는 없다. 마스트리히트 조약의 비준을 전후하여 이루어진 유럽시민들의 공동체 운영의 민주성에 대한 만족도에 관한 설문조사도 시사하는 바가 크다고 하겠다.

<표 2> 유럽연합 주요 국가 국민들의 유럽공동체 운영의
민주성에 대한 만족도 (만족/불만족) (단위 : %)

시기	포르투칼	프랑스	이탈리아	독일	영국	유럽연합12 개국 평균
1992년 가을	33/44	16/74	15/66	14/71	7/84	14/71
1993년 봄	54/30	40/50	32/54	43/48	38/47	41/47
1994년 봄	53/32	41/49	33/53	41/51	40/39	40/47

출처: European Commission, *Eurobarometer*, no. 38(December, 1992), no. 39(June 1993), no. 41(July 1994)를 참조.

〈표 2〉에서 알 수 있듯이 유럽공동체 내의 민주주의에 대한 평균 불만족도는 마스트리히트조약의 비준 이전인 1992년 가을의 조사에서 공동체 평균 71%에 달하였으나 1993년에 마스트리히트조약이 비준되자

그 불만족도는 47%로 감소하였다. 마스트리히트 조약의 체결을 전후하여 유럽공동체 운영의 민주성이 갑자기 크게 신장되었다고는 볼 수 없다. 그렇다면 이와 같은 불만족도의 감소는 어떻게 설명할 것인가? 사실 마스트리히트 조약의 체결 이전에 불만이 컸던 이유는 사실 조약 자체에 대해 불만을 품었기 때문이다. 그러다가 일단 조약이 체결되어 유럽연합의 성립이 기정사실화되자 반대할 대상이 사라졌으므로 유럽연합의 운영에 대한 불만족도가 수치상으로 감소한 것으로 볼 수 있다.

마스트리히트 조약의 체결 이후 프랑스 국민들의 유럽연합의 운영에 대한 불만족도의 감소에도 불구하고, 불만족을 표명하고 있는 프랑스 국민들은 여전히 과반수(49%)에 육박할 정도이다. 전술한 해외지역연구팀이 실시한 설문조사(2003년 1월)의 항목 중 '유럽연합의 의사결정이 민주적으로 이루어지고 있다고 생각하는가?'라는 질문에 대해 그렇지 않다는 부정적인 응답이 여전히 45.5%나 되었다. 즉 응답자의 절반 정도는 EU의 의사결정이 민주적으로 잘 운영되고 있지 않다고 생각하고 있다. 문제는 이와 같은 EU의 의사결정이 비민주적이라고 응답한 동기가 무엇인가? 이들 응답자들이 진정으로 EU의 의사결정 자체가 비민주적으로 이루어지고 있다는 점을 인식하고 이에 관심을 기울였는가 아니면 자신들의 이익에 배치되는 EU의 정책에 대한 반발로 그 같은 답변을 하였는가? 즉 유럽연합의 개별 정책에 대한 불만 때문에 유럽연합의 운영이 비민주적이라고 생각한 것은 아닌가? 이를 규명해야만 프랑스 국민들의 불만의 동기를 파악할 수 있을 것이다. 이와 같은 규명을 위해 국민들의 생활에 직접 영향을 미칠 수 있는 경제·통화통합 정책과 정부재정위기에 따른 긴축정책 그리고 유럽연합 헌법 초안에 대한 프랑스 국민들의 불만과 저항을 중심으로 차례로 살펴보고자 한다.

Ⅲ. 경제·통화통합 정책에 대한 국민들의 태도

프랑스의 사회적 모델은 의무공교육제도 및 종교와 교육의 엄격한 분립을 통한 공화주의적 통합, 사회복지의 향상을 위한 복지국가와 노사의 역할 배분에 대한 독특한 사고(노동조합과 사용자단체가 의료보험과 실업보험을 운영함), 공공부문의 높은 노조조직률과 중소기업의 제로에 가까운 조직률, 대립적인 노사문화 등으로 요약된다. 그러나 이러한 모델은 70~80년대부터 시작된 경제성장의 둔화, 실업의 상승, 불안정고용의 증가와 같은 위기에 제대로 대처하지 못하였다. 새로운 사회적 모델의 창출을 위한 노력은 역대 정부들이 가장 중점을 둔 사안이며, 고용은 가장 중요한 "국책사업"으로 자리 잡은 지 오래다.[103] 특히 인구 고령화로 연금제도와 건강보험 등에 부담이 가중돼 1990년대 이래로 만성적인 재정적자에 시달려왔다. 이처럼 프랑스가 사회경제적으로 위기에 처한 가운데 유럽연합의 경제·통화통합이 위기를 해소할 수 있는 방안으로 여겨졌다.

1989년도 가을에 행해진 여론조사의 결과에 따르면 회원국 국민의 74%가 언론매체 등을 통하여 역내 단일시장의 완성을 목표로 하는 1992년 경제·통화동맹 계획에 대하여 보고들은 바가 있다고 답하고 있으며 응답자의 56%가 단일 시장이 좋은 것이라고 응답하였고 36%가 좋지도 나쁘지도 않은 것으로 그리고 단지 8%만이 나쁜 것으로 간주한다는 견해를 표명하였다[104]. 〈표 3〉에서 알 수 있듯이 프랑스 국민들의 유

---

103) 〈*Le Monde*〉, 2005년 6월 3일자.
104) Wayne Sandholtz, "Choosing Union : Monetary Politics and Masstricht", *International Organisation*, vol. 47. no. 1, 1993, p. 21.

럽통화통합에 대한 지지도는 유럽연합 평균치보다 더 높음을 알 수 있다.

<표 3> 통화통합에 대한 유럽연합 회원국 국민의 지지도[105]

국가	1976	1985	1990가을	1991년 봄	1991년 가을
벨기에	53	46	62	65	62
덴마크	21	-	35	46	35
프랑스	52	49	61	68	64
독일	33	14	49	51	45
그리스	-	-	64	58	61
아일랜드	-	-	58	58	54
이태리	67	55	72	70	69
룩셈부르크	66	43	46	58	48
네델란드	51	27	61	60	58
포르투칼	-	-	55	56	53
스페인	-	-	53	61	58
영국	30	12	38	54	40
EU 전체	45	32	55	60	54

출처: Wayne Sandholtz, "Choosing Union: Monetary Politics and Masstricht", *International Organisation*, vol. 47. no. 1, 1993, p. 26.

1993년의 여론조사에서도 알 수 있듯이 유럽연합회원국들이 단일통화의 시행에 따른 경제적인 손실보다 오히려 혜택이 더 크다고 생각하였다. 프랑스 국민들은, 전술한 해외지역연구팀이 실시한 설문조사결과에서 알 수 있듯이, 2003년 초에도 유럽연합의 단일 통화정책을 변함없이 지지하고 있다. '주요 쟁점들에 대한 정책결정이 공동체적인 차원에서 행해져야 하는가? 아니면 개별 국가의 차원에서 이루어져야 하는가?'라는 질문에 대해 그 결과는 다음과 같다. 응답자들이 개별국 차원에서 보다 공동체 차원에서 결정되어야 한다고 지적한 정책들은 화폐(90.3%), 과학기술정책(86.3%), 외교안보(77.4%), 실업문제(59.0%), 문화정책(56.1%)으로 나타났다. 즉 화폐정책은 유럽연합 차원에서 이루어져야 한다는 것이 대

---

105) *Ibid.*

다수 프랑스 국민들이 바라는 것이라고 보아도 무방할 것이다. 여론의 호
의적 반응은 국민들이 통화통합이 유용한 것이라는 판단에 근거하고 있다.

<표 4> 유로화의 사용과 관련된 다음 사항에 대해 어떻게
생각하십니까? (단위: %)

	응답자 수	① 동의하는 편이다	② 동의하지 않는 편이다	무응답	계
ⓐ 유로화는 미국달러 와 같은 국제결제통 화가 될 것이다	1,147	76.1	21.2	2.6	100.0
ⓑ 유로화는 유로존의 물 가안정에 기여하였다	1,133	41.8	54.5	3.7	100.0
ⓒ 유로화는 유로존 국 가들간의 제품가격 차이를 축소시켰다	1,118	42.8	52.2	5.0	100.0
ⓓ 유로화의 도입은 프랑스경제에 도움 이 되었다	1,100	49.9	43.6	6.5	100.0

전술한 해외지역연구팀이 실시한 설문조사(2003년 1월) 결과를 토대
로 작성된 〈표 4〉에서 알 수 있듯이, 프랑스인들은 대체로 유로화가 미
국달러와 같은 국제결제통화가 될 것이고 그리고 유로화의 도입이 프랑
스경제에 도움이 된다는 판단 하에서 화폐통합을 지지하였다. 이처럼 유
럽연합 국민들 특히 프랑스 국민들은 대체로 경제·통화통합에 대해 호의
적인 반응을 보이고 있었다.

프랑스 국민들은 유로화의 사용에 따른 이득을 기대하면서 경제·통화동
맹 가입을 지지하였으나 이 동맹에의 가입을 위해서 요구되는 부담을 감

내하기를 원하였는가? 프랑스는 여타 회원국들과 마찬가지로 마스트리히트 조약에서 명시하고 있는 경제·통화동맹에 가입하기 위해 소비자물가상승률, 정부재정적자 및 공공부채, 장기금리 그리고 환율의 네 항목을 일컫는 이른바 경제수렴조건을 충족시켜야 했다. 이 4가지 수렴조건 중에서도 제일 어려운 과제는 정부의 연간 재정적자 폭을 GDP의 3% 이내로 유지시키는 것이었다.[106] 이 조건의 실천을 보장하기 위해 1995년 말 독일정부의 주도 아래 채택된 안정협약(Stability Pact)에 따르면, 유럽연합 회원국들은 마스트리히트 조약의 수렴조건인 3%의 적자를 넘어서는 매 1%마다 GDP의 0.25%에 해당하는 액수를 무이자로 EU에 적립해야 하며, 만일 이러한 적자가 2년 이상 계속될 때 이 적립금은 몰수된다.

이와 같은 경제·통화통합에 필요한 조건들, 특히 재정적자를 GDP의 3% 이내로 줄이기란 극도로 어려운 과제였다. 프랑스 정부는 재정적자 폭을 제한하기 위해 1996 회계년도의 예산안을 편성하면서 정부의 인건비 지출 감소책의 일환으로 공공부문 종사자의 정원 감축, 임금동결 그리고 연금혜택 축소를 추진하였다. 특히 우익의 시라크 정부는 공무원 연금불입 연한을 종전의 37.5세에서 40년으로 그 기간을 연장하려 하였다.[107] 이에 대한 반발로 공무원을 포함한 공공부문 종사자 500만 명

---

106) Robin Simpson and Robert Walker, (eds.), *Europe: for richer or Poorer?* (London: GRAG, 1993).

107) 알랭 쥐페(Alain Juppe) 총리는 노동조합과의 사전 협의도 없이 공무원 연금과 공공부문 노동자들(철도 노동자, 전기와 가스 노동자, 우체국 노동자)의 퇴직 연금을 줄이겠다고 공표했다. 그는 공공부문 기업의 일부를 민영화시킬 것이고, 이익이 되지 않는 부문들은 폐쇄할 것이며, 그에 해당하는 노동자들은 정리해고될 것이라고 했다. 또한 그는 특히 의료보험의 재정 확보와 실행을 재점검할 것이라고 선언하였다. 특히 그는 대학에 대한 지원을 삭감하기로 결정하였으며, 프랑스 텔레콤(France Telecom)을 민영화하기로 했고, 소득세를 늘리기로 했다.

중 약 3분의 1인 168만 명이 이른바 '검은 목요일'로 지칭된 지난 1995년 10월 17일 대규모의 파업을 감행하였다.[108] 이처럼 긴축정책에 대한 대중의 반감이 매우 컸기 때문에[109] 1998년으로 예정된 총선에서의 패배를 두려워하고 있던 시라크는 의회에서 또 다시 다수파를 차지할 목적에서 조기총선을 요청하였다.[110] 그러나 1995년의 조기 총선에서 경제·통화통합의 옹호자로서의 시라크가 이끄는 드골주의 정당인 공화국연합(RPR)은 사실상 패배하고 리오넬 조스팽이 이끄는 사회당이 의회 내에서 다수파가 되었다. 결국 노동대중은 노동자들에게 불리한 신자유주의적 정책을 좌절시킬 수가 있었다. 집권세력의 교체에도 불구하고 프랑스의 재정적자 폭은 줄어들 줄을 몰랐다. 경제·통화동맹이 성립한 1999년까지 3년간의 거시경제 지표를 봐도 프랑스의 경제 지표가 별로 나아지지 않고 있음을 말해주고 있다.

---

108) 정부가 경제·통화통합의 자격 요건인 경제수렴조건을 충족시키기 위해 복지지출의 삭감을 골자로 하는 긴축예산안을 편성하면서부터 유럽의 주요 국가들은 난관에 부딪히게 되었다. 독일에서도 1997년 9월 7일 독일노조연맹 소속 노조원 20만명이 정부의 사회복지지출 삭감계획에 항의하는 대규모 시위를 벌이는가 하면 10월 24일에는 병가 수당을 20% 삭감하는 내핍규정에 대항하여 40만명의 근로자들이 대규모시위를 벌여 관련 산업을 마비시키기도 했다. 마드리드를 비롯한 스페인의 주요 도시에서도 10월 15일 이래 수 천명의 공공 부문 근로자들이 임금동결에 항의해 현 정부가 집권한 1996년 5월 이래 최대 규모의 항의시위를 벌였으며 노조지도부는 정부가 임금동결 방침을 철회하지 않을 경우 연말에 전면 파업도 불사하겠다는 위협을 가하기도 하였다. 이처럼 거센 반발에도 불구하고 각국의 정부는 화폐통합일정의 준수에 대한 의지를 굽히지 않았다.

109) 개혁에 대한 저항운동은 급속도로 퍼져나갔다. 맨 처음 철도 노동자들이 조직적인 저항을 하였다. 철도 노동자들은 쥐페 총리의 개혁안이 발표된 지 10일 이내에 파업을 개시할 것이라고 선언하였다. 그리고 철도 노동자들의 파업은 운송 노동자들의 파업으로 이어졌다. 그리고 곧 프랑스 전역은 교통이 마비되었다. 또한 우체국 역시 멈춰버렸으며, 학교도 문을 닫아버렸고 그리고 쓰레기가 길거리에 쌓이기 시작했다.

110) Eric Aeschimann and Pascal Riché, *La guerre de sept ans* (Paris : Calman-Lévy, 1996), p. 308.

<표 5> 조약 체결 당시 15개 회원국의 수렴조건 달성 현황

	인플레이션율			정부재정적자			정부부채		
	1997	1998	1999	1997	1998	1999	1997	1998	1999
준거치	2.7		2.8	3.1		-3.0		60.0	
독일	1.4	1.7	1.9	-2.7	-2.5	-2.2	61.3	61.2	60.7
프랑스	1.2	1.0	1.6	-3.0	-2.9	-2.6	58.0	58.1	58.2
이탈리아	1.8	2.1	2.0	-2.7	-2.5	-2.0	121.6	118.1	114.3
영국	1.8	2.3	2.1	-1.9	-0.6	-0.3	53.4	52.3	50.9
스페인	1.8	2.2	2.2	-2.6	-2.2	-1.9	68.8	67.04	65.8
네델란드	.18	2.3	2.5	-1.4	-1.6	-1.2	72.1	70.0	67.7
벨기에	1.4	1.3	1.5	-2.1	-11.7	-1.4	122.2	118.1	114.2
스웨덴	1.9	1.5	2.0	0.8	0.5	0.9	76.6	74.1	70.0
오스트리아	1.1	1.5	1.7	-2.5	-2.3	-2.2	66.1	64.7	63.6
덴마크	1.9	2.1	2.2	0.7	1.1	1.7	65.1	59.5	55.3
핀랜드	1.3	.2.0	2.0	-0.9	-0.3	-0.6	55.8	53.6	52.3
포르투칼	1.8	2.2	2.3	-2.5	-2.2	-1.9	62.0	60.0	58.0
그리스	5.2	4.5	3.6	-4.0	-2.2	-2.0	108.7	107.7	104.
아일랜드	1.2	3.3	3.5	0.9	1.1	1.9	66.3	59.5	52.6
룩셈부르크	1.4	1.6	1.7	1.7	1.0	0.6	6.7	7.1	7.6

* 인플레이션의 준거치는 인플레이션 수준이 가장 낮은 3개국의 평균보다 1.5% 이상 높아서는 안
　된다는 것임.
출처: *EU Commission*, March 25, 1999.

　　1990년대 말 현재 15개 회원국의 인플레이션율과 정부재정적자, 그리고 정부부채의 정도를 말해주는 〈표 5〉에서 알 수 있듯이 프랑스의 재정적자율은 GDP의 3.0% 이내라는 한계 아래에 머물기는 했지만 여전히 유럽연합 회원국들 중에서 가장 높았다. 프랑스는 재정적자율을 GDP의 3% 이내로 유지하기 위하여 경기진작에 필수적인 재정지출증대는 꿈도 못꾸고 오히려 정부지출을 축소시킬 수밖에 없었다. 나아가 1999년 경제·통화동맹의 결성 이후에도 유로화의 안정을 유지하기 위해서는 프랑스는 여전히 재정적자폭을 GDP 3% 이내로 유지시켜야 했고, 이로 말미암아 정부의 재정긴축정책의 지속은 불가피하였다. 이로 인해 기업생산이 위축

되고 고용이 감소하였다. 그 결과 〈표 6〉에서 알 수 있듯이 장기적으로는 유럽공동체의 GDP 성장률이 증가하기도 하였으나 1992년 이래로 프랑스의 실업률은 10%대에 근접하였다.111)

<표 6> 유럽공동체의 고용과 실업률 변동 및 GDP 성장률

년도	1992	1993	1994	1995	1996	1997	1998	1999	2000	2001
실업	9.1	10.9	11.6	11.3	11.5	11.5	10.8	9.9	9.0	8.3
GDP	1.5	-0.8	2.4	2.3	1.5	2.3	2.7	2.4	3.5	3.4

출처: IMF, *World Economic Outlook.*

이와 같은 상황 하에서 대중이 원하는 것은 아래 표에서 알 수 있듯이 자명해진다.

<표 7> 다음 두 가지 즉 '유로화의 통화가치안정'과 '경기부양을 통한 고용창출' 가운데 어느 것이 더 중요하다고 생각하십니까? (단위: %)

	응답자 수	① 유로화의 통화가치 안정이 더 중요	② 경기부양을 통한 고용 창출이 더 중요	무응답	계
전 체	1,149	22.4	75.2	2.4	100.0
학력별	1,061				
중졸이하	82	15.9	84.1	–	100.0
고 졸	284	26.8	73.2	–	100.0
대 재	240	25.0	75.0	–	100.0
대졸이상	455	20.2	79.8	–	100.0
무 응 답	88			7.7	7.7

전술한 해외지역연구팀이 실시한 설문조사(2003년 1월) 결과를 토대로 작성된 〈표 7〉에서 알 수 있듯이, 프랑스 국민들은 유로통화의 안정시키기

---

111) "Plus de cinq millions de chômeurs", 〈*L'Humanité*〉, 2005년 3월 11일자.

위한 재정긴축정책을 원하는 대신 경기부양을 통한 고용창출을 원하였다.

<표 8> EU의 당면 과제에 대한 프랑스의 여론 (단위: %)

당면 과제	프랑스 여론	유럽연합 평균 여론	당면 과제	프랑스 여론	유럽연합 평균 여론
실업문제해결	95	90	소비자보호	83	79
빈곤문제해결	94	88	불법이민방지	81	83
유럽 내 평화 보장	92	89	유럽연합에 관한 정보제공	75	70
테러방지	90	89	유로화의 성공적인 유통	72	58
환경보호	89	83	유럽연합의 국제적 위상 제고	60	53
범죄 및 마약 방지	88	88	유럽연합 제도개혁	45	50
식품안전	87	73	회원국 가입	15	27
민주주의 보장	85	79			

출전: *Eurobarometer 60*(Autumn 2003) ; *National Report France*, FEIG-European Commission (February 2004), p. 37.

〈표 8〉에서 알 수 있듯이 2003년 여름에 이루어진 유로바로미터의 설문조사에서도 프랑스 국민들의 주된 관심이 실업 및 빈곤 문제였고, 그 관심도는 유럽연합의 평균적인 관심도를 넘어서고 있다. 이와 같은 국민들의 바램을 간파한 프랑스의 역대 정부는 고용창출에 커다란 관심을 기울이게 되었다. 고용창출을 위해서는 재정지출을 증대시키거나 아니면 다른 예산 항목의 지출을 줄여 생산 활동을 지원하는데 전용하는 두 가지 방법이 있다. 이미 경제·통화동맹이 한계로 설정한 3%대에 근접하였기 때문에 더 이상의 재정지출은 사실상 받아들일 수 없는 것이었다. 프랑스가 재정적자폭을 경제·통화동맹이 설정한 GDP의 3% 이

내112)로 줄이지 못해 벌금을 물어야 할 상황이 벌어졌다. 이에 프랑스 정부는 프랑스의 재정적자가 3%를 넘어선 것을 묵과해줄 것을 요청했으나, 유럽연합 집행위가 이를 유럽사법재판소에 재소한 결과 2005년 3월에 프랑스의 요구가 부당하다는 판결이 나왔고, 이에 프랑스는 꼼짝없이 수십억 유로에 달하는 벌금을 물게 되었다. 이것은 어떠한 정치 성향을 지닌 세력이 집권한다할지라도 재정적자를 해소하기 위한 긴축정책은 불가피함을 알 수 있다. 특히 우익의 시라크 정권은 2002년 대통령 선거에서 압도적 다수로 재선되자 말자 차제에 재정적자113)의 주범으로 여겼던 복지비체계를 대폭 수술하려는 시도를 하게 되었다. 그리하여 '브뤼셀 알리바이(회원국정부가 평소에 국민들에게 인기가 없었던 복지비 삭감정책 등을 과감히 밀어붙이기 위해 브뤼셀에 있는 유럽연합 본부가 결정한 정책을 집행하는 것 이외에는 별다른 방법이 없다는 논리)'를 활용하기를 원하였다. 즉 프랑스 정부는 유럽연합의 화폐통합을 계기로 산업경쟁력을 약화시키고 재정정자의 주범이 되고 있다고 보았던 연금제도 및 사회보장제도를 대폭 개혁하고자 하였다. 이와 같은 시도는 노동대중의 광범한 저항을 유발시켰다.

---

112) 마스트리히트 조약이 구상하는 유럽중앙은행(ECB)은 독립된 집행부 6명과 회원국의 중앙은행 총재로 구성된 이사회에 권한을 집중시킨다. 그리고 필요하다면 ECB가 여론의 압력이나 EU의 정치기구로부터 독립된 것처럼, 각 중앙은행의 법적인 지위는 자국정부로부터 독립될 것을 규정하고 있다. 이는 회원국의 중앙은행들은 ECB에 종속될 수밖에 없으며, 이른바 이사회의 투표방식이 단순다수제인 점을 감안하면 회원국정부가 자국이 원치 않는 ECB 정책에 저항한다는 것은 거의 불가능에 가깝다는 것을 의미한다. ECB의 핵심적인 단일의무는 가격안정의 유지로 미국의 연방준비이사회(FRB)보다 훨씬 긴축적인 규정을 지니고 있다.

113) 〈*Financial Times*〉, 2005년 10월 5일자 : 유럽연합이 불어나는 회원국들의 재정적자로 골머리를 앓고 있다. 2005년 10월 EU 25개 회원국 가운데 영국, 프랑스, 독일, 이탈리아 등 12개 국가의 재정적자 비중은 EU의 '안정성장조약'상한선인 국내총생산(GDP)의 3% 수준이거나 이를 웃돌고 있다.

<표 9> 당신은 최근의 사회보장 개혁에 관하여 만족하는가?

(단위: %)

	응답자수	①아주 만족한다	②만족하는 편이다	③전혀 만족하지 않는다	무응답	계
전 체	1,129	7.4	45.9	42.7	4.1	100.0
학력별	1,045					
중졸이하	82	13.4	36.6	50.0	–	100.0
고 졸	281	4.6	44.8	50.5	–	100.0
대 재	232	8.6	53.0	38.4	–	100.0
대졸이상	450	8.4	48.4	43.1	–	100.0
무 응 답	84				7.4	7.4

해외지역연구팀이 실시한 설문조사 결과를 토대로 작성된 〈표 9〉에서 알 수 있듯이, 프랑스 국민들의 40% 이상이 정부의 사회보장비 삭감 정책에 대해 대체로 냉담한 태도를 보였다. 프랑스 국민의 불만은 유럽연합의 경제·통화동맹에 대한 것이라기보다는 오히려 프랑스 정부가 취한 사회보장비 삭감 등의 복지비의 축소에서 비롯된 것이다. 즉 프랑스 근로계층은 EU의 통화정책을 지지하면서도 정부가 왜 하필이면 많은 예산 항목 중 복지비를 삭감하는가에 대해 불만을 터뜨렸던 것이다.

근로계층의 불만이 타당한지를 파악하기 위해 먼저 복지비의 대부분을 차지하고 있는 사회보장기금의 재정적자 규모를 파악하고자 한다. 프랑스 사회복지 제도는 노동에 근거한 고용주의 기여금 납부가 주 재정원이다. 그리고 급여의 종류로서는 급여(의료, 산재, 출산, 퇴직 등)와 보건, 사회복지서비스 그리고 빈곤층을 대상으로 한 부가급여 등이다. 여기서 사회보장제도의 위기가 알려지게 된 것은 수입과 지출 사이의 불균형이 드러나면서부터이다. 다음 표는 프랑스 사회보장기금의 주요 부문의 재정적자 추이를 나타낸 것이다.114)

<표 10> 사회보장기금의 주요 부문 재정적자 추이 (단위 : 1억 유로)

구분	1990	1991	1992	1993	1994	1995	1996
건강 보험	+9.3	-3.0	-6.3	-27.3	-32.2	-39.7	-33.6
산재 보험	+2.5	+0.5	+2.0	-0.3	+1.5	+1.1	+0.6
노령 보험	-6.6	-18.7	-17.9	-39.5	-13.5	_10.1	-5.8
가족 수당	+3.7	+4.6	+6.8	+10.7	-10.2	-38.9	-12.8
전체	-9.8	-16.6	-15.6	-56.4	-56.6	-67.4	-51.6

출처: *Commission des comptes de la Sécurité sociale*, CNFPT(1997), p. 65.

〈표 10〉에서 알 수 있듯이 사회보장기금 재정구조의 불균형이 점점 심각해져갔다. 따라서 누적적자는 갈수록 늘어나고 있음을 미루어 알 수 있다. 또한 건강 및 노령 보험분야가 재정적자를 주도하고 있고, 독일, 영국 등 인근 국가와 비교하여 볼 때 프랑스의 경우 1980년대 동안 국민총생산에서 차지하는 복지비 및 보건비의 비율이 빠르게 증가하고 있음도 확인할 수 있다[115]. 거기다가 사용주와 근로자 기여금을 합친 개념인 사회적 부담금(charges sociales)이 상품가격에 전가되어 상품의 경쟁력이 약화되어 재고가 누적됨으로서 실업이 증가하게 되었을 뿐만 아니라[116] 높은 수준의 복지비는 결국 고용창출에 방해가 되고 있음은 사실이다. 이러한 분석을 토대로 우익 정부는 복지비가 재정적자의 주범이라고 몰아붙였다.

2004년 봄에도 우익의 라파랭 내각은 재정적자를 줄이기 위해 국민저항[117]을 무시하고 의료보험법을 노동자들에게 불리하게 개정하였다. 이

---

114) 심창학, 〈프랑스의 복지정책: 제 3의 길 혹은 프랑스 모델의 추구?〉, 『해외지역연구』, 제 17권, 2003, p. 185.
115) 전게논문, p. 185.
116) 전게논문, p. 187.

와 같은 국가 및 자본의 신자유주의 개혁 공세에 대해 프랑스 국민들은 선거를 통해 자신들의 불만을 표출하였다. 특히 우익의 라파랭 정부는 주 35시간 노동제 완화, 사회보장 축소 등을 포함한 각종 개혁을 추진하였다. 이와 같은 정부의 시도에 대항하여 2005년 1월 18~20일 3일에 걸쳐 전국적인 규모의 파업과 시위가 벌어졌다. 이와 같은 노동대중의 저항에도 불구하고 2005년 2월 9일 프랑스 하원에서 우익의 집권여당은 주 35시간 노동제를 포함한 개혁 관련 법률안을 370대 180으로 통과시켰다. 이로 인해 사용자가 원한다면 더 높은 임금으로 추가 '근로시간'을 일할 수 있게 되었고, 220시간의 연간 잔업 한도를 넘어 주당 48시간까지 추가로 근무하는 것이 허용되었다. 특히 주당 35시간 노동시간[118] 연장법의 통과는 정년퇴직 나이 연장, 각종 사회보장 혜택 축소, 민간 연금 확대 등 최근 우파 정부가 잇따라 추진하고 있는 신자유주의적 정책 도입

---

117) 2003년 5월 13일 구매력을 보장하는 연금수준의 확보, 60세에 연금 전액을 받을 권리, 고용확대를 기초로 하는 연금제도의 유지 등의 공동요구 하에 노동총동맹(CGT), 민주노동연맹(CFDT), 노동자의 힘(FO) 등 6개의 전국조직이 총파업에 나섰다. 전국 100개 이상의 도시에서 200만 명이 참가하는 대시위가 전개되었다. 25일의 집회와 데모는 100만 명이 모여, 파리를 노동자들의 데모 대열로 메워졌다. 이와 같은 저항에도 불구하고 정부가 의회에 제출한 연금개혁법안은 7월 24일 가결되었다.

118) 1998년 사회당 정부는 1인당 노동시간을 줄여 더 많은 일자리를 창출하자며 주 35시간 노동법을 도입했고, 이 법은 2000년부터 단계적으로 각 사업장에 적용되었다. 그렇지만 주 35시간 노동제가 경제성장이나 경기부양에 궁극적으로 기여했는지에 대해서는 평가가 엇갈리고 있다. 좌파 측에서는 고용증대→소비촉진→경제성장→고용증대로 이어지는 선순환 구조를 정착시킬 수 있는 법안이었다고 평가하면서 90년대 말부터 2000년대 초까지 이어진 호황에 상당히 기여한 것으로 보고 있다 :"Les 35 heures toujours populaires", 〈*Libération*〉, 2005년 1월 31일자 ; 반면, 우파 측에서는 주 35시간 노동제가 그 이후 지속되는 불황의 주범이라고 몰아붙이고 있다. 주 35시간제를 정착시키는 데 소요된 사회적 비용이 너무 컸고 이것이 오늘날 과도한 재정적자를 낳고 잠재적인 성장 동력을 잠식함으로써 90년대 말과 2000년 초의 호황을 반짝 경기에 그치게 했다는 것이다. 여기서 분명한 사실은 주 35시간 노동제의 채택에도 불구하고 프랑스의 실업률이 10% (2005년 8월 현재 9.9%)에 가까이 머물러 있으면서 떨어질 줄 모른다는데 있다 : 〈*Le Figaro*〉, 2005년 9월 1일.

과 맞물려 여론을 더욱 악화시켰다. 이어서 2005년 3월 벌어진 파업에서는 민간·공공 부문 모두에 해당하는 임금문제가 쟁점이었기 때문에 2003년 5월 총파업 때보다 민간부문 노동자들이 더 많이 참여했다. 이처럼 노동대중의 불만이 누적 표출되고 있는 와중인 2005년 5월 29일에 유럽연합헌법을 비준하기 위한 국민투표가 실시된 것이다.

Ⅳ. 유럽연합헌법비준 부결 이후 정부정책의 한계와 국민들의 저항

지난 2000년 프랑스의 니스협상과 2001년 벨기에의 라에켄(Laeken) 협상을 통해서 유럽헌법의 구체적인 일정과 계획이 제시되었다. 산고의 고통을 거친 후인 2004년 6월 18일 브뤼셀에서 유럽헌법안이 최종 채택되었다. 유럽헌법안에 대한 국민투표가 2005년 5월 29일에 프랑스에서 실시되어, 찬성 45.1%, 반대 54.9%(투표율 69.8%)라는 큰 차로 부결되었다. 이어 6월 1일 네덜란드의 국민투표에서도 찬성 38.4%, 반대 61.6%(투표율 62.8%)로 역시 부결되었다.

프랑스 국민들이 유럽헌법안의 비준을 부결시킨 것은 유럽연합 그 자체에 대한 반대가 아니라 유럽연합 및 프랑스정부의 정책에 대한 불만에서 비롯된 것이다. 프랑스 국민들은 유럽헌법의 신자유주의적 성격을 간파하였으며 그리고 신자유주의적 경제 정책으로 인해 야기될 실업이나 해고 등의 각종 문제를 두려워했기 때문이다. 이 중에서도 프랑스정부가 노동대중의 적극적인 반대에도 불구하고 입법화한 35시간 노동제의 완화와 임금동결 내지 삭감 등 경제적 문제는 노동대중의 누적된 불만을 초래한 가장 직접적인 요인이었다.

유럽헌법에 반대표를 던진 자들은 대체로 "유권자의 과반수 이상이 반대했다면 뭔가 바뀌어야 하는 것 아니냐"며 정부를 공격했다. 사실 5월 29일 유럽헌법 비준을 위한 국민투표에서 참패 이후 시라크 프랑스 대통령이 2005년 6월 새로 임명한 드 빌팽 내각은 국민투표 부결의 가장 큰 원인으로 지목된 실업문제 해결을 최우선 과제로 선언했다. 집권하자 말자 드 빌팽 총리의 집무실에서는 고용정책 마련을 위해 각료회의가 이어지고 자신들의 입장을 피력하려는 노·사·정 대표들의 출입이 끊이지 않았다. 이처럼 시라크 대통령을 비롯해 드 빌팽 신임 총리와 경제각료들이 새로운 경제정책 수립 시 프랑스의 사회주의적 모델을 존중하겠다고 강조하며[119] 국민투표의 부결로 나타난 프랑스 국민들의 신자유주의 경제모델에 대한 불안감을 완화하기 위해 노력하고 있다는 인상을 주었다.[120] 드 빌팽(Dominique de Villepin)은 추락한 정부의 신뢰를 끌어 올리고, 실업문제의 해결을 비롯한 보다 실효성 있는 사회 정책의 추진을 위하여 이른바 '100일 계획'을 발표하였다. 그는 6월 8일 의회에서 "지난 국민투표는 프랑스 국민들의 고통과 초조함, 분노가 표현된 것이며 이를 충분히 인식하고 있다"고 전제한 뒤, 특히 고용문제가 매우 심각한 상황에 이르렀음을 지적하였다. 그리고 이에 따라 '고용을 위한

---

119) "Gauche et syndicats craignent la même politique", 〈*Le Monde*〉, 2005년 3월 31일.
120) "Chirac désavoué, l'Europe déstabilisée", 〈*Le Monde*〉, 2005년 3월 31일.

긴급계획'을 발표하였다. 이중 가장 핵심적인 조치로 주목받았고, 또한 가장 논란의 대상이 된 것이 바로 '신규 채용을 위한 근로계약', (CNE: contrat nouvelles embauches) 제도이다. 이 제도는 20인 이하의 중소 사업에 있어서 신규 채용하는 근로자에 대한 해고의 제한을 완화하고, 대신에 해고되는 근로자에 대한 금전적 지원과 직업훈련을 강화하는 것을 골자로 하고 있다.

드 빌팽 총리가 제시한 비상 실업 대책은 중소기업의 채용, 장기 실업자의 근로 복귀, 청년 및 50대 이상 고령자의 고용 기회 부여 등 3가지 부분으로 구성되어 있다. 이번 계획의 가장 핵심적인 것으로서, 노조의 입장에서 가장 논란이 되고 있기도 한 조치는 규모가 작은 중소기업의 신규 채용 시 새로운 유형의 노동계약을 도입하기로 한 것이다.[121] 노조에 의하면 이는 기존 무기한 근로계약의 토대를 허무는 묵과할 수 없는 행위이다. 노조들은 또한, 특정 규모 이상의 사업체가 준수해야 하는 의무사항—즉, 의무적인 건강검진, 사회보장 부담금, 직원 대표선출 등의 완화에 대해서도 비판적인 입장을 위하였다. 노조들은, 사용자들이 더 이상 최저임금(SMIC)에 상당하는 임금에 대하여 사회보장 부담금을 내지 않아도 됨에 따라 재정적으로 상당히 유리한 입장에 놓이게 되었으며, 이러한 정책의 결과로 '저임금 함정'이 증가하게 될 것이라고 경고하였다. 이에 비해 프랑스 사용자를 대표하는 경제인연합회(MEDEF)는 이번 방안이 올바른 방향으로 진일보한 정책이라고 밝혔고, 중소기업총연맹(CGPME)은 이 정책을 '경제에 신선한 자극을 준 조치'로 평가하였다.[122] 비록 드 빌팽 내각이 국민들의 여망을 반영하려는 의도를 품긴

---

121) "M. de Villepin entend etre l'artisan de la croissance sociale", ⟨*Le Monde*⟩, 2005년 9월 1일.
122) European Industrial Relations Observatory, 2005년 7월 28일; "Mesure

했지만 실제 정책은 여전히 노동대중에 불리하게 나타나고 있어, 정부와 노동대중의 괴리를 해소라는 과제는 여전히 풀리지 않고 있다.[123] 이점이 장기적으로든 단기적으로든 수정 헌법의 비준을 강행하려는 EU 집행위의 전망을 어둡게 하고 있다.

시라크 정부의 노력에도 불구하고 실업률 특히 파리교외 이민자의 청년실업률은 감소하지 않았다. 이점은 2005년 10-11월에 발생한 파리교외 지역의 이민자 청년들의 폭동에서도 잘 드러난다. 2005년 말, 프랑스 파리의 교외지역에서 이민 2세들을 중심으로 한 대규모 폭동이 발생하였다. 사태의 직접적인 발단은 경찰의 검문을 피해 달아나던 아랍인 청소년 두 명이 전철 고압선에 감전되어 사망한 것이었지만, 이 사망 사건이 대규모 폭동으로 발전하게 된 데에는 파리 교외 지역에 거주하는 이민 2세들이 취업 과정에서 직간접적으로 차별을 받은 데서 오는 극도의 박탈감이 깔려 있었다. 파리 외곽에 우뚝 솟은 고층 아파트들은 부의 상징이 아니라 가난과 절망의 상징일 뿐이다. 저렴한 집세의 임대주택(HLM)들인 이 아파트들은 1960-70년대에 저소득층 국민들의 주거단지로 조성되었지만, 가난한 이민자들이 대거 정착하고 중산층 백인들이 빠져나가면서 점점 하나의 '게토'가 되어 갔다. 저학력, 저임금이라는 이민 1세들의 조건은 이민 2세들에게 대물림되었다. 이민 2세들은 여기에다 실업이라는 위험을 하나 더 떠안아야 하였다. 프랑스 전체의 청년실업률이 23%에 달하는 상황에서 파리 교외 지역의 청년실업률은 40%에 달한다.

프랑스 정부는 이 문제의 해결을 약속하였고, 2006년 1월 11일에 도

Villepin: l'UMP satisfaite, la gauche critique", 〈*Le Monde*〉, 2005년 9월 1일.
[123] "Les mesures du plan de «croissance sociale» version Villepin", 〈*Le Monde*〉, 2005년 9월 2일.

시 외곽 빈민지역 청년들의 고용문제를 해결하기 위한 '기회균등법안'을 의회에 제출하였다. 그리고 1월 24일에 '최초고용계약'(CPE : contrat premiere embauche)에 관한 조항을 추가, 수정안을 제출하였다. 그 주요 내용은 신규채용계약과 거의 동일하다.[124]

사실 프랑스에서 한 번 고용한 노동자를 해고하기란 절차가 극도로 복잡하고 어려웠다. 따라서 해고하기 위해서는 회사는 경제적인 어려움을 법정에서 증명해야 한다. 고용주는 근로자와의 첫 번째 회합을 통해 해고될 수 있음을 경고해야 하고, 등기우편으로 자세한 해고사유를 설명해야 하고 일반적으로 재취업교육을 자세히 열거 통보해야만 한다. 업무상 과실이 있거나 직무수행을 제대로 못할 경우 노동자를 해고할 수 있지만 이 경우에도 고용주는 근로자의 과실 및 무능을 증명해야 한다. 또한 일반적으로 정리해고 근로자에 의해 발생된 송사는 법정 밖 합의로 해결되며, 몇 년 걸리는 소송과정을 피하기 위해 고용주는 거액을 합의금으로 지출해야만 한다. 이 밖에도 해고가 어려운 많은 이유를 나열할 수 있다. 이처럼 한 번 고용할 경우 해고가 극도로 어려워 기업들은 신규채용을 꺼리고, 이 때문에 청년실업이 높다는 것이 드 빌팽 정부의 판단이다. 따라서 빌팽은 기업가가 해고를 자유롭게 할 수 있는 이른바 노동의 유연성을 보장하기 위해 최초고용법[125]을 발의하였던 것이다.

정부에 의하면 최초고용계약은 특정 기간 동안 해고를 자유롭게 할 수 있는 일종의 실습기간을 둠으로써 대기업에게 사회경험이 없는 청년을

---

124) 이정원, "프랑스의 청년 및 고령자계층을 대상으로 한 1월 16일자 고용정책안", 국제노동브리프, 한국노동연구원, 2006년 2월호, 98면 이하 참조할 것.
125) 최초고용계약은 20인 이상 사업장에서 26세 미만의 노동자를 고용하는 사용자는 최초 고용 2년간 특별한 사유나 설명 없이도 노동자를 자유로이 해고할 수 있다는 것이다.

고용하는 부담을 덜어 청년실업률을 낮추고, 정규교육 이후 사회에 첫발을 내딛는 청년들에겐 사회에 적응할 수 있는 기회를 더욱 많이 제공할 것으로 내다보았다. 더욱이 이 법안은 2002년 15.4%에 달하던 청년실업률이 2004년 18.1%로 상승, 급기야 지난 가을 이민자 소요에서 사회적 불안의 주된 원인으로 드러난 높은 청년실업률의 해소를 목표로 하고 있다. 사회당은 이 법의 위헌성에 대하여 헌법위원회에 제소하였다. 즉 사용자가 해고의 정당한 이유를 입증해야 할 의무를 과도하게 면제하였으며, 실제로 해고가 발생했을 때 근로자가 이의를 제기할 수 있는 절차가 없다는 점을 들어, 이 제도가 고용권을 침해하는 것이며 근로자들을 사용자에 대하여 완전히 종속적인 상태에 놓이게 하는 것이라고 주장하였다. 프랑스노동총동맹과 프랑스민주노동동맹(CFDT)을 비롯한 프랑스의 주요 노동조합들은 일제히 노동의 비정규화, 불안정화 현상을 가속화할 조치일 뿐이라며 비난의 목소리를 높였다.

특히 최초고용계약 제도의 직접적인 적용을 받게 될 당사자인 대학생들도 이 법안에 강하게 반발하고 있다. 고용의 불안만을 가중시킬 뿐이라는 이유에서이다. 도미니크 드 빌팽 총리가 최초고용계약를 포함하고 있는 기회균등법안을 발의한 2006년 1월 16일 이래 지속적인 시위가 있어왔다. 이 법안이 발의되자 대학생들이 즉각 반발하고 나섰으며, 대학생들의 시위에 노동자들이 동조하면서 시위는 걷잡을 수 없이 커졌다. 3월 7일 시위에는 프랑스 전국 주요 도시에서 주최 측 추산 100만 명이 참여하는 시위가 벌어졌으며 3월 8일에는 학생들이 68혁명의 상징인 파리 소르본 대학을 점거했고, 전국 84개 대학 가운데 60여개 대학 이상에서 동맹휴업이나 점거농성이 진행되고 있다. 3월 13일, 3월 16일에도 격렬한 시위가 이어졌고 거리에서는 공화국기동대(CRS)가 최루

탄과 물대포, 곤봉으로 시위대를 해산시켰다. 이번 시위에는 고등학생들까지 대거 가세하고 있다.

3월 18일에는 대학생, 고등학생, 노동계, 학부모, 야당까지 결집하여 전국적으로 150만, 파리에서 35만이 참여한 시위가 전개되었고 시위조직들은 48시간 안에 최초고용법를 철회하라는 최후통첩을 정부에 전달했다. 이 요구가 받아들여지지 않자 프랑스 노동총동맹(CGT)을 중심으로 하는 노동계는 3월 28일로 파업을 선언했다. 시위대들은 "우리는 한 번 사용하고 버리는 크리넥스(화장지)가 아니다", "최초고용법은 착취와 불안정 계약", "시라크와 드빌팽은 끝났다" 등의 구호를 외치며 최초고용법의 철회를 강력하게 요구하였다. 3월 23일에는 시위가 더욱 격렬해져 곳곳이 불에 탔으며 일부 지역은 치안불능 상태에 놓이기도 했다.

이러한 학생과 노조의 경고는 실제 사실로 드러나고 있다. 작년 8월 정부는 신고용 계약으로 인해 30만 개의 계약이 체결되었다고 정부는 발표하였지만, 많은 해고남용사례가 노사분쟁조정위원회(Prud'homme)에 접수되고 있는 것이 그것이다. 〈메트로 파리〉와 〈누벨 옵세르바퇴르〉에 의하면, 제과점에서 일하는 한 노동자는 고용주가 추가노동시간에 대한 임금을 지불하지 않아 노동사무소에 문제제기 했으나, 그 후 고용주로부터 추가임금에 해당하는 500유로 수표와 해고통지서를 받은 사례가 있고, 옷가게에서 일하는 한 여점원은 수술을 위해 병가휴가를 요구한 후 주인으로부터 해고통지서를 받는 등 많은 해고 남용사례가 접수되었다고 한다. '최초 고용계약 법'에 대한 각종 여론조사에 따르면 국민의 80%가 법의 폐지나 시행연기를 요구하고 있고 66%가 시위와 총파업에 동조하고 있다. 그 결과 3월 16일 여론조사기관 CSA에서 실시한 여론조사에 의하면, 국민의 68%가 이 법안을 철회하는데 찬성하는 것으로 나타났고, 철회에 반대하는 사람은 27%에 불과한 것으로 나타났다. 이것은 2월 7일에 있었던 52% 최초고용법 반대, 40% 찬성의 설문 결과와 3월 7일에 있었던 55% 최초고용법 반대, 26% 찬성보다 더욱 여론이 점점 정부에 부정적이다. 또한 63%가 최초고용법 반대시위를 지지한다고 표명하여 여론은 많은 부분이 학생들과 노동조합의 편으로 점점 더 기우는 것으로 나타났다.

결국 낮은 경제성장률과 높은 실업률의 경제 불황 상태가 초래한 사회적 위기와 불안, 이에 대한 신자유주의적 처방에 대한 대중적 반발이 프랑스의 오랜 투쟁 전통과 맞물려 68년 이래 최대 규모의 시위와 파업 물결을 만들어내고 있는 것이다. 프랑스 학생과 노동자들의 투쟁은 좁게 보면 최초고용법안에 대한 반대투쟁이지만 그 근본적인 성격은 신자유주의 정책과 우파정부에 대한 반대투쟁이다.

VI. 맺음말

프랑스의 과중한 복지비가 1973년의 석유위기 이래로 경제성장에 커다란 짐이 되어 온 것은 분명하다. 이로 인해 실업률이 증가해왔다. 70년대 중반 이후 프랑스식 사회모델의 위기가 스태그플레이션(실업률과 물가수준의 동반상승)으로 나타나기 시작하면서 다양한 해결책이 등장했다. 첫째, 실업, 연금, 의료 등 사회보장제도의 개혁, 둘째, 노동법의 개정을 필연적으로 동반할 수밖에 없는 노동시장의 유연화, 셋째, 공기업의 민영화가 그것이다. 이와 같은 개혁에도 불구하고 사회보장제도에 대한 사회 전반의 합의가 유지되고 있는 상태이다.

문제는 이러한 사회보장제도의 유지를 위한 재원은 결국 높은 수준의 사회보장 분담금의 유지를 가져올 수밖에 없고, 이로 인한 노동비용 상승이 비숙련 노동자 계층의 높은 실업률을 낳는 악순환에 빠져 있다는 사실이다. 이와 같은 사회경제적 위기를 타개하기 위한 방편으로 프랑스는 경제·통화통합을 주도하였고, 국민들도 대체로 유럽연합과 그 주요 정책인 경제·통화통합 정책을 지지해왔다. 그렇지만 1999년에 결성된 경제·통화동맹에의 가입조건을 위해서나 가입 이후 단일 통화의 안정을 위해서 프랑스는 유럽연합이 요구하는 각종 거시경제 지표 특히 재정적자가 GDP의 3% 이내이어야 하다는 규정을 준수해야만 했다. 이를 위해 프랑스는 재정지출을 줄이지 않을 수 없었다. 이 때문에 실업률을 낮추기 위한 경기회복책을 제대로 써먹을 수 없었다. 1995년에 집권한 프랑스의 우익 정권은 이를 타개하기 위해 연금과 복지비를 삭감하여 이를 생산에 전용함으로써 경기를 진작시키고 실업자를 구제하려 하였다. 이 과정에서 연금과 복지비 혜택의 감소를 두려워한 국민들의 격렬한 반대에 직면하였다. 프랑스 국민들은 국가의 경제적 이익 증대를 기대하면서 경제·통화통합을 지지하였으나 경제·통화통합으로 말미암은 자국의 재정긴축정책으로 인한 복지비 삭감에 대해서는 적극 저항하였다. 이러한 국민들의 불만은 1990년대와 오늘날까지 지속적으로 표출되고 또한 누적되어 왔다. 특히 국민들은 우익정권의 연금축소, 사회보장혜택 축소, 35시간 노동제의 완화 등에 대해 격렬히 저항하였다. 그러한 불만은 국민투표에서 유럽연합 헌법 비준을 부결시킨 중요한 동기가 되었다.

즉 프랑스 국민들이 유럽헌법에 대해서 반대표를 던진 데에는 실업에 대한 고통과 갈수록 열악해지는 근로조건 및 사회복지에 대한 불안이 크게 작용한 것으로 분석되고 있다.

프랑스 일간지 르몽드는 "프랑스의 사회적 모델은 프랑스식 통합정책의 취약함, 사회적 지위 상승의 차단, 복지국가 및 노사관계의 위기 등으로 나타나고 있으며, '프랑스의 사회적 예외'는 20년 이상 지속된 대중실업사회가 제기하는 도전들에 적응할 수 없었다"라고 지적하고 있다. 이러한 모델은 70~80년대부터 시작된 경제성장의 둔화, 실업의 상승, 불안정고용의 증가와 같은 위기에 제대로 대처하지 못하였다. 새로운 사회적 모델의 창출을 위한 노력은 역대 정부들이 가장 중점을 둔 사안이며, 고용은 가장 중요한 "국책사업"으로 자리 잡은 지 오래다. 그러나 성과는 나타나지 않고 변화는 더딘 가운데, 유럽헌법은 동구권 국가의 노동력이 프랑스로 밀려 올 수 있는 통로를 열어줄 것이라는 불안과 신자유주의에 경도된 사회경제정책이 근로조건과 사회복지를 더 열악하게 만들 것이라는 우울함이 프랑스 국민들로 하여금 유럽헌법 비준을 위한 국민투표에서 "No"를 선택하도록 하였다.126) 헌법비준 부결 이후 우익 시라크 정부는 국민들의 요구의 핵심이 실업해소에 있다고 판단하고 이를 위해 모든 노력을 기울였다.

그렇지만 전통적인 경기부양정책 수단인 통화정책 및 재정정책이 경제·통화동맹의 추진으로 말미암아 개별 국민국가 수준을 벗어남에 따라, 이제 실업대책으로 동원할 수 있는 정책수단은 조세를 포함한 제도 개혁으로 한정되어 있다. 이런 상황에서 현 프랑스 정부는 최초고용계약의 도입으로 청년 노동시장의 전면적 유연화를 달성해 20%가 넘는 청년

---

126) 〈Le Monde〉, 2005년 6월 3일자.

실업률을 줄이고자 하였다. 문제는 최초고용계약제의 도입이 실업률을 크게 감소시키게 될지는 확실한 보장이 없었다. 게다가 최초로 고용된 지 2년 동안 기업주가 마음대로 해고할 수 있게 되어 고용위기에 처하게 될 대학생들을 포함한 노동대중의 광범한 저항에 부딪혔다. 이로 인해 시라크 정부는 최초고용계약제를 핵심 내용으로 하는 개혁을 포기하였다. 결국 시라크 정부는 국민이 원하는 실업해소를 위한 야심찬 개혁을 추진하였으나, 그 방법이 국민의 사회안전보장망을 저해하는 것으로 인식되었다. 이로 인해 우익 정부가 추진하던 개혁은 국민의 저항에 직면하여 실패하였고, 프랑스는 생산위축과 고실업률로 특징져지는 사회경제적 위기에 대한 뚜렷한 대책을 세우지 못하고 있는 형편이다.

부　록

프랑스인의 유럽통합관에 대한 설문조사 종합 응답표

조사대상 : 파리지역 프랑스인 남녀 1177명
조사기간 : 2004. 1. 1..-1. 20.

□ 응답자 인적사항

		응답자 수	비 중(%)
전 체		1,177	100.0
성 별	남 자	571	48.5
	여 자	547	46.5
	무응답	59	5.0
연령별	15~24세	404	34.3
	25~34세	302	25.7
	35~44세	175	14.9
	45~54세	154	13.1
	55~64세	85	7.2
	65세 이상	31	2.6
	무 응 답	26	2.2
학력별	중졸이하	86	7.3
	고 졸	289	24.6
	대 재	243	20.6
	대졸이상	469	39.8
	무 응 답	90	7.7
직업별	자영업	92	7.8
	회사원	266	22.6
	공무원	212	18.0
	전문직	42	3.6
	주 부	23	2.0
	학 생	424	36.0
	기 타	54	4.6
	무응답	64	5.4

□ 1 프랑스는 유럽연합에 가입함으로써 이득을 얻었다고 생각하십니까?

(단위: %)

	응답자 수	① 그렇다	② 그렇지 않다	무응답	계
전 체	1,162	80.4	18.4	1.3	100.0
성 별	1,104				
남 자	564	80.0	20.0	-	100.0
여 자	540	83.1	16.9	-	100.0
무응답	58			5.0	5.0
연령별	1,137				
15~24세	398	88.4	11.6	-	100.0
25~34세	296	80.4	19.6	-	100.0
35~44세	175	78.3	21.7	-	100.0
45~54세	154	74.0	26.0	-	100.0
55~64세	83	73.5	26.5	-	100.0
65세 이상	31	74.2	25.8	-	100.0
무 응 답	25			2.2	2.2
학력별	1,074				
중졸이하	85	69.4	30.6	-	100.0
고 졸	287	76.7	23.3	-	100.0
대 재	242	84.7	15.3	-	100.0
대졸이상	460	86.7	13.3	-	100.0
무 응 답	88			7.6	7.6
직업별	1,101				
자영업	92	91.3	8.7	-	100.0
회사원	264	72.7	27.3	-	100.0
공무원	210	76.7	23.3	-	100.0
전문직	42	81.0	19.0	-	100.0
주 부	23	47.8	52.2	-	100.0
학 생	417	90.6	9.4	-	100.0
기 타	53	69.8	30.2	-	100.0
무응답	61			5.2	5.2

※ 4사5입 관계로 계는 99.9 혹은 100.1이 될 수도 있음

□ 2 프랑스의 유럽연합 가입은 당신에게 도움이 되었다고 생각하십니까?

(단위: %)

	응답자 수	① 매우 도움 됨	② 다소 도움 됨	①+②	③ 별로 도움 안 됨	④ 전혀 도움 안 됨	③+④	무응답	계
전 체	1,161	8.5	43.0	51.5	39.5	7.6	47.1	1.4	100.0
성 별	1,104								
남 자	564	10.8	41.0	51.8	40.4	7.8	48.2	-	100.0
여 자	540	6.5	46.5	53.0	39.6	7.6	47.2	-	100.0
무응답	57							4.9	4.9
연령별	1,135								
15~24세	399	7.8	51.6	59.4	37.1	3.5	40.6	-	100.0
25~34세	300	11.3	42.0	53.3	42.3	4.3	46.6	-	100.0
35~44세	174	8.0	35.1	43.1	46.6	10.3	56.9	-	100.0
45~54세	151	5.3	40.4	45.7	39.1	15.2	54.3	-	100.0
55~64세	81	7.4	35.8	43.2	35.8	21.0	56.8	-	100.0
65세 이상	30	13.3	46.7	60.0	26.7	13.3	40.0	-	100.0
무 응 답	26							2.2	2.2
학력별	1,073								
중졸이하	82	7.3	31.7	39.0	46.3	14.6	60.9	-	100.0
고 졸	288	7.3	35.4	42.7	44.4	12.8	57.2	-	100.0
대 재	240	7.1	48.8	55.9	39.2	5.0	44.2	-	100.0
대졸이상	463	11.2	49.5	60.7	35.6	3.7	39.3	-	100.0
무 응 답	88							7.6	7.6
직업별	1,099								
자영업	92	4.3	58.7	63.0	27.2	9.8	37.0	-	100.0
회사원	263	6.1	39.5	45.6	43.7	10.6	54.3	-	100.0
공무원	208	13.0	31.7	44.7	42.8	12.5	55.3	-	100.0
전문직	42	11.9	35.7	47.6	47.6	4.8	52.4	-	100.0
주 부	23	4.3	26.1	30.4	43.5	26.1	69.6	-	100.0
학 생	419	9.3	53.0	62.3	36.3	1.4	37.7	-	100.0
기 타	52	9.6	38.5	48.1	40.4	11.5	51.9	-	100.0
무응답	62							5.3	5.3

□ 3 2004년에 예정된 중동부유럽국가들의 EU신규가입에 대해 어떻게 생각하십니까?

(단위: %)

	응답자 수	① 긍정적으로 생각한다	② 부정적으로 생각한다	③ 그저 그렇다	무응답	계
전 체	1,164	49.3	22.2	27.4	1.1	100.0
성 별	1,106					
남 자	565	50.1	24.2	25.7	-	100.0
여 자	541	50.6	20.3	29.0	-	100.0
무응답	58				5.0	5.0
연령별	1,138					
15~24세	398	58.8	19.8	21.4	-	100.0
25~34세	300	47.7	24.7	27.7	-	100.0
35~44세	173	43.9	24.3	31.8	-	100.0
45~54세	154	41.6	24.0	34.4	-	100.0
55~64세	84	42.9	27.4	29.8	-	100.0
65세 이상	29	51.7	13.8	34.5	-	100.0
무 응 답	26				2.2	2.2
학력별	1,076					
중졸이하	86	41.9	17.4	40.7	-	100.0
고 졸	287	42.2	28.2	29.6	-	100.0
대 재	238	50.8	18.1	31.1	-	100.0
대졸이상	465	56.3	22.2	21.5	-	100.0
무 응 답	88				7.6	7.6
직업별	1,103					
자영업	91	49.5	23.1	27.5	-	100.0
회사원	263	41.4	29.3	29.3	-	100.0
공무원	211	44.5	25.1	30.3	-	100.0
전문직	42	47.6	16.7	35.7	-	100.0
주 부	23	47.8	17.4	34.8	-	100.0
학 생	419	60.1	18.1	21.7	-	100.0
기 타	54	42.6	20.4	37.0	-	100.0
무응답	61				5.2	5.2

□ 4 아래에 주어진 각각의 내용에 대해 당신이 찬성의 견해를 가지고 있는지, 아니면 반대의 견해를 가지고 있는지 밝혀주시기 바랍니다.

(단위: %)

	응답자 수	① 찬성	② 반대	무응답	계
ⓐ 제3국에 대한 공동외교정책	1,156	65.8	32.4	1.8	100.0
ⓑ EU회원국들의 공동방위안보정책	1,161	82.8	15.9	1.4	100.0
ⓒ 새로운 국가들에 대한 EU의 회원국 확대	1,115	57.8	37.0	5.3	100.0
ⓓ 회원국 정부 또는 지방정부들이 효율적으로 해결하지 못한 사안에 대해 EU가 책임을 지는 사실	1,145	62.8	34.5	2.7	100.0
ⓔ 유럽위원회의 위원장과 위원들이 유럽의회 다수파의 신임을 받지 못할 경우 사임하는 사실	1,149	76.8	20.7	2.5	100.0

□ 5 새로운 유럽국가들에 대한 EU의 회원국 확대를 고려하면서, 아래 주어진 각각의 내용에 대해 당신의 견해는 어떠한지 밝혀주시기 바랍니다.

(단위: %)

	응답자 수	① 긍정적인 편	② 부정적인 편	무응답	계
ⓐ EU 회원국의 수가 많으면 많을수록 유럽에서의 안전과 평화는 더욱 보장될 것이다	1,161	52.8	45.8	1.4	100.0
ⓑ EU의 새로운 회원국 확대 이후, 프랑스는 유럽에서 그 중요성이 오히려 줄어들 것이다	1,162	33.8	64.8	1.4	100.0
ⓒ 회원국이 더욱 많아지면서 유럽 차원에서 결정을 취한다는 것이 더욱 어려워질 것이다	1,164	76.0	22.9	1.1	100.0
ⓓ EU는 새로운 회원국들을 받아들이기 전에 제도적 운영을 개혁해야만 할 것이다	1,151	78.4	19.4	2.2	100.0

□ 6 유럽위원회 위원장의 선임권에 대해 당신의 견해는 어떠합니까?

(단위: %)

	응답자 수	① EU 회원국 대통령이나 수상에 의한 임명	② 유럽의회 다수파에 의한 임명	③ EU 회원국 국민들에 의한 직선	기타 및 무응답	계
전 체	1,150	17.6	43.5	35.5	3.4	100.0
성 별	1,095					
남 자	563	18.7	44.2	36.1	1.1	100.0
여 자	532	18.0	44.0	36.7	1.3	100.0
무응답	55				4.8	4.8
연령별	1,125					
15~24세	395	18.0	43.8	36.7	1.5	100.0
25~34세	298	19.8	43.0	35.9	1.3	100.0
35~44세	172	14.5	51.7	33.1	0.6	100.0
45~54세	149	19.5	38.3	42.3	–	100.0
55~64세	81	12.3	43.2	42.0	2.5	100.0
65세 이상	30	30.0	43.3	26.7	–	100.0
무 응 답	25				2.2	2.2
학력별	1,062					
중졸이하	84	11.9	41.7	42.9	3.6	100.0
고 졸	277	15.9	42.2	40.8	1.1	100.0
대 재	239	18.0	49.4	32.6	–	100.0
대졸이상	462	20.3	43.9	34.4	1.3	100.0
무 응 답	88				7.7	7.7
직업별	1,087					
자영업	88	15.9	62.5	20.5	1.1	100.0
회사원	257	21.8	39.3	37.7	1.2	100.0
공무원	205	16.1	41.0	42.0	1.0	100.0
전문직	41	31.7	39.0	29.3	–	100.0
주 부	23	34.8	34.8	26.1	4.3	100.0
학 생	420	15.2	48.1	35.7	1.0	100.0
기 타	53	20.8	32.1	47.2	–	100.0
무응답	63				5.5	5.5

□ 7 EU에서 회원국들은 매우 중요한 사항이나 민감한 문제에 대한 결정에서 거부권을 가지고 있습니다. 달리 말하자면, 어떤 정책을 결정하는 데에 있어 비록 다른 모든 회원국들이 이 정책에 대해 찬성하더라도 여기에 반대하는 회원국은 이 정책을 거부하면서 채택 결정을 막을 수 있습니다. 이러한 거부권에 대해 당신의 견해는 어떠합니까?

(단위: %)

	응답자 수	① 국가이익을 지키기 위해 이 거부권은 유지되어야 한다	② EU가 좀더 효율적으로 운영되기 위해 이 거부권을 최대한으로 축소시켜 적용해야 한다	무응답	계
전 체	1,163	53.6	45.2	1.2	100.0
성 별	1,106				
남 자	563	49.0	51.0	–	100.0
여 자	543	60.6	39.4	–	100.0
무응답	57			4.9	4.9
연령별	1,137				
15~24세	402	56.7	43.3	–	100.0
25~34세	299	52.2	47.8	–	100.0
35~44세	174	53.4	46.6	–	100.0
45~54세	150	50.7	49.3	–	100.0
55~64세	82	53.7	46.3	–	100.0
65세 이상	30	60.0	40.0	–	100.0
무 응 답	26			2.2	2.2
학력별	1,073				
중졸이하	86	47.7	52.3	–	100.0
고 졸	287	58.2	41.8	–	100.0
대 재	241	51.9	48.1	–	100.0
대졸이상	459	53.6	46.4	–	100.0
무 응 답	90			7.7	7.7
직업별	1,099				
자영업	91	53.8	46.2	–	100.0
회사원	260	56.5	43.5	–	100.0
공무원	209	50.7	49.3	–	100.0
전문직	42	52.4	47.6	–	100.0
주 부	23	65.2	34.8	–	100.0
학 생	422	53.6	46.4	–	100.0
기 타	52	55.8	44.2	–	100.0
무응답	64			5.5	5.5

□ 8 유로화유통이 개시된지 2년이 지났습니다. 유로화의 사용에 아
직도 불편을 느끼고 있습니까?

(단위: %)

	응답자 수	① 매우 불편하다	② 다소 불편하다	③ 전혀 불편하지 않다	무응답	계
전 체	1,175	12.1	37.9	49.8	0.2	100.0
성 별	1,116					
남 자	570	12.5	33.3	54.2	-	100.0
여 자	546	11.4	41.9	46.7	-	100.0
무응답	59				5.0	5.0
연령별	1,149					
15~24세	403	9.7	35.0	55.3	-	100.0
25~34세	301	11.0	39.5	49.5	-	100.0
35~44세	175	13.1	34.9	52.0	-	100.0
45~54세	154	15.6	40.3	44.2	-	100.0
55~64세	85	20.0	45.9	34.1	-	100.0
65세 이상	31	19.4	38.7	41.9	-	100.0
무 응 답	26				2.2	2.2
학력별	1,086					
중졸이하	86	23.3	37.2	39.5	-	100.0
고 　졸	289	14.5	45.7	39.8	-	100.0
대 　재	243	9.9	36.6	53.5	-	100.0
대졸이상	468	8.8	35.3	56.0	-	100.0
무 응 답	89				7.6	7.6
직업별	1,111					
자영업	92	12.0	31.5	56.5	-	100.0
회사원	265	13.6	40.0	46.4	-	100.0
공무원	212	15.6	47.6	36.8	-	100.0
전문직	42	9.5	38.1	52.4	-	100.0
주 　부	23	26.1	34.8	39.1	-	100.0
학 　생	423	9.5	32.2	58.4	-	100.0
기 　타	54	13.0	40.7	46.3	-	100.0
무응답	64				5.4	5.4

□ 9 유로화가 당신 나라의 화폐로 사용되는데 대해 만족하십니까?

(단위: %)

	응답자 수	① 매우 만족한다	② 다소 만족한다	① +②	③ 별로 만족하지 않는다	④ 전혀 만족하지 않는다	③ +④	무응 답	계
전 체	1,173	23.0	52.0	75.0	15.6	9.0	24.6	0.3	100.0
성 별	1,115								
남 자	569	26.0	51.5	77.5	13.4	9.1	22.5	-	100.0
여 자	546	20.0	53.1	73.1	18.1	8.8	26.9	-	100.0
무응답	58							4.9	4.9
연령별	1,147								
15~24세	403	25.8	58.1	83.9	10.9	5.2	16.1	-	100.0
25~34세	301	23.3	49.8	73.1	17.9	9.0	26.9	-	100.0
35~44세	175	21.1	51.4	72.5	16.6	10.9	27.5	-	100.0
45~54세	152	20.4	47.4	67.8	18.4	13.8	32.2	-	100.0
55~64세	85	24.7	40.0	64.7	20.0	15.3	35.3	-	100.0
65세 이상	31	9.7	64.5	74.2	12.9	12.9	25.8	-	100.0
무 응 답	26							2.2	2.2
학력별	1,083								
중졸이하	86	24.4	37.2	61.6	16.3	22.1	38.4	-	100.0
고 졸	289	16.3	50.9	67.2	20.4	12.5	32.9	-	100.0
대 재	242	21.1	54.1	75.2	18.2	6.6	24.8	-	100.0
대졸이상	466	29.2	56.7	85.9	9.4	4.7	14.1	-	100.0
무 응 답	90							7.7	7.7
직업별	1,109								
자영업	92	20.7	59.8	80.5	12.0	7.6	19.6	-	100.0
회사원	263	20.9	48.3	69.2	18.6	12.2	30.8	-	100.0
공무원	212	17.9	50.9	68.8	19.3	11.8	31.1	-	100.0
전문직	42	23.8	38.1	61.9	35.7	2.4	38.1	-	100.0
주 부	23	17.4	17.4	34.8	39.1	26.1	65.2	-	100.0
학 생	423	27.4	57.7	85.1	10.4	4.5	14.9	-	100.0
기 타	54	31.5	44.4	75.9	7.4	16.7	24.1	-	100.0
무응답	64							5.5	5.5

□ 10 유로화의 사용과 관련된 다음 사항에 대해 어떻게 생각하십
니까?

(단위: %)

	응답자 수	① 동의하는 편이다	② 동의하지 않는 편이다	무응답	계
ⓐ 유로화는 미국달러와 같은 국제결제 통화가 될 것이다	1,147	76.1	21.2	2.6	100.0
ⓑ 유로화는 유로존의 물가안정에 기여하였다	1,133	41.8	54.5	3.7	100.0
ⓒ 유로화는 유로존 국가들간의 제품가격 차이를 축소시켰다	1,118	42.8	52.2	5.0	100.0
ⓓ 유로화의 도입은 프랑스경제에 도움이 되었다	1,100	49.9	43.6	6.5	100.0

□ 11 다음 두 가지 즉 '유로화의 통화가치안정'과 '경기부양을 통한 고용창출' 가운데 어느 것이 더 중요하다고 생각하십니까?

(단위: %)

	응답자 수	① 유로화의 통화가치 안정이 더 중요	② 경기부양을 통한 고용창출이 더 중요	무응답	계
전 체	1,149	22.4	75.2	2.4	100.0
성 별	1,093				
남 자	559	25.0	75.0	–	100.0
여 자	534	19.7	80.3	–	100.0
무응답	56			4.9	4.9
연령별	1,124				
15~24세	388	17.5	82.5	–	100.0
25~34세	300	21.0	79.0	–	100.0
35~44세	173	24.3	75.7	–	100.0
45~54세	149	34.9	65.1	–	100.0
55~64세	83	21.7	78.3	–	100.0
65세 이상	31	35.5	64.5	–	100.0
무 응 답	25			2.2	2.2
학력별	1,061				
중졸이하	82	15.9	84.1	–	100.0
고 졸	284	26.8	73.2	–	100.0
대 재	240	25.0	75.0	–	100.0
대졸이상	455	20.2	79.8	–	100.0
무 응 답	88			7.7	7.7
직업별	1,090				
자영업	92	29.3	70.7	–	100.0
회사원	264	21.2	78.8	–	100.0
공무원	209	25.4	74.6	–	100.0
전문직	41	46.3	53.7	–	100.0
주 부	22	22.7	77.3	–	100.0
학 생	410	18.8	81.2	–	100.0
기 타	52	30.8	69.2	–	100.0
무응답	59			5.1	5.1

□ 12 2004년에 예정된 신규회원국의 EU가입은 향후 프랑스 경제에 도움을 줄 것으로 생각하십니까?

(단위: %)

	응답자 수	① 매우 도움이 된다	② 어느 정도 도움이 된다	③ 전혀 도움이 되지 않는다	무응답	계
전 체	1,155	11.6	63.4	23.2	1.9	100.0
성 별	1,098					
남 자	564	12.9	62.6	24.5	-	100.0
여 자	534	9.7	67.8	22.5	-	100.0
무응답	57				4.9	4.9
연령별	1,130					
15~24세	392	12.0	68.6	19.4	-	100.0
25~34세	297	10.1	71.0	18.9	-	100.0
35~44세	175	9.7	57.7	32.6	-	100.0
45~54세	152	18.4	48.0	33.6	-	100.0
55~64세	84	11.9	65.5	22.6	-	100.0
65세 이상	30	6.7	66.7	26.7	-	100.0
무 응 답	25				2.2	2.2
학력별	1,067					
중졸이하	86	17.4	55.8	26.7	-	100.0
고 졸	286	8.0	59.1	32.9	-	100.0
대 재	238	9.7	70.2	20.2	-	100.0
대졸이상	457	14.4	67.2	18.4	-	100.0
무 응 답	88				7.6	7.6
직업별	1,094					
자영업	91	4.4	79.1	16.5	-	100.0
회사원	265	13.6	56.6	29.8	-	100.0
공무원	207	13.0	58.0	29.0	-	100.0
전문직	42	16.7	66.7	16.7	-	100.0
주 부	23	8.7	56.5	34.8	-	100.0
학 생	412	11.9	70.1	18.0	-	100.0
기 타	54	9.3	63.0	27.8	-	100.0
무응답	61				5.3	5.3

□ 13 당신은 노동조합과 고용주간 합의가 공동체적 사회규범을 만드는데 전적으로 기여한다고 생각하는가?

(단위: %)

	응답자 수	① 그렇다	② 그렇지 않다	무응답	계
전 체	1,136	41.4	55.1	3.5	100.0
성 별	1,081				
남 자	549	41.7	58.3	–	100.0
여 자	532	42.5	57.5	–	100.0
무응답	55			4.8	4.8
연령별	1,113				
15~24세	388	43.0	57.0	–	100.0
25~34세	292	43.2	56.8	–	100.0
35~44세	166	40.4	59.6	–	100.0
45~54세	151	45.7	54.3	–	100.0
55~64세	85	37.6	62.4	–	100.0
65세 이상	31	32.3	67.7	–	100.0
무 응 답	23			2.0	2.0
학력별	1,050				
중졸이하	85	37.6	62.4	–	100.0
고 졸	283	45.6	54.4	–	100.0
대 재	236	46.2	53.8	–	100.0
대졸이상	446	40.4	59.6	–	100.0
무 응 답	86			7.6	7.6
직업별	1,077				
자영업	89	48.3	51.7	–	100.0
회사원	255	42.4	57.6	–	100.0
공무원	206	37.9	62.1	–	100.0
전문직	42	66.7	33.3	–	100.0
주 부	23	47.8	52.2	–	100.0
학 생	409	42.3	57.7	–	100.0
기 타	53	30.2	69.8	–	100.0
무응답	59			5.2	5.2

□ 14 당신은 사회적 파트너들이 실질적인 사회권신장에 그들의 역
할을 하고 있다고 생각하는가?

(단위: %)

	응답자 수	① 그렇다	② 조금 그렇다	③ 전혀 아니다	무응답	계
전 체	1,138	19.2	56.5	21.0	3.3	100.0
성 별	1,081					
남 자	552	20.5	58.3	21.2	–	100.0
여 자	529	18.7	58.0	23.3	–	100.0
무응답	57				5.0	5.0
연령별	1,115					
15~24세	390	17.9	60.0	22.1	–	100.0
25~34세	289	23.9	58.5	17.6	–	100.0
35~44세	168	20.2	56.5	23.2	–	100.0
45~54세	154	21.4	58.4	20.1	–	100.0
55~64세	84	16.7	46.4	36.9	–	100.0
65세 이상	30	6.7	66.7	26.7	–	100.0
무 응 답	23				20.2	20.2
학력별	1,052					
중졸이하	85	24.7	43.5	31.8	–	100.0
고 졸	285	15.4	59.6	24.9	–	100.0
대 재	234	24.4	56.0	19.7	–	100.0
대졸이상	448	19.6	62.9	17.4	–	100.0
무 응 답	86				7.6	7.6
직업별	1,078					
자영업	91	19.8	64.8	15.4	–	100.0
회사원	255	21.6	56.5	22.0	–	100.0
공무원	208	17.8	59.6	22.6	–	100.0
전문직	40	25.0	57.5	17.5	–	100.0
주 부	23	13.0	39.1	47.8	–	100.0
학 생	408	19.6	60.0	20.3	–	100.0
기 타	53	22.6	43.4	34.0	–	100.0
무응답	60				5.3	5.3

□ 15 당신은 최근의 사회보장 개혁에 관하여 만족하는가?

(단위: %)

	응답자 수	① 아주 만족한다	② 만족하는 편이다	③ 전혀 만족하지 않는다	무응답	계
전 체	1,129	7.4	45.9	42.7	4.1	100.0
성 별	1,072					
남 자	546	8.1	46.9	45.1	-	100.0
여 자	526	7.0	48.9	44.1	-	100.0
무응답	57				5.0	5.0
연령별	1,104					
15～24세	383	9.1	49.9	41.0	-	100.0
25～34세	292	5.1	49.0	45.9	-	100.0
35～44세	170	5.9	45.9	48.2	-	100.0
45～54세	146	8.2	45.9	45.9	-	100.0
55～64세	85	10.6	38.8	50.6	-	100.0
65세 이상	28	7.1	53.6	39.3	-	100.0
무 응 답	25				2.2	2.2
학력별	1,045					
중졸이하	82	13.4	36.6	50.0	-	100.0
고 졸	281	4.6	44.8	50.5	-	100.0
대 재	232	8.6	53.0	38.4	-	100.0
대졸이상	450	8.4	48.4	43.1	-	100.0
무 응 답	84				7.4	7.4
직업별	1,068					
자영업	90	8.9	60.0	31.1	-	100.0
회사원	256	9.4	49.6	41.0	-	100.0
공무원	204	5.4	36.8	57.8	-	100.0
전문직	39	-	56.4	43.6	-	100.0
주 부	23	8.7	39.1	52.2	-	100.0
학 생	404	7.7	51.0	41.3	-	100.0
기 타	52	9.6	44.2	46.2	-	100.0
무응답	61				5.4	5.4

□ 16 다음 사항가운데 무엇이 유럽연합의 사회정책의 핵심이라고
생각하는가? 두 개만 선택하십시오.(2개 선택)

(단위: %)

	응답자 수	① 고용창출	② 근로자 자유이동의 실천	③ 유럽화	④ 사회적 대화의 발달	⑤ 남녀봉급의 평등	무응답	계
전 체	2,201	29.6	26.1	15.1	11.7	11.0	6.5	100.0
성 별	2,101							
남 자	1,065	31.5	27.6	16.4	13.1	11.4	-	100.0
여 자	1,036	31.1	29.1	16.3	11.3	12.2	-	100.0
무응답	100						4.5	4.5
연령별	2,157							
15~24세	762	30.2	28.7	18.6	10.0	12.5	-	100.0
25~34세	578	31.5	26.5	17.1	13.3	11.6	-	100.0
35~44세	330	32.1	32.4	10.9	13.6	10.9	-	100.0
45~54세	276	34.4	25.7	12.7	15.9	11.2	-	100.0
55~64세	157	29.9	26.1	21.0	12.7	10.2	-	100.0
65세 이상	54	37.0	25.9	3.7	11.1	22.2	-	100.0
무 응 답	44						2.0	2.0
학력별	2,030							
중졸이하	158	34.2	25.3	15.8	12.0	12.7	-	100.0
고 졸	542	30.3	28.4	19.2	10.3	11.8	-	100.0
대 재	459	33.0	27.9	15.9	9.8	13.5	-	100.0
대졸이상	879	30.4	28.7	15.6	13.5	11.8	-	100.0
무 응 답	171						7.8	7.8
직업별	2,091							
자영업	178	42.1	25.8	11.8	11.2	9.0	-	100.0
회사원	507	34.1	24.3	14.2	16.2	11.2	-	100.0
공무원	384	23.4	32.3	15.1	12.0	12.2	-	100.0
전문직	76	26.3	26.3	19.7	17.1	10.5	-	100.0
주 부	45	26.7	26.7	15.6	17.8	13.3	-	100.0
학 생	803	29.8	29.5	18.1	10.0	12.7	-	100.0
기 타	98	32.7	31.6	13.3	10.2	12.2	-	100.0
무응답	110						5.0	5.0

□ 17 당신 생각에 요즘 프랑스인들이 중요하다고 생각하는 것은 무엇인가? 세 개만 선택해 주십시오. (3개 선택)

(단위: %)

	응답자 수	① 유럽시 민권	② 세계화 /획일 주의	③ 유럽의 확대	④ 마약과 범죄	⑤ 젊은이 들의 실업	기타 및 무응답	계
전 체	3,115	8.5	18.1	6.9	21.8	27.4	17.3	100.0
성 별	2,967							
남 자	1,498	9.1	20.9	6.9	25.2	31.6	6.4	100.0
여 자	1,469	10.1	20.0	9.1	24.3	30.6	6.0	100.0
무응답	148						4.8	4.8
연령별	3,048							
15~24세	1,084	8.4	21.3	7.6	25.0	30.7	7.0	100.0
25~34세	805	11.2	21.5	7.0	22.0	31.3	7.1	100.0
35~44세	471	10.2	19.1	7.4	27.8	30.1	4.5	100.0
45~54세	393	9.4	19.6	8.9	26.5	31.0	4.6	100.0
55~64세	220	7.7	19.1	10.9	23.2	31.8	7.3	100.0
65세 이상	75	10.7	12.0	12.0	28.0	32.0	5.3	100.0
무 응 답	67						2.2	2.2
학력별	2,878							
중졸이하	223	9.4	14.8	10.3	28.7	31.4	5.4	100.0
고 졸	744	10.9	19.0	8.5	26.5	30.1	5.1	100.0
대 재	660	11.4	40.0	7.7	23.9	31.2	5.8	100.0
대졸이상	1,251	6.9	22.6	7.5	24.4	31.0	7.7	100.0
무 응 답	237						7.6	7.6
직업별	2,954							
자영업	250	11.6	19.6	8.8	26.0	30.8	3.2	100.0
회사원	695	9.8	20.0	8.8	25.0	29.8	6.6	100.0
공무원	554	10.1	20.4	7.2	26.7	30.9	4.7	100.0
전문직	110	18.2	15.5	8.2	25.5	29.1	3.6	100.0
주 부	63	14.3	15.9	17.5	19.0	28.6	4.8	100.0
학 생	1,145	8.3	21.4	7.2	24.1	31.8	7.2	100.0
기 타	137	7.3	21.2	5.8	24.8	32.8	8.0	100.0
무응답	161						5.2	5.2

□ 18 당신은 다음 세 가지 시민 가운데 어느 쪽에 가장 애착을 가
지고 있습니까?

(단위: %)

	응답자 수	① 유럽 시민	② 프랑스 시민	③ 지역사회 시민	무응답	계
전 체	1,129	24.6	62.8	8.5	4.1	100.0
성 별	1,075					
남 자	550	26.9	63.5	9.6	-	100.0
여 자	525	23.6	69.1	7.2	-	100.0
무응답	54				4.8	4.8
연령별	1,106					
15~24세	387	23.8	67.7	8.5	-	100.0
25~34세	292	30.8	61.0	8.2	-	100.0
35~44세	167	25.7	65.9	8.4	-	100.0
45~54세	147	21.8	67.3	10.9	-	100.0
55~64세	84	23.8	67.9	8.3	-	100.0
65세 이상	29	17.2	75.9	6.9	-	100.0
무 응 답	23				2.0	2.0
학력별	1,045					
중졸이하	84	22.6	67.9	9.5	-	100.0
고 졸	278	24.1	65.1	10.8	-	100.0
대 재	235	27.2	63.4	9.4	-	100.0
대졸이상	448	26.6	66.3	7.1	-	100.0
무 응 답	84				7.4	7.4
직업별	1,069					
자영업	89	21.3	75.3	3.4	-	100.0
회사원	257	21.0	68.1	10.9	-	100.0
공무원	202	26.2	69.3	4.5	-	100.0
전문직	40	45.0	52.5	2.5	-	100.0
주 부	22	22.7	72.7	4.5	-	100.0
학 생	408	27.9	62.3	9.8	-	100.0
기 타	51	29.4	58.8	11.8	-	100.0
무응답	60				5.6	5.6

□ 19 유럽연합차원의 문화정책은 유럽통합의 발전에 도움이 될 것으로 보십니까?

(단위: %)

	응답자 수	① 매우 그렇다	② 어느 정도 그렇다	③ 전혀 그렇지 않다	무응답	계
전 체	1,165	35.9	49.2	13.9	1.0	100.0
성 별	1,109					
남 자	566	34.5	48.9	16.6	-	100.0
여 자	543	37.4	50.8	11.8	-	100.0
무응답	56				4.8	4.8
연령별	1,141					
15~24세	397	43.3	46.1	10.6	-	100.0
25~34세	301	36.9	50.5	12.6	-	100.0
35~44세	175	25.7	55.4	18.9	-	100.0
45~54세	152	27.6	54.6	17.8	-	100.0
55~64세	85	37.6	42.4	20.0	-	100.0
65세 이상	31	25.8	54.8	19.4	-	100.0
무 응 답	24				2.1	2.1
학력별	1,078					
중졸이하	86	40.7	47.7	11.6	-	100.0
고 졸	286	33.6	50.7	15.7	-	100.0
대 재	239	28.9	56.9	14.2	-	100.0
대졸이상	467	41.1	46.0	12.8	-	100.0
무 응 답	87				7.5	7.5
직업별	1,103					
자영업	90	23.3	67.8	8.9	-	100.0
회사원	265	28.7	53.2	18.1	-	100.0
공무원	209	35.4	48.3	16.3	-	100.0
전문직	42	31.0	50.0	19.0	-	100.0
주 부	23	26.1	48.8	26.1	-	100.0
학 생	420	44.3	46.9	8.8	-	100.0
기 타	54	42.6	37.0	20.4	-	100.0
무응답	62				5.3	5.3

□ 20 EU기존 회원국과 중동부유럽의 신규가입 후보국간에는 공통의 문화정체성을 공유하고 있다고 생각하십니까?

(단위: %)

	응답자 수	① 아주 그렇다	② 어느 정도 그렇다	①+②	③ 조금 그렇다	④ 전혀 그렇지 않다	③+④	무응답	계
전 체	1,165	19.6	34.9	54.5	32.7	11.7	44.4	1.0	100.0
성 별	1,109								
남 자	568	20.4	34.5	54.9	29.6	15.5	45.1	-	100.0
여 자	541	18.9	36.4	55.3	36.6	8.1	44.7	-	100.0
무응답	56							4.8	4.8
연령별	1,141								
15~24세	399	18.8	35.6	54.4	36.6	9.0	45.6	-	100.0
25~34세	300	17.0	40.0	57.0	31.3	11.7	43.0	-	100.0
35~44세	175	25.1	25.1	50.2	33.1	16.6	49.7	-	100.0
45~54세	153	19.6	34.0	53.6	31.4	15.0	46.4	-	100.0
55~64세	84	22.6	35.7	58.3	29.8	11.9	41.7	-	100.0
65세 이상	30	26.7	36.7	63.4	20.0	16.7	36.7	-	100.0
무 응 답	24							2.1	2.1
학력별	1,077								
중졸이하	85	20.0	21.2	41.2	44.7	14.1	58.8	-	100.0
고 졸	287	20.9	33.4	54.3	30.3	15.3	45.6	-	100.0
대 재	240	15.4	39.6	55.0	32.5	12.5	45.0	-	100.0
대졸이상	465	22.6	35.7	58.3	33.1	8.6	41.7	-	100.0
무 응 답	88							7.6	7.6
직업별	1,103								
자영업	92	28.3	31.5	59.8	31.5	8.7	40.2	-	100.0
회사원	263	16.7	32.3	49.0	34.2	16.7	50.9	-	100.0
공무원	211	23.2	40.3	63.5	26.5	10.0	36.5	-	100.0
전문직	41	17.1	31.7	48.8	24.4	26.8	51.2	-	100.0
주 부	23	8.7	43.5	52.2	30.4	17.4	47.8	-	100.0
학 생	419	17.7	37.5	55.2	37.0	7.9	44.9	-	100.0
기 타	54	25.9	22.2	48.1	33.3	18.5	51.8	-	100.0
무응답	62							5.3	5.3

□ 21 중동부유럽국가의 EU가입은 유럽문화를 더욱 더 풍요롭게
만들 것이라고 생각하십니까?

(단위: %)

	응답자 수	① 동의한다	② 동의하지 않는다	무응답	계
전 체	1,167	80.5	18.7	0.8	100.0
성 별	1,111				
남 자	568	79.8	20.2	–	100.0
여 자	543	83.6	16.4	–	100.0
무응답	56			4.8	4.8
연령별	1,144				
15~24세	400	87.0	13.0	–	100.0
25~34세	301	82.7	17.3	–	100.0
35~44세	174	81.0	19.0	–	100.0
45~54세	153	73.2	26.8	–	100.0
55~64세	85	70.6	29.4	–	100.0
65세 이상	31	61.3	38.7	–	100.0
무 응 답	23			2.0	2.0
학력별	1,080				
중졸이하	84	71.4	28.6	–	100.0
고 졸	287	74.2	25.8	–	100.0
대 재	241	83.4	16.6	–	100.0
대졸이상	468	87.6	12.4	–	100.0
무 응 답	87			7.5	7.5
직업별	1,107				
자영업	92	80.4	19.6	–	100.0
회사원	264	75.0	25.0	–	100.0
공무원	211	78.7	21.3	–	100.0
전문직	42	92.9	7.1	–	100.0
주 부	23	60.9	39.1	–	100.0
학 생	421	88.6	11.4	–	100.0
기 타	54	70.4	29.6	–	100.0
무응답	60			5.1	5.1

□ 22 미국문화가 프랑스국내에 어느 정도 침투되었다고 생각하는가?

(단위: %)

	응답자 수	① 과다하게 침투되었다	② 보통이다	③ 조금 침투되었다	무응답	계
전 체	1,162	41.6	43.4	13.7	1.3	100.0
성 별	1,104					
남 자	563	40.5	43.9	15.6	–	100.0
여 자	541	44.5	43.1	12.4	–	100.0
무응답	58				5.0	5.0
연령별	1,138					
15~24세	400	45.3	44.5	10.3	–	100.0
25~34세	298	39.9	46.0	14.1	–	100.0
35~44세	173	35.3	50.3	14.5	–	100.0
45~54세	154	41.6	39.0	19.5	–	100.0
55~64세	83	45.8	33.7	20.5	–	100.0
65세 이상	30	63.3	33.3	3.3	–	100.0
무 응 답	24				2.1	2.1
학력별	1,075					
중졸이하	84	48.8	29.8	21.4	–	100.0
고 졸	288	49.0	39.6	11.5	–	100.0
대 재	241	39.4	47.3	13.3	–	100.0
대졸이상	462	38.5	48.1	13.4	–	100.0
무 응 답	87				7.5	7.5
직업별	1,100					
자영업	92	47.8	41.3	10.9	–	100.0
회사원	264	39.0	44.3	16.7	–	100.0
공무원	208	44.2	39.9	15.9	–	100.0
전문직	40	45.0	27.5	27.5	–	100.0
주 부	22	31.8	45.5	22.7	–	100.0
학 생	420	42.6	47.9	9.5	–	100.0
기 타	54	37.0	44.4	18.5	–	100.0
무응답	62				5.3	5.3

□ 23 프랑스 영상·문화시장의 개방에 대해 어떻게 생각하십니까?

(단위: %)

	응답자 수	① 완전 개방해야 한다	② 신중하게 개방해야 한다	③ 개방해서는 안 된다	무응답	계
전 체	1,148	26.7	60.7	10.1	2.5	100.0
성 별	1,093					
남 자	564	30.1	57.4	12.4	-	100.0
여 자	529	23.8	68.4	7.8	-	100.0
무응답	55				4.8	4.8
연령별	1,125					
15~24세	394	25.6	66.2	8.1	-	100.0
25~34세	299	31.4	59.9	8.7	-	100.0
35~44세	171	25.1	64.9	9.9	-	100.0
45~54세	150	29.3	55.3	15.3	-	100.0
55~64세	82	25.6	57.3	17.1	-	100.0
65세 이상	29	6.9	75.9	17.2	-	100.0
무 응 답	23				2.0	2.0
학력별	1,064					
중졸이하	81	38.3	46.9	14.8	-	100.0
고 졸	287	27.9	64.1	8.0	-	100.0
대 재	234	27.8	63.7	8.5	-	100.0
대졸이상	462	25.8	63.6	10.6	-	100.0
무 응 답	84				7.3	7.3
직업별	1,087					
자영업	90	30.0	64.4	5.6	-	100.0
회사원	260	26.9	62.3	10.8	-	100.0
공무원	208	25.0	59.6	15.4	-	100.0
전문직	39	43.6	46.2	10.3	-	100.0
주 부	22	9.1	68.2	22.7	-	100.0
학 생	414	25.1	67.6	7.2	-	100.0
기 타	54	31.5	55.6	13.0	-	100.0
무응답	61				5.3	5.3

□ 24 외국어를 아는 것이 유용하다고 생각하십니까?

(단위: %)

	응답자 수	① 매우 유용 하다	② 상당히 유용하다	①+②	③ 그리 유용하 지 않다	④ 전혀 유용하 지 않다	③+④	무응 답	계
전 체	1,171	82.7	13.6	96.3	2.5	0.7	3.2	0.5	100.0
성 별	1,114								
남 자	571	83.5	13.3	96.8	2.3	0.9	3.2	-	100.0
여 자	544	83.6	13.4	97.0	2.4	0.4	2.8	-	100.0
무응답	57							4.9	4.9
연령별	1,147								
15~24세	402	89.8	9.0	98.8	1.2	-	1.2	-	100.0
25~34세	300	83.0	14.3	97.3	1.7	1.0	2.7	-	100.0
35~44세	175	78.9	17.1	96.0	4.0	-	4.0	-	100.0
45~54세	154	75.3	20.1	95.4	3.9	0.6	4.5	-	100.0
55~64세	85	77.6	14.1	91.7	5.9	2.4	8.3	-	100.0
65세 이상	31	74.2	12.9	97.1	6.5	6.5	13.0	-	100.0
무 응 답	24							2.0	2.0
학력별	1,083								
중졸이하	86	68.6	26.7	95.3	3.5	1.2	4.7	-	100.0
고 졸	287	77.4	17.8	95.2	4.5	0.3	4.8	-	100.0
대 재	242	87.2	9.5	96.7	2.9	0.4	3.3	-	100.0
대졸이상	468	88.7	9.6	98.3	1.1	0.6	1.7	-	100.0
무 응 답	88							7.5	7.5
직업별	1,109								
자영업	92	84.8	15.2	100.0	-	-	-	-	100.0
회사원	265	78.1	15.8	93.9	4.9	1.1	6.0	-	100.0
공무원	211	77.7	19.4	97.1	2.4	0.5	2.9	-	100.0
전문직	41	75.6	14.6	90.2	9.8	-	9.8	-	100.0
주 부	23	69.6	8.7	78.3	17.4	4.3	21.7	-	100.0
학 생	423	89.4	9.7	99.1	0.9	-	0.9	-	100.0
기 타	54	85.2	9.3	94.5	-	5.6	5.6	-	100.0
무응답	62							5.3	5.3

□ 25 만약에 당신이 외국어를 배운다면, 주된 동기는 무엇입니까?
(여러 가지 답변 가능)

(단위: 명, %)

	응답자 수	비중
ⓐ외국에서 바캉스를 지낼 경우 그 외국어를 사용하기 위해	784	66.6
ⓑ업무상 그 외국어를 사용하기 위해(외국 출장을 포함해서)	750	63.7
ⓒ다른 나라에서 학업을 계속하기 위해	446	37.9
ⓓ다른 나라에서 일을 할 수 있기 위해	635	54.0
ⓔ본국에서 보다 나은 직업을 가지기 위해	489	41.5
ⓕ나의 가족 중에 누군가 사용하는 언어를 알기 위해	223	18.9
ⓖ다른 나라 사람들을 만나기 위해	642	54.5
ⓗ다른 문화를 가지고 있는 사람들을 이해할 수 있기 위해	728	61.9
ⓘ세계적으로 많이 사용되는 언어를 알기 위해	335	28.5
ⓙ누군가의 요구에 의해(예, 고용주, 부모 등)	70	5.9
ⓚ유럽인이라는 것을 좀 더 느끼기 위해	129	11.0
ⓛ인터넷을 사용할 수 있기 위해	196	16.7
ⓜ다른 이유	55	4.7
ⓝ나는 다른 언어를 배우기를 전혀 원하지 않는다	39	3.3

□ 26 아래에 주어진 각 사항에 대해 당신의 동의 여부를 밝혀주시오

(단위: %)

	응답자 수	① 찬성	② 반대	무응답	계
ⓐ EU 회원국 국민 모두는 영어를 말할 수 있어야 한다	1,162	61.3	37.4	1.3	100.0
ⓑ EU 회원국 국민 모두는 모국어 이외에 다른 회원국의 언어 한가 지를 더 말할 수 있어야 한다	1,149	81.3	16.3	2.4	100.0
ⓒ EU 회원국 국민 모두는 모국어 이외에 다른 회원국의 언어 두가 지를 더 말할 수 있어야 한다	1,126	36.0	59.6	4.3	100.0
ⓓ 우리 지역에서는 사람들이 다른 언어를 말할 수 있는 여건을 부여 받고 있다	1,112	21.6	72.9	5.5	100.0
ⓔ 나의 집으로부터 그리 멀지 않은 곳에서 언어를 익힐 수 있는 가능 성이 있다	1,115	50.6	44.2	5.3	100.0
ⓕ 다른 언어를 배우기 위해 외국에 갈 기회가 주어진다면, 나는 이 기회를 활용할 것이다	1,142	83.3	13.7	3.0	100.0
ⓖ 새로운 유럽국가들이 EU에 가입 한다는 것은 우리 모두가 공동언어 로 말하기 시작해야 한다는 것을 의미한다	1,144	33.4	63.8	2.8	100.0
ⓗ 새로운 유럽국가들이 EU에 가입 한다는 것은 우리의 언어를 좀 더 잘 보호하도록 노력해야 한다는 것을 의미한다	1,124	53.2	42.3	4.5	100.0

저 자 소 개

은 은 기

- 경북 군위 출생
- 서울대학교 서양사학과 학부 및 석사졸업
- 파리 7대학교 DEA 취득
- 소르본느대학에서 '르노자동차 공장이 위치한 불로뉴시의 도시정책'이란 제목 으로 박사학위 취득
- 현재 계명대학교 사학과 강사

▶논문 및 저서

주요 논문으로는 Eun-gi EUN, "Une gestion socialiste en mati re de logement", Le Mouvement Social, n° 213, octobre-dcembre 2005 외 십여 편이 있고 저서로는 『유럽통합과 프랑스』(공저, 푸른길), 2005를 들 수 있다.

프랑스 현대사 연구

- 초판 인쇄   2006년 4월 30일
- 초판 발행   2006년 4월 30일

- 지 은 이   은은기
- 펴 낸 이   채종준
- 펴 낸 곳   한국학술정보㈜
  경기도 파주시 교하읍 문발리 526-2
  파주출판문화정보산업단지
  전화   031) 908-3181(대표)·팩스   031) 908-3189
  홈페이지   http://www.kstudy.com
  e-mail(출판사업부)   publish@kstudy.com
- 등   록   제일산-115호(2000. 6. 19)
- 가   격   20,000원

ISBN   89-534-4992-8 93920 (Paper Book)
          89-534-4993-6 98920 (e-Book)